KB112285

서울대 명문대
나만의 맞춤형
입시전략

서울대 명문대
나만의 맞춤형
입시전략

초판 1쇄 인쇄 | 2018년 8월 16일
초판 1쇄 발행 | 2018년 8월 24일

지은이 | 박정훈 · 이훈복
펴낸이 | 박영욱
펴낸곳 | 북오션 에듀월드

편   집 | 허현자 · 하진수
마케팅 | 최석진
디자인 | 서정희 · 민영선

주   소 | 서울시 마포구 월드컵로 14길 62
이메일 | bookocean@naver.com
네이버포스트 | m.post.naver.com('북오션' 검색)
전   화 | 편집문의: 02-325-9172   영업문의: 02-322-6709
팩   스 | 02-3143-3964

출판신고번호 | 제313-2007-000197호

ISBN 978-89-6799-387-0 (43370)

이 도서의 국립중앙도서관 출판예정도서목록(CIP)은 서지정보유통지원시스템
홈페이지(http://seoji.nl.go.kr)와 국가자료공동목록시스템
(http://www.nl.go.kr/kolisnet)에서 이용하실 수 있습니다.
(CIP제어번호: CIP2018023237)

서울대 명문대
나만의 맞춤형
입시전략

박정훈·이훈복 지음

16년간 대치동 족집게 전략가로 유명한
입시컨설팅대표가 알려준다!

복오션
에듀월드

실력이 준비됐다면
합격은 입시전략이 있어야 한다

2002년 이후로 다행히도 좋은 결과들을 많이 만들어내서 입시 전문가로 활동하고 있습니다. 여전히 입시는 자주 변하고, 학생과 학부모들의 혼란 또한 계속되고 있습니다. 그러나 아무리 변화가 많다해도 그 흐름을 잘 살핀다면 반드시 좋은 결과를 만들어낼 수 있습니다.

최근 몇 년 사이에 학생부종합 전형이 확대되고, 그로 인해 누가 얼마나 제대로 잘 준비하느냐가 입시 결과를 좌우하기도 합니다. 변화가 많은 시기인 만큼 가급적 미리미리 희망하는 대학과 전형의 정보를 살펴 맞춤형으로 준비해야 합격의 기쁨을 누릴 수 있습니다. 평소 꾸준히 제대로 된 정보를 습득해 자신에게 맞는 전형을 찾아 준비해야 하는 시대입니다.

수험생과 학부모의 노력 여하에 따라 입시 결과는 크게 달라질 수 있습니다. 실제로 제가 현장에서 경험하는 많은 사례들을 보면 학생 개개인의 상황을 철저히 분석해 지원하면서 말 그대로 정말 '기적같은 결과'를 만들어내는 경우가 많습니다. 무턱대고 단순히 내신이나 모의고사 성적만으로 입시의 방향을 정하지 말고, 정말 꼼꼼하게 분석해서 자신에게 맞는 전략을 세워야 합니다.

누가 먼저 정보를 제대로 이해하고, 활용할 수 있느냐가 입시 경쟁에서 우위를 좌우합니다.

단순히 전형계획이나 모집요강만을 참고해서는 결코 좋은 결과를 만들 수 없습니다. 자신만의 경쟁력을 얻으려면 입시 정보를 찾고, 분석하는 것도 소홀히 해서는 안 됩니다. 뒤늦게 점수에 맞춰 조금이라도 더 좋은 대학과 학과를 가겠다고 이리저리 헤매지 말고, 모쪼록 지금부터라도 차근차근 입시를 전략적으로 준비해야 합니다.

대학 입시는 전국 단위의 치열한 경쟁이지만 각 개인의 성적과 비교과 역량을 제대로 분석한다면 자신에게 유리한 길이 보이게 마련입니다. 평소 틈틈이 입시 정보를 모아 남보다 유리한 자신만의 경쟁력을 제대로 살릴 수 있기를 바랍니다.

박정훈·이훈복

목차

프롤로그　실력이 준비됐다면 합격은 입시전략이 있어야 한다　4

Chapter 1　새롭게 변화되고 있는 2020학년도 이후 입시

1. 주요 대학 2020학년도 입시 안내　12

　1) 서울 주요 대학　15

　2) 의학계열 2020학년도 입시 안내　30

　3) 교육대학 2020학년도 입시 안내　57

Chapter 2　학생부 위주 전형의 핵심 요소 살펴보기

1. 학생부종합전형의 핵심, 매력적인 학교생활기록부　68

　1) 학교생활기록부 구성　68

　2) 학생부종합전형에서 학교생활기록부의 역할　78

　3) 학교생활기록부 항목별 평가 준거　82

　4) 학교생활기록부 관리 방법(학생부종합전형에 맞는 좋은 활동)　93

2. 장기적인 스토리가 바탕이 된 자기소개서 120

　1) 동기부터 과정, 변화까지 스토리가 있는 매력적인 자기소개서 쓰는 방법 120

　2) 자기소개서 작성 순서 및 글감 찾기 127

　3) 대교협 공통 문항별 작성 포인트 138

　4) 자기소개서 최종 점검 포인트 및 주의사항 144

3. 마지막 관문, 면접 147

　1) 학생부종합전형에서의 면접고사 147

　2) 대입 면접고사의 특징 148

　3) 학생부종합전형의 면접 유형과 면접 진행 절차 153

　4) 합격을 부르는 면접의 기술 156

　5) 주요 대학의 면접 기출문제 및 예시 문제 167

Chapter 3   나만의 맞춤형 입시 전략을 세우자

1. 맞춤형 입시 전략이 합격을 좌우한다   182

1) 내신, 비교과, 논술, 수능 중 강점을 찾아 집중하라   183
2) 대치동에서는 중학생이 대입을 준비한다   185
3) 수험생의 가능성을 찾는 입시 전략   188
4) 모의고사 3등급의 명문대 합격 비결   191

2. 누구나 쉽게 따라 할 수 있는 입시 전략 6단계   194

1) '엄친아'들의 대입 성공 비결인 맞춤형 입시 전략   196
2) 목표 대학을 정하는 SMART 원칙과 성공하는 학부모의 입시 전략   214
3) 상위 1퍼센트 학부모의 입시 전략   222
4) 나의 자기주도 입시 수준은 어느 정도일까?   235
5) 내신성적은 우수, 모의고사 성적이 저조 ⇒ 학생부교과전형   245
6) 비교과 실적 우수 ⇒ 학생부종합전형   257
7) 교과 성적 부족, 논술 우수 ⇒ 논술전형   270
8) 내신 부족 ⇒ 적성 전형   282

Chapter 4 수시와 정시를 성공적으로 대비하는 법

1. 수시 합격을 위한 주요 시기별 핵심 포인트   290

   1) 주요 입시 일정에 따른 핵심 대비책   291

   2) 수시 대박의 환상을 버리고, 맞춤형 전략을 수립하자   304

   3) 수시 집중 타임과 스케줄을 세워라   314

   4) 나만의 수시 지원 포트폴리오를 만들자   320

   5) 합격을 부르는 수시 최종 지원 전략   334

2. 정시, 어떻게 해야 합격할까?   346

   1) 정시에 지원할 때 꼭 필요한 전략   346

   2) 정시에 합격하는 배치표 및 모의 지원 활용법   354

   3) 마지막 찬스, 추가모집 활용하기   379

1
chapter

새롭게 변화되고 있는
2020학년도 이후 입시

01
주요 대학
2020학년도 입시 안내

　2020학년도 입시를 살펴보면 서울지역 중·상위권 대학에서 가장 많은 인원을 선발하는 전형은 학생부종합전형이다. 2019학년도에 비해 모집 인원도 늘어났고, 논술전형과 실기(특기)전형은 줄어드는 추세이다.

　서울지역 대부분의 주요 대학은 학생부종합전형의 선발 비율이 가장 높고 학생부종합전형은 주로 단계별 전형을 통해 학생을 선발한다. 즉, 1단계에서는 학생부와 자기소개서 등 서류를 통해 일정 배수의 인원을 선발하고, 2단계에서는 면접고사를 통해 서류 확인 및 전공소양, 인성 등을 평가하여 선발한다. 대입 전형 간소화에 따라 서울대를 제외하고는 교과중심의 문제풀이식 구술면접은 실시하지 않는다. 출제 의도, 기출문제 등에 관한 자료는 각 대학 홈페이지에 탑재된 선행학습 영향평가 보고서를 참조하면 도움이 될 수 있다.

다음은 논술전형으로 서울대와 고려대를 제외한 연세대·서강대·성균관대·한양대·중앙대 등이 논술 선발비율이 높다. 논술전형은 서울시립대가 1단계에서 논술 100%로 4배수를 선발한 후 2단계에 1단계 60% + 학생부 40%로 선발하는 단계별 전형을 실시하고 나머지 대학은 일괄합산으로 선발한다. 논술전형은 학생부의 교과 성적 반영비율이 낮고 등급별 점수차도 크지 않기 때문에 논술고사 성적의 변별력이 커 논술고사의 대비에 집중해야 좋은 결과를 가져올 수 있다. 그리고 수능시험 최저학력기준을 적용하는 대학도 다수이기 때문에 수능시험 최저학력기준에 대한 적용 여부를 확인하는 것이 중요하다.

학생부교과전형은 고려대·한양대·이화여대·중앙대·서울시립대 등에서 교과 성적으로 선발하게 되며 수능시험 최저학력기준을 적용하는 대학도 다수이기 때문에 수능시험 최저학력기준에 대한 적용 여부를 확인하는 것이 중요하다.

그러므로 희망하는 대학별로 지원 유형에 따라 대비 방법도 달라져야 한다. 학생부종합전형으로 지원하려면 교과 성적과 함께 비교과 영역의 관리도 중요하지만, 지원하고 싶은 대학의 전형이 수능 최저학력기준을 적용하는지 그리고 자신의 수능 성적이 그 수준을 통과할 수 있는지를 구체적으로 냉정하게 따져보아야 한다. 그리고 논술전형으로 지원하려면 2학년 말부터 논술고사에 대한 대비를 철저히 해두고 수능시험 최저학력기준에 대한 대비도 빈틈없이 하는 것이 중요하다.

주요 대학의 선발비율이 높지는 않지만 학생부교과전형으로의 지원을 고려한다면 교과 성적의 향상을 위해 무엇보다 많은 노력을 기울여야 하고 수능시험 최저학력기준에 대한 대비도 철저히 해야 한다는 것을 잊지 말아야 한다.

[학생부종합전형에 집중할 수험생은?]

– 특기활동, 창의적 체험활동(자율활동/동아리 활동/봉사활동/진로활동), 독서활동 등 비교과 활동에서 본인의 흥미와 관심, 진로에 대한 목표를 보여줄 수 있는 학생

– 내신성적 중 전체 성적은 조금 부족하더라도 진로 및 지원 학과(전공)와 관련된 과목의 성적이 우수하고, 전문교과 이수나 비교과 활동을 꾸준히 수행한 학생

– 기회균등전형, 농어촌전형, 사회배려자 등 고른 기회 전형의 지원 자격을 충족하고 있는 학생

[학생부종합전형 지원 시 고려사항]

– 나는 학교생활기록부 관리를 잘하고 있는가

– 학교생활기록부에 기재된 탐구 및 비교과 활동이 우수한가

– 지원 학과(전공)와 관련된 과목의 성적이 우수한가

– 지원 대학의 인재상에 적합한가

– 내신성적이 상대적으로 학습역량과 성실성 판단에 긍정적인가,

부정적인가

그럼 여기에서는 서울지역 주요 대학의 수시모집 주요 전형의 전형
방법이 어떤지 2020학년도 대학입학전형계획 기준으로 알아보자.

1) 서울 주요 대학

(1) 서울대 / 연세대 / 고려대

서울대는 수시모집에서 모든 학생을 학생부종합전형으로 선발한다.

'지역균형선발전형'은 각 고등학교에서 추천받아 지원할 수 있는 2명
의 학생에 대해 서류평가와 면접결과를 종합적으로 고려하여 선발한
다. 그리고 '일반전형'은 단계별 전형을 실시하며 1단계에서는 서류평
가 100%로 2배수를 선발하고, 2단계에서 1단계 성적 50%와 면접구술
고사(사범대학 교직적성·인성평가 포함) 50%를 반영해 최종 합격자를 선
발한다.

이들 전형에 합격하려면 뛰어난 내신성적과 자신의 잠재력을 잘 보
여줄 수 있는 자기소개서가 중요하다. 또한 '일반전형'에서는 면접구술
고사에서 모집단위 관련 전공적성 및 학업능력을 평가하는 교과 면접
이 실시되기 때문에 이에 대한 대비가 무엇보다도 중요하다.

수능 최저학력기준은 '지역균형선발전형'에서만 적용하며, 국어, 수학, 영어, 탐구 중 최소 3개 영역이 2등급 이내가 되어야 한다는 것을 잊지 말아야 한다.

연세대는 2020학년도 입시에 다소 변화가 있다. 수능시험 최저학력기준을 적용하던 학생부종합(활동우수형)전형과 논술전형의 수능시험 최저학력기준을 폐지해 모든 수시모집에서 수능시험 최저학력기준을 적용하지 않는다.

'학생부종합(활동우수형)전형'은 단계별 전형으로 1단계에서는 서류평가 100%로 일정 배수의 면접대상자를 선발하고, 2단계에서는 1단계 성적 60%와 면접 40%를 반영하여 선발한다. '학생부종합(면접형)전형'도 단계별 전형으로, 1단계에서는 학생부 40%와 서류 60%로 모집인원의 3배수의 면접대상자를 선발하고 2단계에서는 1단계 성적 40%와 면접 60%를 반영하여 선발한다.

'학생부종합(면접형)전형'은 1단계에서 교과 성적을 Z 점수(원점수, 평균, 표준편차를 활용한 계산식[(원점수−평균)/표준편차]으로 구해진 점수) 50%와 등급 점수 50%로 반영하며, 서류평가는 학생부 비교과 영역과 자기소개서를 통해 교과 영역을 제외한 나머지 부분을 인성, 발전가능성 등으로 평가하기 때문에 '학생부종합(활동우수형)전형'보다 우수한 교과 성적이 강조될 것으로 보인다.

서류평가는 학생부, 자기소개서, 추천서(학생부종합(활동우수형))를 종합평가하는데 비교과 영역이 우수하더라도 교과 성적이 일정 수준에 이르지 못할 때 1단계 전형에서 탈락할 수 있어 우수한 내신성적이 필수적으로 요구된다.

논술전형은 논술고사 100%로만 선발하고 2020학년도부터 수능시험 최저학력기준을 적용하지 않기 때문에 논술고사에 대한 대비를 무엇보다 철저히 해야 한다.

고려대는 2020학년도 수시모집에서 학생부종합전형과 학생부교과전형으로 선발한다.

학생부교과전형은 '학교추천Ⅰ 전형'으로 1단계에서 학생부 100%로 3배수를 선발한 후 2단계에서 1단계 성적 50%와 면접 50%로 선발한다.

학생부종합전형은 '일반전형'으로 1단계에서 서류 100%로 모집인원의 5배수의 면접대상자를 선발하고 2단계에서는 1단계 성적 70%와 면접 30%로 최종 선발한다.

'학교추천Ⅱ 전형'은 단계별 전형으로 1단계에서 서류 100%로 모집인원의 5배수의 면접대상자를 선발하고 2단계에서는 1단계 성적 50%와 면접 50%로 최종 선발한다. 다만, '일반전형'과 '학교추천Ⅰ 전형', '학교추천Ⅱ 전형' 간에는 복수지원을 할 수 없어 1개 전형을 선택하여 지원해야 한다.

수능 최저학력기준은 '학교추천Ⅰ 전형', '일반전형', '학교추천Ⅱ 전형' 모두 적용한다. '학교추천Ⅰ 전형'의 경우 인문계는 국어, 수학(가/나), 영어, 탐구(2과목 평균) 중 3개 합 6등급 이내, 한국사 3등급 이내, 자연계(의과대학 제외)는 국어, 수학(가), 영어, 과탐(2과목 평균) 중 3개

합 7등급 이내, 한국사 4등급 이내, 의과대학은 국어, 수학(가), 영어, 과탐(2과목 평균) 4개 합 5등급 이내, 한국사 4등급 이내가 되어야 한다. '일반전형'의 경우 인문계는 국어, 수학(가/나), 영어, 탐구(1과목) 4개 합 6등급 이내, 한국사 3등급 이내, 자연계(의과대학 제외)는 국어, 수학(가), 영어, 과탐(1과목) 4개 합 7등급 이내, 한국사 4등급 이내, 의과대학은 국어, 수학(가), 영어, 과탐 4개 합 5등급 이내, 한국사 4등급 이내가 되어야 하고, '학교추천 II 전형'의 경우 인문계는 국어, 수학(가/나), 영어, 탐구(2과목 평균) 중 3개 합 5등급 이내, 한국사 3등급 이내, 자연계(의과대학 제외)는 국어, 수학(가), 영어, 과탐(2과목 평균) 중 3개 합 6등급 이내, 한국사 4등급 이내, 의과대학은 국어, 수학(가), 영어, 과탐(2과목 평균) 4개 합 5등급 이내, 한국사 4등급 이내가 되어야 한다.

2020학년도 수시모집 주요 전형 선발 방법

대학명	중심유형	전형명	모집인원	전형방법	수능최저
서울대	학생부 (종합)	지역균형선발	756	서류＋면접 종합평가	○
서울대	학생부 (종합)	일반전형	1,739	1단계(2배수): 서류 100% 2단계: 1단계 50% + 면접구술 50% (사범대: 1단계 50% + 면접구술 30% + 교직적성·인성 20%)	○
연세대 (서울)	학생부 (종합)	학생부종합 (활동우수형)	635	1단계(일정배수): 서류 100% 2단계: 1단계 60% + 면접 40%	×
연세대 (서울)	학생부 (종합)	학생부종합 (면접형)	260	1단계(3배수): 학생부 40% + 서류 60% 2단계: 1단계 40% + 면접 60%	×
연세대 (서울)	논술	논술	607	논술 100%	×
고려대 (서울)	학생부 (종합)	일반전형	1,188	1단계(5배수): 서류 100% 2단계: 1단계 70% + 면접 30%	○
고려대 (서울)	학생부 (교과)	학교추천 I	400	1단계(3배수): 학생부 100% 2단계: 1단계 50% + 면접 50%	○
고려대 (서울)	학생부 (종합)	학교추천 II	1,100	1단계(5배수): 서류 100% 2단계: 1단계 50% + 면접 50%	○

※자료출처 : 서울대/연세대(서울)/고려대(서울) 발표 2020학년도 대학입학 전형계획 참조

서강대는 2020학년도에 학생부종합전형의 전형명을 학생부종합(자기주도형)은 '학생부종합(종합형)'으로, 학생부종합(일반형)은 '학생부종합(학업형)'으로 변경하고 수능시험 최저학력기준을 적용했던 학생부종합(학업형)(구, 학생부종합(일반형))의 수능시험 최저학력기준을 폐지했다. 서강대는 전반적으로 수시모집의 모집인원을 줄이고 정시모집의 모집인원을 늘려 선발한다.

서강대의 학생부종합전형은 '학생부종합(종합형)전형'과 '학생부종합(학업형)전형'에서 면접고사 없이 서류 100%로 선발한다.

'학생부종합(종합형)전형'과 '학생부종합(학업형)전형'에서 서류평가는 학생부, 자기소개서, 추천서(선택)를 종합적으로 정성평가 한다. 따라서 서강대에 지원하고자 하는 학생들은 면접에서 자신의 특징과 잠재력을 어필할 수 없으니 자기소개서나 추천서 등 제출 서류를 보다 더 꼼꼼히 준비해야 한다.

논술전형은 학생부 20%와 논술고사 80%로 선발하며 수능시험 최저학력기준을 적용한다. 수능시험 최저학력기준은 전 모집단위에서 국어, 수학(가/나), 영어, 사탐/과탐(1과목) 중 3개 영역 등급합 6 이내이고 한국사 4등급 이내를 적용한다.

성균관대는 계열 및 광역 모집단위로 선발하는 '성균인재전형'을 '학생부종합(계열모집)전형'으로 전형명을 변경하여 선발하고, 학과 모집단위로 선발하는 '글로벌 인재 전형'을 '학생부종합(학과모집)전형'으로 전형명을 변경하여 선발한다.

'학생부종합(계열모집)전형'은 서류 100%로 학생들을 선발하고, '학생부종합(학과모집)전형'은 대부분의 모집단위는 100%로 선발하고 의예과, 사범대학, 스포츠과학은 단계별 전형으로 1단계에서 서류 100%로 3배수의 면접 대상자를 선발한 후 2단계에서 1단계 성적 80%와 면접 20%로 최종 선발한다.

서류평가는 학생부, 자기소개서, 추천서 외에 추가 증빙자료를 제출하지는 않는다. 성균관대의 학생부종합전형은 학생부교과 성적 평가와 비교과 영역 등 서류평가로 선발하는 만큼 자신의 리더십을 드러낼 수 있는 내용을 자기소개서나 추천서에 적절히 녹여내는 것이 중요하다.

수능시험 최저학력기준은 두 전형 모두 적용하지 않는다.

논술전형인 논술우수전형은 학생부 40%와 논술고사 60%로 선발하며 수능시험 최저학력기준을 적용한다. 수능시험 최저학력기준은 글로벌리더학, 글로벌경제학, 글로벌경영학이 국어, 수학, 사탐/과탐(2과목 평균) 중 2개 등급합 3 이내 및 영어 2등급, 한국사 4등급 이내, 나머지 인문계 모집단위가 국어, 수학, 사탐/과탐(2과목 평균) 중 2개 등급합 4 이내 및 영어 2등급, 한국사 4등급 이내를 적용한다.

반도체시스템공학, 소프트웨어학, 글로벌바이오메디컬공학은 수학(가), 과탐(1개 과목) 등급합 3 이내 및 영어 2등급, 한국사 4등급 이내, 나머지 자연계 모집단위는 국어, 수학(가), 과탐(2개 과목 평균) 중 2개 등급합 4 이내 및 영어 2등급, 한국사 4등급 이내를 적용한다.

한양대는 수시모집에서 학생부교과전형·학생부종합전형·논술전형으로 선발하며 모든 전형에서 수능시험 최저학력기준을 적용하지 않는다. '학생부교과전형'은 학생부교과 성적 100%로 선발하고 '학생부종합(일반)전형'에서 학생부종합평가 100%로 학생들을 선발한다. 한양대는 학생부종합전형에서 자기소개서나 추천서 등 학생부 이외에 제출서류가 없어 학생부에 자신의 특징과 소질, 전공 적합성, 발전가능성 등이 보다 잘 나타날 수 있도록 꼼꼼히 관리하고, 교과 성적도 우수해야 한다.

수능 최저학력기준도 적용하지 않기 때문에 수능 성적은 다소 부족하지만 일관되게 하나의 관심 분야를 꾸준히 준비해 온 학생이라면 적극적으로 지원해 보는 것도 좋은 지원전략이다.

논술전형은 학생부종합평가 20%와 논술고사 80%로 선발하며 수능시험 최저학력기준도 적용하지 않아 논술고사의 대비가 가장 중요하다.

이화여대는 학생부교과전형·학생부종합전형·논술전형 위주로 선발하며 학생부교과전형은 수능시험 최저학력기준을 적용하지 않는다.

학생부교과전형의 전형명은 '고교추천전형'으로 학교별 추천인원 제한 없이 학교장추천을 받은 학생이 지원 가능하며 학생부교과 성적 80%와 면접 20%로 선발하고 수능시험 최저학력기준을 적용하지 않는다.

학생부종합전형으로는 '미래인재전형'에서 서류 100%로 선발한다. '미래인재전형'에서는 교과 영역 및 학교 활동영역에서 자신의 역량을 적극적으로 계발하는 학생이라면 이 전형에 지원할 수 있다.

서류평가는 학생부, 자기소개서, 추천서 등을 토대로 지원자의 고등학교 재학기간 동안 학업역량 및 학교 활동의 우수성, 발전가능성 등을 종합적으로 평가하고, 면접고사에서는 제출 서류를 기본으로 인성, 자기주도성, 전공 잠재력 및 발전가능성 등을 종합적으로 평가하기 때문에 서류에 대한 철저한 준비와 서류와 연계하여 서류에 대한 확인 질문에 대한 대처를 잘해야 한다.

'미래인재전형'의 수능시험 최저학력기준은 인문계가 국어, 수학(가), 영어, 사탐/과탐(2과목) 중 3개 영역 등급합 5 이내, 자연계가 국어, 수학(가), 영어, 과탐(2과목) 중 3개 영역 등급합 6 이내이며, 스크랜튼학부(인문)는 국어, 수학(나), 영어, 사탐/과탐(2과목) 중 3개 합 4등급 이내, 스크랜튼학부(자연)·뇌인지과학은 국어, 수학(가), 영어, 과탐(2과목) 중 2개 합 5등급 이내, 의예과는 국어, 수학(가), 영어, 과탐(2과목) 4개 합 5등급 이내이어야 하며 한국사는 필수로 응시해야 한다.

논술전형은 학생부 30%와 논술고사 70%로 선발하며 수능시험 최저학력기준을 적용한다. 수능시험 최저학력기준은 '미래인재전형'과 동일하게 적용한다.

2020학년도 수시모집 주요 전형 선발 방법

대학명	중심유형	전형명	모집인원	전형방법	수능최저
서강대	학생부(종합)	학생부종합(종합형)	423	서류 100%	×
	학생부(종합)	학생부종합(학업형)	332	서류 100%	×
	논술	논술(일반)	235	학생부교과 10% + 학생부비교과 10% + 논술 80%	○
성균관대	학생부(종합)	학생부종합(계열모집)	598	서류 100%	×
	학생부(종합)	학생부종합(학과모집)	975	[전 모집단위(아래 제외)] 서류 100% [의예, 교육, 한문교육, 수학교육, 컴퓨터교육, 스포츠과학] 1단계(3배수): 서류 100% 2단계: 1단계 80% + 면접 20%	×
	논술	논술우수	532	학생부 40% + 논술 60%	○
한양대(서울)	학생부(교과)	학생부교과	288	학생부교과 100%	×
	학생부(종합)	학생부종합(일반)	963	학생부종합평가 100%	×
	논술	논술	376	학생부종합평가 20% + 논술 80%	×
이화여대	학생부(교과)	고교추천	390	학생부교과 80% + 면접 20%	×
	학생부(종합)	미래인재	833	서류 100%	○
	논술	논술	543	학생부교과 30% + 논술 70%	○

※자료출처 : 서강대/성균관대/한양대(서울)/이화여대 발표 2020학년도 대학입학 전형계획 참조

(3) 중앙대 / 경희대 / 한국외대 / 서울시립대

중앙대는 학생부교과전형·학생부종합전형·논술전형 위주로 선발한다. 학생부교과전형은 '학생부교과전형'과 '학교장추천전형'으로 선발하는데 '학생부교과전형'은 학생부교과 70%와 학생부비교과 30%로 선발하고 수능시험 최저학력기준을 적용하며 '학교장추천전형'은 고교별 추천인원에 제한을 두고 학생부교과 60%와 서류 40%로 선발하며 수능시험 최저학력기준은 적용하지 않는다.

학생부교과전형의 수능시험 최저학력기준은 인문계가 국어, 수학(가/나), 영어, 사탐/과탐(2과목 평균) 중 3개 영역 등급합 6 이내와 한국사 4등급 이내, 자연계가 국어, 수학(가), 영어, 과탐(1과목) 중 3개 영역 등급합 6 이내와 한국사 4등급 이내를 적용한다.

대표적인 학생부종합전형은 '학생부종합(다빈치형 인재)전형'과 '학생부종합(탐구형 인재)전형'으로 두 전형 모두 서류 100%로 선발하며 면접고사는 실시하지 않고 수능시험 최저학력기준도 적용하지 않는다. 하지만 '학생부종합(다빈치형 인재)전형'은 학교생활(교과·비교과)에서 학업(50%)과 교내 다양한 활동(50%)을 통하여 균형적으로 성장한 인재를 선발하는 반면, '학생부종합(탐구형 인재)전형'은 고교 교육과정을 바탕으로 해당 전공분야에서 탐구능력을 보인 경험이 있으며 학교생활에 충실한 학생을 선발하고자 한다. 따라서 내신성적이 우수하고 교과 활동도 다양하게 했다면 '학생부종합(다빈치형 인재)전형'이 유리하고, 내신성적이 다소 불리하지만 교내 학업 관련 수상실적, 과제연구, 탐구활동, 독서활동 등 지적 탐구 활동에서 탁월한 능력을 보인 학생은 '학생부종합(탐구형 인재)전형'에 지원하는 것이 유리하다.

논술전형은 학생부교과 20%와 학생부비교과 20%, 논술고사 60%로 선발하며 수능시험 최저학력기준을 적용한다. 수능시험 최저학력기준의 적용방법은 인문계가 국어, 수학(가/나), 영어, 사탐/과탐(2과목 평균) 중 3개 영역 등급합 6 이내이고 한국사 4등급 이내, 의학부는 국어, 수학(가), 영어, 과탐(2과목 평균) 4개 영역 등급합 5 이내이고 한국사 4등급 이내, 기타 자연계가 국어, 수학(가), 영어, 과탐(1과목) 중 3개 영역 등급합 6 이내이고 한국사 4등급 이내를 적용한다.

경희대는 학생부종합전형과 논술전형 위주로 선발하며, 논술전형에서만 수능시험 최저학력기준을 적용한다.

학생부종합전형으로는 '네오르네상스전형'과 '고교연계전형'을 통해 학생을 선발한다. '네오르네상스전형'의 평가방법은 단계별 전형으로 1단계에서 서류 100%로 3배수의 면접대상자를 선발하고, 2단계에서 1단계 성적 70%와 면접 30%를 통해 최종 선발한다.

'고교연계전형'은 단계별 전형을 실시하지 않고 학생부교과 성적 50%와 서류 50%로 최종 선발한다. '고교연계전형'은 모든 학생이 지원할 수 있는 것이 아니고 경희대 모집단위 기준으로 고교별 인문계 2명, 자연계 3명, 예체능계 1명의 추천을 받은 학생이 지원할 수 있다.

학업 능력과 함께 잠재력을 보여줄 수 있는 다양한 활동을 했다면 '네오르네상스전형'이 유리하고, 교과 성적이 활동내역보다 우수하다면 '고교연계전형'에 지원하는 것이 유리하다.

논술전형은 '논술우수자전형'으로 학생부 30%와 논술고사 70%로 선발하며 수능시험 최저학력기준을 적용한다. 수능시험 최저학력기준의 적용방법은 한의예과(인문)이 국어, 수학(나), 영어, 사탐(1과목) 중 3개 영역 등급합 4 이내이고 한국사 5등급 이내, 기타 인문계가 국어, 수학(가/나), 영어, 사탐/과탐(1과목) 중 2개 영역 등급합 4 이내와 한국사 5등급 이내, 의예과·한의예과(자연)·치의예과가 국어, 수학(가), 영어, 과탐(1과목) 중 3개 영역 등급합 4 이내이고 한국사 5등급 이내, 기타 자연계가 국어, 수학(가), 영어, 과탐(1과목) 중 2개 영역 등급합 5 이내이고 한국사 5등급 이내를 적용한다.

한국외대는 학생부교과전형·학생부종합전형·논술전형 위주로 선발하고 논술전형에서만 수능시험 최저학력기준을 적용한다.

학생부교과전형은 학생부교과 성적 100%로 선발하며 수능시험 최저학력기준은 적용하지 않는다.

학생부종합전형은 단계별 전형으로 선발하며 1단계에서 서류 100%로 3배수의 면접대상자를 선발하고 2단계에서 서류 70%와 면접 30%로 선발하게 된다.

서류평가는 학생부와 자기소개서를 바탕으로 종합적이고 정성적으로 학업역량, 전공적합성, 인성, 발전가능성을 평가하며, 면접고사는 인·적성 면접으로 전공 적합성, 논리적 사고력, 인성 등을 종합적으로 평가한다. 서류평가로 3배수를 선발하는 만큼 우수한 학업 능력과 함께 전공과 관련된 각종 활동과 스스로 노력해온 과정 및 결과를 잘 보여줄 수 있는 것이 중요하다.

논술전형은 학생부교과 30%와 논술고사 70%로 선발하며 수능시험 최저학력기준을 적용한다. 수능시험 최저학력기준의 적용방법은 LD학부·LT학부가 국어, 수학(가/나), 영어, 사탐(1과목) 중 3개 영역 등급합 4 이내이고, 한국사영역 4등급 이내, 기타 인문계가 국어, 수학(가/나), 영어, 사탐(2과목 평균) 중 2개 영역 등급합 4 이내이고 한국사영역 4등급 이내를 적용한다.

서울시립대는 학생부교과전형·학생부종합전형·논술전형 위주로 선발하고 학생부교과전형에서만 수능시험 최저학력기준을 적용한다.

학생부교과전형은 학생부교과 성적 100%로 선발하며 수능시험 최저학력기준은 적용한다. 수능시험 최저학력기준은 인문계가 국어, 수학(가/나), 영어, 사탐·과탐(1과목) 중 3개 영역 등급합 7 이내이고, 자연계가 국어, 수학(가), 영어, 과탐(1과목) 중 3개 영역 등급합 8 이내를 적용한다.

학생부종합전형은 단계별 전형으로 1단계에서 서류 100%로 2~4배수의 면접대상자를 선발하고 2단계에서 1단계 성적 50%와 면접 50%로 최종 선발한다.

서류평가는 학생부, 자기소개서를 통해 지원자의 학업역량, 잠재역량, 사회역량 등을 종합적으로 평가한다. 2단계에서 50%를 반영하는 면접고사는 모집단위별로 진행되며 2인의 면접위원이 지원자 1인을 대상으로 학업역량, 잠재역량, 사회역량을 중심으로 지원자의 종합적 사고력, 문제해결능력, 의사소통능력, 공적윤리의식, 제출 서류의 진실성 등을 약 15분간 평가한다.

논술전형은 단계별 전형으로 1단계에서 논술고사 100%로 4배수를 선발한 후에 2단계에서 1단계 성적 60%와 학생부교과 40%로 최종 선발하며 수능시험 최저학력기준은 적용하지 않는다.

2020학년도 수시모집 주요 전형 선발 방법

대학명	중심유형	전형명	모집인원	전형방법	수능최저
중앙대	학생부(교과)	학생부교과	437	학생부교과 70% + 학생부비교과 30%	○
	학생부(교과)	학교장추천	150	학생부교과 60% + 서류 40%	×
	학생부(종합)	다빈치형인재	589	서류 100%	×
	학생부(종합)	탐구형인재	530	서류 100%	×
	논술	논술	827	학생부교과 20% + 학생부비교과 20% + 논술 60%	○
경희대	학생부(종합)	네오르네상스	1,180	1단계(3배수): 서류 100% 2단계: 1단계 70% + 면접 30%	×
	학생부(종합)	고교연계	800	학생부교과 50% + 서류 50%	×
	논술	논술우수자	714	학생부 30% + 논술 70%	○

대학명	중심 유형	전형명	모집 인원	전형방법	수능 최저
한국 외대 (서울)	학생부 (교과)	학생부교과	204	학생부교과 100%	×
	학생부 (종합)	학생부종합	442	1단계(3배수): 서류 100% 2단계: 1단계 70% + 면접 30%	×
	논술	논술	378	학생부교과 30% + 논술 70%	○
서울 시립대	학생부 (교과)	학생부교과	184	학생부교과 100%	○
	학생부 (종합)	학생부종합	556	1단계(2~4배수): 서류 100% 2단계: 1단계 50% + 면접 50%	×
	논술	논술	142	1단계(4배수): 논술 100% 2단계: 1단계 60% + 학생부교과 40%	×

※자료출처 : 중앙대/경희대/한국외대(서울)/서울시립대 발표 2020학년도 대학입학 전형계획 참조

2) 의학계열 2020학년도 입시 안내

자연계열에서 최상위 학과인 의예과·치의예과·한의예과 등의 의학계열은 졸업 후에 진로가 명확하고 사회적으로도 안정적인 전문 직종이 보장되므로 최상위권 학생들의 선호도가 가장 높다.

수시모집에서 의학계열은 학생부교과전형·학생부종합전형·논술전형·실기(특기)전형으로 선발하고 정시모집에서는 수능 전형 위주로 선발한다.

학생부교과전형으로 의학계열에 지원하고자 하는 학생은 학생부교

과 성적이 1.3등급 안에 들어야 하고 높은 수능시험 최저학력기준을 요구하고 있기 때문에 교과 성적뿐만 아니라 수능시험에 대한 대비에도 최선을 다하는 것이 필요하다.

가톨릭대·경희대·울산대·중앙대·한양대 등에서 실시하는 논술전형은 논술고사의 비중이 크기 때문에 논술고사에 대한 대비를 철저히 하는 것이 중요하다. 그리고 논술전형도 높은 수능시험 최저학력기준을 요구하고 있기 때문에 수능시험에 대한 대비에도 최선을 다하는 것이 필요하다.

학생부종합전형으로 의학계열에 지원하고자 하는 학생은 학생부교과 성적이 1.5등급 안에 들어야 하고, 다양한 비교과 활동이 있는 경우 합격확률이 높다. 교과 성적이 반드시 뒷받침되어야 하며 모집단위 관련 열정과 실적 및 다양한 활동을 갖추어야 한다. 대부분 단계별 전형을 실시하며 1단계 서류평가와 2단계 면접고사를 치르고 수능 최저학력기준까지 통과해야 한다.

서류평가는 학생부교과, 비교과, 자기소개서, 추천서를 정성평가 한다. 학생부교과는 우수할수록 좋다. 특히, 특정영역의 교과 성적이 우수하고 비교과 영역이 이를 뒷받침해주어서 자신의 장점을 부각시킬 수 있는 스토리가 있으면 더욱 유리하다.

수학·과학 교과 성적이 우수하며 교내 경시대회에 꾸준히 응시하여 좋은 결과를 얻고, 생물이나 화학 관련 동아리활동과 함께 탐구보고서 등 탐구활동까지 연계되어 학생부에 기재된다면 우수한 하나의 스토리가 만들어 진다.

그리고 의학계열은 생명을 다루는 일이기 때문에 인성 부분에 대한 평가도 아주 중요하게 판단한다. 1, 2학년 동안 꾸준히 봉사활동을 하던 곳이 있으면 3학년 1학기에도 활동 시간을 줄이더라도 지속적으로 활동하는 것이 유리하다.

자기소개서는 자신의 특징과 장점을 가장 잘 보여주는 확실한 무기이다. 자기소개서를 통해 의학계열로의 진학을 정말 원했다는 것, 그동안의 학교생활이 지원하는 대학의 인재상에 맞는지를 객관적으로 어필하는 것이 중요하다.

의학계열의 학생선발은 일률적인 학업평가보다는 인·적성 면접을 통하여 의사의 자질인 소통능력, 공감능력, 판단력, 문제해결력 등을 성적보다 우선순위에 두는 것이 의학계열 학생선발의 한 흐름이 되었다. 따라서 일반면접을 실시하던 대학들이 다중 미니면접이라는 형식으로 상황면접을 실시하고 제시문을 분석하여 발표하는 다각적인 형태로 발전하고 있다.

다중 미니면접은 몇 개의 방을 설치하여 다면적인 평가를 실시하는 방식이다. 기존의 일반면접은 인·적성 방, 제시문을 분석하고 발표하는 제시문 방, 주어진 상황에 대처하는 방법을 평가하는 상황면접 방 등이 있다.

상황면접 방은 지원자의 도덕적 판단력을 요구하는 상황을 자료나 질문으로 하고 학생들에게 답변을 하도록 하며, 모의 상황면접 방은 학생의 판단력과 가치 기준을 평가할 수 있는 상황을 꾸며 지원자들의 대처능력을 보는 것이다. 면접시간도 30분~1시간 이상 걸리는 심층, 밀착형 면접이다.

수험생에게 평소 생활을 통한 올바른 가치관 형성이 필요하고 제시되는 상황이 극단적이므로 깊은 생각이 필요하다. 또, 윤리적인 기준에 맞게 답을 했더라도 여러 변수를 개입시켜 추가 질문을 하므로 경우의 수에 대하여 생각해야 한다.

(1) 의예과

2020학년도 수시모집에서 학생부교과전형으로 선발하는 대학들은 학생부교과 성적만으로 선발하거나 학생부교과 성적과 면접 또는 학생부교과 성적과 서류 및 비교과 성적으로 선발하며 대부분의 대학에서 수능시험 최저학력기준을 적용한다.

가천대·가톨릭관동대·건양대·경북대·경상대·계명대·고려대·고신대·대구가톨릭대·동국대(경주)·동아대·부산대·순천향대·영남대·을지대·인제대·인하대·전남대·전북대·제주대·조선대·충남대·충북대 등이 학생부교과전형으로 선발한다.

학생부교과전형으로 선발하는 대학 중 인제대를 제외한 모든 대학에서 수능시험 최저학력기준을 적용한다.

학생부종합전형으로 의예과에서 학생들을 선발하는 대학들은 대부분 단계별 전형을 실시하고 한양대·단국대(천안)·부산대·이화여대 등은 일괄합산 전형을 실시한다. 단계별 전형을 실시하는 대학들은 대부분

1단계에서 서류 100%로 3~5배수의 면접대상자를 선발한 후 2단계에서 1단계 성적과 면접고사를 통해 최종 선발한다. 일괄합산 전형으로 선발하는 대학들의 경우 한양대는 학생부종합평가를, 단국대(천안)·부산대·이화여대는 서류 100%로 선발한다.

의예과를 선발하는 대학들은 학생부종합전형에서도 수능 최저학력기준을 적용한다. 대부분 대학들은 국어·수학(가)형·영어·과탐 중 3개 영역 각 1등급 또는 3개 영역 합 4~5등급 이내 등을 수능 최저학력기준으로 적용하고 있다. 반면, 가톨릭대(가톨릭지도자추천)·경상대(학생부종합(일반)/지역인재(종합))·경희대(네오르네상스)·계명대(학생부종합(일반)/학생부종합(지역))·서울대(일반전형)·성균관대(학생부종합(학과모집))·순천향대(일반학생(종합)/지역인재(종합))·연세대(서울)(학생부종합(면접형)/학생부종합(활동우수형))·인하대(인하미래인재)·중앙대(학생부종합(다빈치인재)/학생부종합(탐구형인재))·한양대(학생부종합)) 전형은 수능 최저학력기준을 적용하지 않는다.

논술전형으로는 가톨릭대·경북대·경희대·부산대·아주대·연세대(원주)·울산대·이화여대·인하대·중앙대·한양대에서 선발한다. 논술전형은 모든 대학이 일괄합산 전형으로 선발하며 논술고사의 반영비율은 60~80%로 논술고사 성적에 의해 당락이 결정된다.
논술전형에서는 한양대를 제외한 모든 대학에서 수능시험 최저학력기준을 적용한다.

2020학년도 의예과 수시모집 선발 방법 및 수능시험 최저학력기준

대학명	모집 단위	전형 유형	모집 인원	전형 방법	수능시험 최저학력기준
가천대	의예과	가천의예	20	1단계(4배수): 서류 100 2단계: 면접 50 + 1단계 50	국어, 수학(가), 영어, 과탐(2) 중 3개 각 1등급
		학생부 우수자	5	학생부 100	국어, 수학(가), 영어, 과탐(2) 중 3개 각 1등급
가톨릭 관동대	의학과	CKU종합(1)	8	1단계(3배수): 서류 100 2단계: 서류 70 + 면접 30	국어, 수학(가), 영어, 과탐(2) 중 3개 영역 등급합 5 이내
		지역인재	8	학생부(교과) 100	
		CKU교과	21	학생부(교과) 100	국어, 수학(가), 영어, 과탐(2) 중 3개 영역 등급합 4 이내
		고른기회	2		
		농어촌	2		
		기초생활 및 차상위	2		
가톨 릭대	의예과	논술	21	논술 70 + 학생부(교과) 30	국어, 수학(가), 영어, 과탐(2) 중 3개 영역 등급합 4 이내 및 한국사 4등급 이내
		학교장추천	40	1단계(3배수): 서류 100 2단계: 1단계 70 + 면접 30	
		가톨릭 지도자추천	2	1단계(3배수): 서류 100 2단계: 1단계 70 + 면접 30	미적용
건양대	의학과	일반학생	14	1단계(3배수): 학생부(교과) 100 2단계: 1단계 80 + 면접 20	국어, 수학(가), 영어, 과탐(2) 중 3개 영역 등급합 3 이내
		지역인재 (최저)	15		국어, 수학(가), 영어, 과탐(2) 중 3개 영역 등급합 4 이내
		지역인재 (면접)	5	1단계(5배수): 학생부(교과) 100 2단계: 1단계 80 + 면접 20	미적용
		농어촌	2		국어, 수학(가), 영어, 과탐(2) 중 3개 영역 등급합 4 이내

대학명	모집 단위	전형 유형	모집 인원	전형 방법	수능시험 최저학력기준
경북대	의예과	학생부교과 (지역인재)	10	학생부(교과) 70 + 서류 30	국어, 수학(가), 영어, 과탐(1) 4개 영역 등급합 5등급 이 내, 한국사 4등급 이내
		학생부종합 (일반)	15	1단계(5배수): 서류 100 2단계: 1단계 70 + 면접 30	
		학생부종합 (지역인재)	30		
		논술(AAT)	20	논술 70 + 학생부(교과) 20 + 학생부(비교과) 10	
경상대	의예과	학생부종합 (일반)	4	1단계(3배수): 서류 100 2단계: 1단계 70 + 면접 30	미적용
		지역인재 (종합)	7		
		농어촌	3		
		기초생활 수급자등	1	1단계(5배수): 서류 100 2단계: 1단계 70 + 면접 30	
		학생부교과 (일반)	17	학생부(교과) 100	국어, 수학(가), 영어, 과탐(2) 중 수학(가) 포함한 3개 영역 등급합 4 이내
		지역인재 (교과)	12		
경희대	의예과	네오르네 상스	55	1단계(3배수): 서류종합 100 2단계: 1단계 70 + 면접 30	미적용
		논술우수자	21	논술 70 + 학생부 30	국어, 수학(가), 영어, 과탐(1) 중 3개 영역 등급합 4 이내, 한국사 5등급 이내

대학명	모집 단위	전형 유형	모집 인원	전형 방법	수능시험 최저학력기준
계명대	의예과	학생부교과 (일반)	17	1단계(7배수): 교과 100 2단계: 교과 90 + 다중인 적성평가 10	국어, 수학(가), 영어, 과탐(1) 중 3개 영역 등급합 3등급 (단, 수(가), 과탐 필수 응시)
		학생부교과 (지역)	19		
		학생부종합 (일반)	4	1단계(4배수): 서류 100 2단계: 1단계 80 + 면접 20	미적용
		학생부종합 (지역)	6		
고려대	의과 대학	일반전형	33	1단계(5배수): 서류 100 2단계: 1단계 70 + 면접 30	국어, 수학(가), 영어, 과탐(2) 4개 영역 등급합 5 이내, 한국사 4등급 이내
		학교추천 I	16	1단계(3배수): 학생부(교과) 100 2단계: 1단계 50 + 면접 50	
		학교추천 II	32	1단계(5배수): 서류 100 2단계: 1단계 50 + 면접 50	
		농·어촌 학생	2	1단계(5배수): 서류 100 2단계: 1단계 70 + 면접 30	
		특기자	10	1단계(5배수): 서류 100 2단계: 1단계 50 + 면접 50	미적용
고신대	의예과	일반고	30	1단계(5배수): 학생부 100 2단계: 학생부 90 + 면접 10	국어, 수학(나), 영어 등급합 3등급 또는 국어, 수학(가), 영어, 과탐(2) 중 3개 영역 등급합 4등급(영어, 수학(가) 필수)
		지역인재	20		
단국대 (천안)	의예과	DKU인재	10	서류 100	국어, 수학(가), 영어, 과탐(1) 4개 영역 등급합 5 이내

대학명	모집 단위	전형 유형	모집 인원	전형 방법	수능시험 최저학력기준
대구 가톨 릭대	의예과	농어촌	2	학생부 100	국어, 수학(가), 영어, 과탐(1) 4개 영역 등급합 5 이내, 한 국사 5등급 이내
		지역교과 우수자	15	1단계(7배수): 학생부 100 2단계: 학생부 80 + 면접 20	
동국대 (경주)	의예과	지역인재	5	1단계: 서류 100 2단계: 1단계 70 + 면접 30	국어, 수학(가), 과탐(1) 3개 영역 등급합 4 이내, 영어 2 등급 이상 필수
		교과	15	학생부 100	
		농어촌	2		
		면접	10	학생부 70 + 면접 30	
동아대	의예과	지역균형 인재	30	1단계(8배수): 학생부 100 2단계: 학생부 90 + 면접 10	국어, 수학(가), 영어, 과탐(1) 4개 영역 등급합 6 이내
부산대	의예과	논술	35	논술 70 + 교과 20 + 비교 과 10	국어, 수학(가), 과탐(2) 등급 합 4 이내, 영어 2등급 이내, 한국사 4등급 이내
		학생부교과	25	학생부교과 100	
		학생부종합 (지역인재)	40	서류 100	
서울대	의예과	지역균형 선발	30	서류 + 면접 종합평가 100	국어, 수학(가), 영어, 과탐(2) 중 3개 영역 이상 2등급 이내
		일반전형	75	1단계(2배수): 서류 100 2단계: 1단계 50 + 면접 50	미적용
		기회균형 I (저소득)	2	1단계(일정배수): 서류 100 2단계: 서류 + 면접 종합 평가 100	
		기회균형 I (농어촌)	1		
성균 관대	의예과	학생부종합 (학과모집)	25	1단계(3배수): 서류 100 2단계: 1단계 80 + 면접 20	미적용

대학명	모집 단위	전형 유형	모집 인원	전형 방법	수능시험 최저학력기준
순천 향대	의예과	일반학생 (교과)	21	학생부(교과) 100	국어, 수학(가/나), 영어, 사탐/과탐(2) 4개 영역 등급합 6 이내(*수학(가), 과탐 응시하지 않은 경우 각 0.5등급 하향)
		지역인재 (교과)	21		국어, 수학(가/나), 영어, 사탐/과탐(1) 4개 영역 등급합 6 이내(*수학(가), 과탐 응시하지 않은 경우 각 0.5등급 하향)
		일반학생 (종합)	6	1단계(3배수): 서류 100 2단계: 1단계 70 + 면접 30	미적용
		지역인재 (종합)	6		
		기초생활 수급자 및 차상위	2		
		농어촌	2		
아주대	의학	ACE	20	1단계(3배수): 서류 100 2단계: 1단계 70 + 면접 30	국어, 수학(가), 영어, 과탐(2) 4개 영역 등급합 5 이내
		논술우수자	10	논술 80 + 학생부(교과) 20	

대학명	모집단위	전형 유형	모집인원	전형 방법	수능시험 최저학력기준
연세대 (서울)	의예과	학생부종합 (면접형)	17	1단계(3배수): 학생부(교과) 40 + 서류 60 2단계: 서류 40 + 면접 60	미적용
		특기자	27	1단계(일정배수): 서류 100 2단계: 서류 60 + 면접 40	
		학생부종합 (활동우수형)	45	1단계(일정배수): 서류 100 2단계: 서류 60 + 면접 40	
		학생부종합 (기회균형)	1		
		연세한마음	1		
		농어촌학생	1		
연세대 (원주)	의예과	학생부종합 (면접형)	15	1단계(6배수): 교과 55 + 비교과 25 + 출석봉사 20 2단계: 1단계 70 + 면접 30	국어, 수학(가), 과탐(1), 과탐(2) 4개 중 3개 영역 등급합 4 이내, 영어 2등급 이내, 한국사 4등급 (과탐 같은 과목 I, II 안 됨)
		학교생활 우수자	18	서류 90 + 면접 10	
		강원인재 일반	14		
		기회균형	3		
		기초생활 (연세한마음)	1	1단계(3배수): 서류 100 2단계: 1단계 70 + 면접 30	
		농어촌	1		
		일반논술	15	논술 70 + 교과 20 + 출석·봉사 10	국어, 수학(가), 과탐(1), 과탐(2) 4개 영역 중 3개 1등급, 영어 2등급 이내, 한국사 4등급 (과탐 같은 과목 I, II 안 됨)

대학명	모집단위	전형 유형	모집인원	전형 방법	수능시험 최저학력기준
영남대	의예과	일반전형	8	학생부 100	국어, 수학(가), 영어, 과탐(1) 4개 영역 등급합 5 이내, 한국사 4등급 이내
		지역인재	25		
		창의인재	8	1단계(10배수): 학생부 100 2단계: 학생부 70 + 면접 30	
울산대	의예과	학생부종합 (종합면접)	14	1단계(5배수): 서류 100 2단계: 서류 50 + 면접 50	국어, 수학(가), 영어, 과탐(2) 4개 영역 등급합 5 이내, 한국사 4등급 이내
		지역인재	4		
		논술	12	논술 60 + 학생부 40	
원광대	의예과	학생부종합	20	1단계(5배수): 서류 100 2단계: 1단계 70 + 면접 30	국어, 수학(가), 영어, 과탐(1) 중 수학(가) 포함 3개 영역 등급합 6 이내
		지역인재	전북 22 광주전남 7		
		기회균등	2		미적용
		농어촌	2		
을지대 (대전)	의예과	교과성적우수자	10	학생부 100	국어, 수학(가), 영어, 과탐(1) 4개 영역 등급합 5 이내
		지역인재	12		국어, 수학(가), 영어, 과탐(1) 4개 영역 등급합 6 이내
		농어촌	2		
		기회균형	2		
이화여대	의예과	논술	10	논술 70 + 학생부(교과) 30	국어, 수학(가), 영어, 과탐(2) 4개 영역 등급합 5 이내
		미래인재	15	서류 100	

대학명	모집 단위	전형 유형	모집 인원	전형 방법	수능시험 최저학력기준
인제대	의예과	의예	27	1단계(3배수): 학생부(교과) 80 + 서류 20 2단계: 1단계 80 + 면접 20	미적용
		농어촌	4		
		지역인재	28	1단계(3배수): 학생부(교과) 80 + 서류 20 2단계: 1단계 80 + 면접 20	미적용
인하대	의예과	인하미래 인재	15	1단계(3배수 내외): 서류 100 2단계: 1단계 70 + 면접 30	미적용
		농어촌학생	2	서류 100	
		논술우수자	10	논술 70 + 학생부 30	국어, 수학(가), 영어, 과탐(2) 중 3개 영역 각 1등급
		학생부교과	15	학생부(교과) 100	
전남대	의예과	학생부교과 일반	37	학생부 100	국어, 수학(가), 영어, 과탐(2) 4개 영역 등급합 5 이내
		지역인재	38	1단계(4배수): 서류 100 2단계: 1단계 70 + 면접 30	국어, 수학(가), 영어, 과탐(2) 4개 영역 등급합 6 이내
전북대	의예과	큰사람	9	1단계(4배수): 서류 100 2단계: 1단계 70 + 면접 30	국어, 수학(가), 영어, 과탐(2) 4개 영역 등급합 7 이내
		일반학생	29	학생부 100	국어, 수학(가), 영어, 과탐(2) 4개 영역 등급합 5 이내
		지역인재	46		국어, 수학(가), 영어, 과탐(2) 4개 영역 등급합 6 이내

대학명	모집 단위	전형 유형	모집 인원	전형 방법	수능시험 최저학력기준
제주대	의예과	일반학생1	14	1단계(5배수): 학생부 100 2단계: 학생부 70 + 면접 30	국어, 수학(가), 과탐(1), 과탐(2) 중 수학(가)를 포함한 3개 영역 등급합 5 이내, 영어 2등급 이내
		지역인재	6	1단계(3배수): 학생부 100 2단계: 학생부 70 + 면접 30	국어, 수학(가), 과탐(1), 과탐(2) 중 수학(가)를 포함한 3개 영역 등급합 6 이내, 영어 2등급 이내
조선대	의예과	일반전형	42	학생부 83.3 + 면접 16.7	국어, 수학(가), 영어, 과탐(1) 중 4개 영역 등급합 6 이내
		지역인재	27	1단계(3배수): 서류 100 2단계: 서류 70 + 면접 30	
		농어촌	2	학생부종합평가 100	미적용
		기초생활	2		
중앙대	의학부	학생부종합 (다빈치인재)	8	1단계(4배수 내외): 서류 100 2단계: 1단계 70 + 면접 30	미적용
		학생부종합 (탐구형인재)	8		
		논술	30	논술 60 + 학생부(교과) 20 + 학생부(비교과) 20	국어, 수학(가), 영어, 과탐(2) 4개 영역 등급합 5 이내, 한국사 4등급 이내
충남대	의예과	일반전형	24	학생부 100	국어, 수학(가), 영어, 과탐(2) 중 수학(가)를 포함한 3개 영역 등급합 4 이내
		지역인재	23		
		PRISM인재	19	1단계(2배수): 서류 100 2단계: 서류 60 + 면접 40	국어, 수학(가), 영어, 과탐(2) 중 수학(가)를 포함한 3개 영역 등급합 5 이내
		농어촌학생	2	1단계(3배수): 서류 100 2단계: 서류 60 + 면접 40	미적용
		저소득층 학생	1		

대학명	모집 단위	전형 유형	모집 인원	전형 방법	수능시험 최저학력기준
충북대	의예과	학생부 종합 I	6	1단계(3배수): 서류 100 2단계: 서류 80 + 면접 20	미적용
		농어촌	1	1단계(4배수): 서류 100 2단계: 서류 80 + 면접 20	미적용
		지역인재	6	1단계(4배수): 학생부(교과) 100 2단계: 1단계 80 + 인적성면접 20	국어, 수학(가), 영어, 과탐(2) 중 3개 영역 등급합 4 이내
		학생부교과	8		
한림대	의예과	학교생활 우수자	23	1단계(6배수): 서류 100 2단계: 1단계 70 + 면접 30	국어, 수학(가), 영어, 과탐(2) 중 3개 영역 등급합 4 이내, 영어 포함 시 영어 1등급
		지역인재	15		
		농어촌	2		미적용
한양대 (서울)	의예과	논술	9	논술 80 + 학생부종합 20	미적용
		학생부종합 (일반)	36	학생부종합 100	
		학생부종합 (고른기회)	3		

※자료출처 : 각 대학 발표 2020학년도 대학입학 전형계획 참조

(2) 치의예과

2020학년도 수시모집에서 경북대·부산대·전남대·전북대·조선대가 학생부교과전형으로 치의예과 학생을 선발한다. 학생부교과전형으로 선발하는 모든 대학이 수능시험 최저학력기준을 적용하며 단계별 전형이 아닌 일괄합산 전형으로 선발한다.

2020학년도 수시모집의 치의예과에서 학생부종합전형으로 선발하는 대학은 강릉원주대·경북대·경희대·단국대(천안)·부산대·서울대·연세대(서울)·원광대·전남대·전북대·조선대 등 11개 대학이다. 단국대(천안) DKU인재 전형과 부산대 학생부종합전형만이 단계별 전형으로 모집하지 않고 서류 100%로 선발하고 나머지 대학들은 1단계에서 학생부 또는 서류로 선발하고 2단계에서는 1단계 성적과 면접을 통해 최종 선발한다.

의예과와 마찬가지로 학생부종합전형으로 치의예과를 선발하는 대부분 대학들이 수능시험 최저학력기준을 적용한다. 다만, 경희대(네오르네상스)·서울대(일반전형)·연세대(모든 전형)·조선대(농어촌/기초생활) 전형에서는 수능시험 최저학력기준을 적용하지 않는다. 수능시험 최저학력기준은 대부분 국어·수학(가)형·영어·과탐 중 3개 영역 등급합계가 4~5등급 이내로 의예과보다는 다소 낮지만, 일반 학과보다 아주 높은 수준이다. 따라서 치의예과를 지원하고자 하는 수험생들은 내신성적과 비교과 활동을 꼼꼼히 관리하는 것도 중요하고 수능 최저학력기준에도 대비하여 수능 준비도 철저히 해야 한다.

논술전형으로는 경북대·경희대·연세대(서울) 등 3개 대학에서만 선발한다. 논술전형은 모든 대학이 일괄합산 전형으로 선발하며 논술고사의 반영비율은 연세대(서울)이 논술고사 100%로 선발하고 경북대와 경희대는 논술고사 70%를 반영해 논술고사 성적에 의해 당락이 결정된다.

논술전형에서는 연세대(서울)는 수능시험 최저학력기준을 적용하지 않고 경북대와 경희대는 수능시험 최저학력기준을 적용한다.

2020학년도 치의예과 수시모집 선발 방법 및 수능시험 최저학력기준

대학명	모집 단위	전형 유형	모집 인원	전형 방법	수능시험 최저학력기준
강릉 원주대	치의 예과	해람인재	13	1단계(5배수): 학생부 100 2단계: 1단계 80 + 면접 20	국어, 수학(가), 과탐(1) 3개 영역 등급합 5 이내
		지역인재	6		국어, 수학(가), 과탐(1) 3개 영역 등급합 6 이내
		사회적 배려 대상자	1		
		농어촌학생	2		
경북대	치의 예과	학생부교과 (일반)	10	학생부(교과) 90 + 학생 부(비교과) 10	국어, 수학(가), 영어, 과탐(1) 4개 영역 등급합 5 이내, 한국사 4등급 이내
		학생부교과 (지역인재)	5	학생부(교과) 70 + 서류 30	
		학생부종합 (일반)	10	1단계(5배수): 서류 100 2단계: 1단계 70 + 면접 30	
		학생부종합 (지역인재)	15		
		논술(AAT)	5	논술 70 + 학생부(교과) 20 + 학생부(비교과) 10	
경희대	치의 예과	네오르네 상스	40	1단계(3배수): 서류 100 2단계: 1단계 70 + 면접 30	미적용
		논술우수자	15	논술 70 + 학생부 30	국어, 수학(가), 영어, 과탐(1) 중 3개 영역 등급합 4 이내, 한국사 5등급 이내
단국대 (천안)	치의 예과	DKU인재	14	서류 100	국어, 수학(가), 영어, 과탐(1) 4개 영역 등급합 5 이내

대학명	모집 단위	전형 유형	모집 인원	전형 방법	수능시험 최저학력기준
부산대	치전원 학·석사 통합	지역인재	15	학생부(교과) 100	국어, 수학(가), 영어, 과탐(2) 중 수학(가)를 포함한 3개 영역 등급합 4 이내, 한국사 4 등급 이내
		학생부종합	10	서류 100	
서울대	치의학 대학원 학·석사 통합 과정	지역균형	15	서류 + 면접 종합평가 100	국어, 수학(가), 영어, 과탐(2) 중 3개 영역 이상 2등급 이내
		일반전형	30	1단계(2배수): 서류 100 2단계: 1단계 50 + 면접 50	미적용
연세대 (서울)	치의 예과	학생부종합 (면접형)	5	1단계(3배수): 학생부(교과) 40 + 서류 60 2단계: 서류 40 + 면접 60	미적용
		특기자	12	1단계(일정배수): 서류 100 2단계: 서류 60 + 면접 40	
		논술	16	논술 100	
		학생부종합 (활동우수형)	6	1단계(일정배수): 서류 100 2단계: 서류 60 + 면접 40	
		학생부종합 (기회균형)	1		
		연세한마음	1		
		농어촌학생	1		

대학명	모집단위	전형 유형	모집인원	전형 방법	수능시험 최저학력기준
원광대	치의예과 (인문)	학생부종합	2	1단계(5배수): 서류 100 2단계: 1단계 70 + 면접 30	국어, 수학(나), 영어, 사탐(2) 중 수학(나)를 포함한 3개 영역 등급합 6 이내
	치의예과 (자연)	학생부종합	16		국어, 수학(가), 영어, 과탐(2) 중 수학(가)를 포함한 3개 영역 등급합 6 이내
		지역인재	전북 17 광주 전남 7		국어, 수학(가), 영어, 과탐(1) 중 수학(가)를 포함한 3개 영역 등급합 6 이내
		기회균등	2		미적용
		농어촌	2		
전남대	치전원 (학석사 통합)	학생부교과 일반	18	학생부 100	국어, 수학(가), 영어, 과탐(2) 4개 영역 등급합 6 이내
		지역인재	10	1단계(4배수): 서류 100 2단계: 1단계 70 + 면접 30	국어, 수학(가), 영어, 과탐(2) 4개 영역 등급합 7 이내
전북대	치의예과	큰사람	2	1단계(4배수): 서류 100 2단계: 1단계 70 + 면접 30	국어, 수학(가), 영어, 과탐(2) 4개 영역 등급합 7 이내
		일반학생	6	학생부 100	국어, 수학(가), 영어, 과탐(2) 4개 영역 등급합 5 이내
		지역인재	18		국어, 수학(가), 영어, 과탐(2) 4개 영역 등급합 6 이내
조선대	치의예과	일반	24	학생부 83.3 + 면접 16.7	국어, 수학(가), 영어, 과탐(1) 4개 영역 등급합 6 이내
		지역인재	24	1단계(3배수): 서류 100 2단계: 1단계 70 + 면접 30	
		농어촌	1	학생부종합평가 100	미적용
		기초생활	1		

※자료출처 : 각 대학 발표 2020학년도 대학입학 전형계획 참조

(3) 한의예과

2020학년도 수시모집에서 학생부교과전형으로 한의예과는 경희대와 원광대를 제외한 가천대·대구한의대·대전대·동국대(경주)·동신대·동의대·부산대·상지대·세명대·우석대에서 선발한다. 학생부교과전형으로 선발하는 모든 대학이 수능시험 최저학력기준을 적용하며 대부분 단계별 전형이 아닌 일괄합산 전형으로 선발한다.

학생부종합전형으로 선발하는 대학은 경희대·대구한의대·대전대·동국대(경주)·동의대·상지대·세명대·우석대·원광대 등 9개 대학이다. 한의예과의 학생부종합전형 평가방법은 대구한의대 지역인재전형이 서류종합평가 100%로 선발하고 상지대 학생부종합전형과 지역인재전형이 학생부(교과) 30%+학생부(비교과) 60%+ 출결 10%의 일괄합산 전형으로 선발하고 나머지 대학들은 단계별 전형으로 선발한다. 1단계에서는 학생부 또는 서류로 선발하고 2단계에서는 1단계 성적과 면접을 통해 최종 선발한다.

한의예과는 의예과와 치의예과보다 수능 최저학력기준이 다소 낮은 편이다. 경희대(네오르네상스)·대전대(혜화인재)·동의대(학교생활우수자)·우석대(지역인재) 전형을 제외한 모든 대학의 전형에서 수능 최저학력기준을 적용한다. 한의예과의 수능 최저학력기준은 국어·수학(가)형·영어·탐구 중 3개 영역 등급 합 4~6등급 이내로 상대적으로 낮다.

논술전형으로 한의예과를 선발하는 대학은 경희대 1개 대학으로 논술고사 70%＋학생부 30%로 선발한다. 수능 최저학력기준은 국어·수학·영어·탐구(1과목) 중 3개 영역 등급합 4 이내이며, 한국사 5등급 이내를 적용한다.

따라서 한의예과에 지원하고자 하는 수험생들은 의예과와 치의예과와 같이 내신성적과 비교과 활동을 꼼꼼히 관리하는 것도 중요하고 수능 최저학력기준에도 대비하여 수능 준비도 신경 써야 한다.

2020학년도 한의예과 수시모집 선발 방법 및 수능시험 최저학력기준

대학명	모집단위	전형 유형	모집인원	전형 방법	수능시험 최저학력기준
가천대	한의예과	학생부우수자	10	학생부 100	국어, 수학(가), 영어, 과탐(2) 중 2개 영역 각 1등급
		농어촌(학생부우수자)	1		
경희대	한의예과(인문)	네오르네상스	13	1단계(3배수): 서류 100 2단계: 1단계 70 + 면접 30	미적용
	한의예과(자연)		30		
	한의예과(인문)	논술우수	7	논술 70 + 학생부 30	국어, 수학(나), 영어, 사탐(1) 중 3개 영역 등급합 4 이내, 한국사 5등급 이내
	한의예과(자연)		23		국어, 수학(가), 영어, 과탐(1) 중 3개 영역 등급합 4 이내, 한국사 5등급 이내

대학명	모집 단위	전형 유형	모집 인원	전형 방법	수능시험 최저학력기준
대구 한의대	한의 예과 (자연)	일반	12	학생부(교과) 100	국어, 수학(가), 영어, 과탐(1) 4개 영역 등급합 7 이내
		농어촌	5	학생부(교과) 100	국어, 수학(가), 영어, 과탐(1) 4개 영역 등급합 9 이내
		기초수급 및 차상위	3		
		고른기회	5	학생부(교과) 100	국어, 수학(가), 영어, 과탐(1) 4개 영역 등급합 8 이내
		면접	12	1단계(10배수): 학생부(교 과) 80 + 출결 20 2단계: 1단계 70 + 면접 30	
		지역인재	10	서류종합평가 100	
		기린인재	10		
	한의 예과 (인문)	면접	10	1단계(10배수): 학생부(교 과) 80 + 출결 20 2단계: 1단계 70 + 면접 30	국어, 수학(나), 영어, 사탐(1) 4개 영역 등급합 7 이내
		고른기회	4	학생부(교과) 100	
		지역인재	6	서류종합평가 100	
		기린인재	8		

대학명	모집단위	전형 유형	모집인원	전형 방법	수능시험 최저학력기준
대전대	한의예과 (인문)	일반전형	9	1단계(5배수): 학생부 100 2단계: 학생부 70 + 면접 30	국어, 수학(나), 영어, 사탐(2) 중 3개 영역 등급합 4 이내
		교과우수자	8	학생부 100	
		농어촌	1	서류 100	
		혜화인재	2	1단계(4배수): 서류 1000 2단계: 서류 70 + 면접 30	미적용
	한의예과 (자연)	일반전형	15	1단계(5배수): 학생부 100 2단계: 학생부 70 + 면접 30	국어, 수학(가), 영어, 과탐(2) 중 3개 영역 등급합 5 이내
		교과우수자	10	학생부 100	
		농어촌	2	서류 100	
		혜화인재	3	1단계(4배수): 서류 1000 2단계: 서류 70 + 면접 30	미적용
동국대 (경주)	한의예과	지역인재	7	1단계: 서류 100 2단계: 서류 70 + 면접 30	국어, 수학(가), 탐구(1) 등급합 5 이내 *면접 인문 수(나) 지원 가능
		교과	15	학생부 100	
		농어촌	3		
		면접	15	학생부 70 + 면접 30	
		참사람	5	1단계: 서류 100 2단계: 서류 70 + 면접 30	

대학명	모집단위	전형 유형	모집인원	전형 방법	수능시험 최저학력기준
동신대	한의예과	일반전형 (학생부 교과)	15	학생부(교과) 80 + 출결 20	국어, 수학(가/나), 영어 3개 영역 등급합 4 이내 *수(가) 선택 시 5등급 이내, 한국사 응시
		지역인재2	5	1단계(3배수): 학생부(교과) 60 + 학생부(비교과) 40 2단계: 1단계 60 + 면접 40	미적용
		농어촌	2	학생부(교과) 80 + 출결 20	국어, 수학(가/나), 영어 3개 영역 등급합 5 이내 *수(가) 선택 시 6등급 이내, 한국사 응시
		기초수급자 및 차상위 계층	2		
동의대	한의예	일반고 교과	10	학생부(교과) 100	국어, 수학(가/나), 영어 3개 영역 등급합 5 이내, 한국사 필수
		지역인재 교과	10		
		학교생활 우수자	7	1단계(4배수): 서류 100 2단계: 1단계 70 + 면접 30	미적용
부산대	한전원 학·석사 통합	학생부교과	20	학생부(교과) 100	국어, 수학(가), 영어, 과탐(2) 중 수학(가)를 포함한 3개 영역 등급합 4 이내, 한국사 4 등급 이내
상지대	한의예과	일반전형	10	학생부 100	국어, 수학(가), 탐구(2) 3개 영역 등급합 5 이내 또는 국어, 수학(나), 탐구(2) 3개 영역 등급합 4 이내
		학생부종합	5	학생부(교과) 30 + 학생부 (비교과) 60 + 출결 10	
		지역인재	9		

대학명	모집 단위	전형 유형	모집 인원	전형 방법	수능시험 최저학력기준
세명대	한의예	학생부교과 II	13	학생부(교과) 100	국어, 수학(가/나), 영어 3개 영역 등급합 4 이내, 한국사 2등급 이내
		농어촌	2 이내		국어, 수학(가/나), 영어 3개 영역 등급합 5 이내 *각 영역별 2등급 이내, 한국사 2등급 이내
		기회균등	2 이내		
		지역인재	12	1단계(8배수): 서류 100 2단계: 1단계 60 + 면접 40	
우석대	한의예	지역인재	7	1단계: 서류 100 2단계: 1단계 70 + 면접 30	미적용
		교과일반	9	학생부(교과) 100	국어, 수학(가/나), 사탐/과탐(1) 3개 영역 등급합 5 이내(단, 수학(가) 응시자 1등급 상향)
원광대	한의예과 (인문)	학생부종합	5	1단계(5배수): 서류 100 2단계: 1단계 70 + 면접 30	국어, 수학(나), 영어, 사탐(2) 중 수학(나)를 포함한 3개 영역 등급합 6 이내
		지역인재	전북 8 광주 전남 5		국어, 수학(나), 영어, 사탐(1) 중 수학(나)를 포함한 3개 영역 등급합 6 이내
	한의예과 (자연)	학생부종합	13		국어, 수학(가), 영어, 과탐(2) 중 수학(가)를 포함한 3개 영역 등급합 6 이내
		지역인재	전북 10 광주 전남 8		국어, 수학(가), 영어, 과탐(1) 중 수학(가)를 포함한 3개 영역 등급합 6 이내

※자료출처 : 각 대학 발표 2020학년도 대학입학 전형계획 참조

3) 교육대학 2020학년도 입시 안내

교육대학은 많은 시대의 변화 속에서도 초등학교 교사가 되기를 희망하는 수험생들의 지원이 꾸준히 이어지고 있다. 전국 10개 교대의 수시모집에서는 학생부 위주의 전형이 실시되고 있는데, 공주교대·대구교대·서울교대·전주교대는 학생부교과전형과 학생부종합전형으로 선발하고, 나머지 대학들은 학생부종합전형으로만 선발한다.

수능시험 최저학력기준은 대부분 적용하지 않지만 2020학년도부터 새롭게 적용하는 춘천교대와 함께 공주교대·서울교대·전주교대가 수능시험 최저학력기준을 적용하며 국어, 수학, 영어, 탐구 4개 영역을 모두 반영하고 대학별·전형별로 차이가 있지만 4개 영역 등급합 9~16등급 사이다.

2020학년도 수시모집에서 교육대학에 합격하기 위해서는 어떤 점을 주의해야 하고, 무엇을 준비해야 하는지 알아보도록 하자.

(1) 나에게 맞는 대학을 찾아보자

교육대학을 지원하고자 한다면 가장 먼저 내가 학생부교과전형에 유리한지 아니면 학생부종합전형에 유리한지를 꼼꼼히 따져 보아야 한다. 즉, 내신성적에 자신이 있고 비교과활동 즉, 학생부나 자기소개서 부분이 좀 약하다면 학생부교과전형으로 선발하는 대학을 지원하고 반대로 내신성적보다는 학생부나 자기소개서 부분에서 더 우수하다면 학생부종합전형으로 선발하는 대학에 지원하는 것이 유리하다.

학생부 위주의 선발이 이루어지는 모든 교육대학은 면접이 실시되는 단계별 전형으로 수험생을 선발한다. 즉, 1단계는 학생부나 서류를 통해 일정 배수의 인원을 선발하고 2단계에서 1단계 성적과 면접을 통해 최종 선발한다. 또한, 수능 최저학력기준은 공주교대, 서울교대, 전주교대, 춘천교대에서만 적용하고 나머지 대학에서는 적용하지 않는다. 지원 대학 선택 시 수능 최저학력기준 적용 여부도 매우 중요한 사항이기 때문에 이 점도 고려해야 한다.

교대 지원전략을 수립하기에 앞서 주의해야 할 사항은 대학별로 수시모집의 모집인원 차이가 크기 때문에 모집인원을 잘 살펴야 한다는 점이다. 그리고 지원 시 성비적용 여부도 살펴보아야 한다. 교대의 경우 초등교육과 단일학과로 수험생을 선발하기 때문에 선발 인원이 많은 편이다. 하지만 성비적용 여부에 따라 지원가능점수와 성별 유·불리 등이 발생하기 때문에 미리 살펴봐야 한다. 예를 들어, 진주교대의 경우 '21세기 교직적성자선발전형'과 '지역인재전형'의 경우 어느 한 성이 80%를 초과하지 못하는 성비를 적용하고 나머지 전형들은 성비를 적용하지 않는다.

또한, 교대는 인문계열 학생들의 전유물인 듯 인식하여 문과 학생들만 지원할 수 있다고 생각하기도 한다. 하지만 실제 자연계열 학생들도 불리하지 않다는 점도 이해하고 있어야 한다. 예를 들어 서울교대의 경우 수시모집 전형에 지원하는 자연계 학생이 '교직인성우수자 전형'에 지원 시 자연계 학생이 응시하는 수학 '가'형과 과학탐구를 모두 선택한 학생은 수능 최저학력기준을 등급합 11로 하향 조정하는 등 수능 최저학력기준을 완화시켜 준다. 따라서 장래희망이 초등학교 교사인 자연계 학생들도 교과 성적과 비교과 활동이 준비되어 있다면 적극적으로 지원하는 것도 필요하다.

(2) 내신 관리는 기본, 서류와 면접에 대한 대비도 철저히 하자

학생부위주 전형으로 선발하는 교육대학에 합격하기 위해서는 내신 관리와 함께 서류와 면접에 대한 준비가 필요하다. 서류는 대부분 학생부(교과＋비교과)와 함께 자기소개서와 교사추천서를 반영한다. 이중 자기소개서는 일반대학과 내용은 대동소이하다. 단, 일부 대학의 경우 질문 문항 중 '초등학교 교사가 되기 위해 노력한 내용'에 관해 기술하도록 하고 있어 이에 대한 정리가 필요하다. 또한, 자기소개서를 작성할 때도 '왜 초등학교 교사가 되려는지', '이를 위해 어떤 노력을 해왔는지'에 관해 일반대학과는 다르게 좀 더 명확하게 기술하도록 해야 한다. 학생부종합전형이더라도 교육대학에 지원하기 위해서는 전 과목 내신성적 평균 등급이 1.5등급 전후는 되어야 할 것으로 보인다.

면접의 경우 면접방식에서는 일반대학과 유사하지만, 면접을 통해 알고자 하는 것은 일반대학에 비해 좀 더 명확하다는 것을 알아야 한다. 기본적으로 면접을 통해, 기초지식, 의사소통능력, 문제해결력 등을 판단할 것이다. 여기에 교직 사명감이나 교직관, 교사가 지녀야 할 품성과 자질 및 태도, 공동체 의식 등도 평가의 대상이 될 뿐 아니라 매우 중요한 평가요소이다. 기본적인 질문을 통한 인성 및 표현력, 문제

해결력을 판단하고, 교직에 관련된 추가 질문이 출제되거나, 조별토의의 집단면접이 실시되기도 한다. 면접의 경우 선생님이나 선배 등을 통해 면접방법과 출제되는 면접 문제에 관해서도 미리 알아보면 도움이 될 것이다.

교대를 수시모집에서 학생부종합전형으로 지원하려는 수험생의 경우 자기소개서와 면접에 대비하기 위해 우선 교대에 지원하려는 이유와 이를 위해 지금까지 해왔던 활동에 대해 차분히 정리해보는 시간을 반드시 갖자. 이를 통해 자기소개서를 작성하고, 자기소개서 내용을 토대로 하여 친구들과 모의면접을 실시해보도록 하자. 모의면접을 통해 발음이나 성량, 태도 등에 대해 나쁜 습관이 있는지를 살펴보고 연습을 통해 고쳐나가 보도록 하며, 교육과 관련된 이슈(따돌림문제, 태도가 불량한 학생에 대한 대처법, 교실 내에서 문제 상황 발생 시 대처법 등)들을 정리하여 예상 질문 등도 만들어 답변을 준비하도록 하자.

2020학년도 수시모집 교육대학 전형 방법

대학명	중심 유형	전형명	모집 인원	전형방법	수능 최저
경인 교대	학생부 (종합)	교직적성	323	1단계(2배수): 서류 100% 2단계: 서류 70% + 면 접 30%	×
		국가보훈대상자	5		
		저소득층학생	20		
		농어촌학생(정원 외)	23		
		장애인학생(정원 외)	20		
		서해5도학생 (정원 외)	5		
공주 교대	학생부 (교과)	고교성적우수자	80	1단계(3배수): 학생부 100% 2단계: 학생부 90.2% + 면접 9.8%	○
	학생부 (종합)	교직적성인재	30	1단계(2배수): 서류 100% 2단계: 1단계 50% + 면접 50%	×
		지역인재선발	70		
		국가보훈대상자	5		
		기회균형선발 (정원 외)	5		
		농어촌학생(정원 외)	14		
		특수교육대상자 (정원 외)	10		

대학명	중심 유형	전형명	모집 인원	전형방법	수능 최저
광주 교대	학생부 (종합)	교직적성우수자	126	1단계(3배수): 서류 100% 2단계: 1단계 60% + 심층면접 40%	×
		전라남도학교장추천	35		
		광주인재	20		
		전남인재	20		
		국가보훈대상자	5		
		다문화가정	3		
		장애인대상자 (정원 외)	10		
		농어촌학생(정원 외)	10		
		기초생활수급자 및 차상위계층(정원 외)	7		
대구 교대	학생부 (종합)	참스승	90	1단계(2.5배수): 서류 100% 2단계: 서류 50% + 면접 50%	×
		지역인재	120	1단계(2.5배수): 서류 100% 2단계: 서류 50% + 면접 50%	×
		국가보훈대상자	5		
		다문화가정자녀 및 북한이탈주민	2		
		기초생활수급자,차 상위계층,한부모가 족지원대상자(정원 외)	9		
		농어촌학생(정원 외)	12		
		장애인 등 대상자 (정원 외)	12		
	학생부 (교과)	서해5도(정원 외)	3	학생부(교과/비교과) 60% + 면접 40%	

대학명	중심 유형	전형명	모집 인원	전형방법	수능 최저
부산 교대	학생부 (종합)	초등교직적성자	104	1단계(2배수): 학생부 (교과/비교과 100% 2단계: 1단계 60% + 면접 40%	×
		지역인재	89		
		다문화가정	4		
		국가보훈대상자	4		
		농어촌학생(정원 외)	14		
		장애인 등 대상자 (정원 외)	12		
		저소득층학생 (정원 외)	5		
서울 교대	학생부 (교과)	학교장추천	60	1단계(2배수): 학생부 교과 100% 2단계: 1단계 50% + 면접 50%	○
	학생부 (종합)	교직인성우수자	100	1단계(2배수): 서류 100% 2단계: 1단계 50% + 면접 50%	○
		사향인재추천	30	1단계(2배수): 서류 100% 2단계: 1단계 50% + 면접 50%	×
		다문화가정자녀	5		
		기회균형선발 I	15		
		특수교육대상자	10		
		농어촌학생	4		
		국가보훈대상자	5		

대학명	중심 유형	전형명	모집 인원	전형방법	수능 최저
전주 교대	학생부 (교과)	고교성적우수자	70	1단계(2배수): 학생부 100% 2단계: 학생부 90% + 면접 10%	○
	학생부 (종합)	지역인재선발	8	1단계(3배수): 학생부 60% + 서류 40% 2단계: 1단계 50% + 면접 50%	○
진주 교대	학생부 (종합)	21세기형 교직적성자	105	1단계(2.5배수): 서류 100% 2단계: 1단계 70% + 심층면접 30%	×
		지역인재	105		
		국가보훈대상자	3		
		다문화(탈북)학생	3		
		농어촌학생(정원 외)	12		
		기회균형선발 (정원 외)	5		
		특수교육대상자 (정원 외)	10		
청주 교대	학생부 (종합)	배움나눔인재	110	1단계(3배수): 서류 100% 2단계: 1단계 60% + 면접 40%	×
		충북인재	40		
		국가보훈대상자	7		
		다문화가족자녀	5		
		농어촌학생(정원 외)	7		
		장애인학생(정원 외)	10		
		기회균형선발제 (정원 외)	8		

대학명	중심 유형	전형명	모집 인원	전형방법	수능 최저
춘천 교대	학생부 (종합)	교직적인성인재	96	1단계(3배수): 서류 100% 2단계: 1단계 40% + 면접 60%	○
		강원교육인재	60	1단계(2배수): 서류 100% 2단계: 1단계 40% + 면접 60%	○
		국가보훈대상자	4	1단계(3배수): 서류 100% 2단계: 1단계 40% + 면접 60%	○
		다문화가정의 자녀	2		
		기초생활수급자 및 차상위계층(정원 외)	11		
		농어촌학생(정원 외)	6		
		특수교육대상자 (정원 외)	8	1단계(4배수): 서류 100% 2단계: 1단계 40% + 면접 60%	○

※자료출처 : 각 대학 발표 2020학년도 대학입학 전형계획 참조

2

chapter

학생부 위주 전형의
핵심 요소 살펴보기

01 학생부종합전형의 핵심, 매력적인 학교생활기록부

1) 학교생활기록부 구성

학교생활기록부는 교과 영역과 비교과 영역으로 나뉘는데, 대학입시에서 가장 기초가 되는 전형자료이다.

교과 영역은 흔히 말하는 '내신' 성적을 의미하며, 비교과 영역은 창의적 체험활동 등 다양한 활동들을 기록하게 되어 있다. 최근 수시모집의 비중이 높아지면서, 학생부위주 전형이 지속적으로 확대되어 학교생활기록부는 더욱 중요해지고 있다.

이처럼 학생부위주 전형에서 가장 중요하게 활용되는 학생부는 모집시기별(수시모집과 정시)로 대입에서 활용 정도가 다르다. 수시모집에서는 학생부위주 전형의 선발 규모가 매우 크기 때문에 학생부의 활용 정도가 많고, 정시모집에서는 수능을 위주로 선발하기 때문에 학생부는 수능 성적과 함께 낮은 비율로 반영되거나 정원 외 모집 전형에서 주로 활용되어 그 비중이 그리 높지는 않다.

　수시모집에서는 수능을 최저학력기준으로만 활용하기 때문에 학생부 활용 비중이 정시보다 매우 높은 편이다. 하지만 수시모집에서도 전형에 따라 학생부의 비중과 반영 자료 등이 다르다는 점에는 주의해야 한다. 학생부교과전형에서는 학생부의 교과 성적이 가장 중요하며, 대학에 따라 출결과 봉사 등 비교과 자료를 추가로 반영하는 경우가 있다. 하지만 출결과 봉사 등 비교과는 변별력이 크지 않기 때문에 합격에 큰 영향을 미치지 않는 경우가 대다수이다. 학생부종합전형에서는 전형의 특성상 교과와 비교과 영역 모두가 중요하며, 각 대학별 평가요소에 따라 교과와 비교과를 종합적으로 평가하기 때문에 비교과 영역도 매우 중요하게 활용된다.

　더불어 수시모집 논술고사나 적성고사 등 대학별 고사를 실시하는 전형에서는 학생부의 교과 영역만 주로 반영되지만, 학생부교과 성적이 미치는 영향보다는 대학별 고사가 성적에 미치는 영향이 높다고 볼 수 있다.

　반면에 정시에서는 주로 수능 성적으로만 선발하지만 교대 등 일부 대학에서 학생부 성적을 반영하는 경우가 있으니 주의해야 한다. 정시에서 학생부는 주로 교과 성적만 활용하며, 서강대 등은 일부 대학에 따라 출결이나 봉사 등도 반영하는 경우가 있다.

모집시기	전형	학생부 반영 자료	활용정도
수시모집	학생부교과	교과, 출결 및 봉사 (일부 대학은 비교과 반영)	높음
	수시모집 학생부종합	교과 및 비교과 영역	매우 높음
	수시모집 논술 및 적성 실시	교과, 출결 및 봉사	낮음
정시	수능 100	반영하지 않음	없음
	정시수능 + 학생부	교과, 출결(봉사)	낮음

(1) 학교생활기록부의 세부 항목

학교생활기록부는 수험생의 다년간 학교생활을 다수의 교사가 평가한 자료로, 수험생의 학업성적뿐만 아니라 다양한 활동을 평가할 수 있는 자료다. 학생부의 교과 영역은 교과학습발달상황에서 각 교과별로 이수단위와 원점수, 과목평균, 표준편차, 석차등급 등 정량적으로 기록되고, 세부능력 및 특기사항에서는 각 교과별 학습 과정, 학습 태도, 학업 역량 등이 정성적으로 기록된다.

학생부의 비교과 영역은 학생부종합전형에서 의미 있게 반영된다. 학생부의 비교과 영역에는 출결상황, 수상경력, 자격증 및 인증 취득사항, 자율활동 특기사항, 동아리 활동 특기사항, 봉사활동 특기사항, 진로활동 특기사항, 봉사활동실적 활동내용, 독서활동상황, 행동특성 및 종합의견 등이 있다.

■ 교과학습발달상황

교과학습발달상황은 이수 교과별로 이수단위와 원점수, 과목평균, 표준편차, 석차등급 등 정량적 부분과 세부능력 및 특기사항의 각 교과별 학습 과정, 학습 태도, 학업 역량 등 세부기록으로 구분된다. 학생부교과전형에서는 정량적인 부분이 주로 평가되며, 학생부종합전형에서는 정량적인 부분과 세부능력 및 특기사항 등 정성적인 부분이 종합적으로 평가된다.

아직도 많은 학부모들과 학생들은 학생부종합전형이 비교과 영역과 면접 등을 우선으로 평가한다고 오해하고 있다. 학생의 잠재력을 파악하는 데 가장 기본이 되는 것은, 학생부의 교과 성적이다. 만약 특정한 소질을 가지고 있는 학생이 모든 과목의 성적이 다 좋지는 않지만, 학생의 적성 또는 지원하고자 하는 학과와 연관성이 있는 교과에서 좋은 성적을 거두고 있고, 그 교과와 관련된 다양한 활동 경험을 쌓고 있다면 이 학생은 잠재력과 발전가능성 측면에서 좋은 평가를 받을 수 있기 때문에 학생부종합전형에서도 교과 영역의 중요도는 아주 높다고 볼 수 있다.

■ 출결상황

출결상황에는 결석일수, 지각, 조퇴, 결과 등이 있는데 무단결석, 무단지각 등이 있는지 확인해야 한다. 병으로 인한 결석 등은 감점사유가 되지 않는다. 학교폭력의 가해자로 관련된 내용이 기재되면 학생부종합전형 등에서는 불리해질 수 있다. 지각과 조퇴는 많은 학생들이 인식은 하고 있지만, 그 결과에 대해서는 잘 모르는 경우가 많다. 지각·조퇴는 수업시간에 불참하거나 수업의 진행을 어렵게 하는 등의 행위로 간주될 수 있다.

■ 수상경력

수상경력은 교내상만 입력 가능하며, 모든 교외상은 학교생활기록부에 입력할 수 없다. 교내상은 수상명, 등급, 수상연월일, 수여기관, 참가 대상 등이 모두 입력된다. 과도한 스펙쌓기 및 수상실적 부풀리기 등을 막기 위해 교내상만 입력이 가능하게 되었다.

학급이나 학년 단위의 단체수상은 입력할 수 없으며, 전국단위 모의고사와 관련된 수상 실적 입력도 불가능하다. 수상경력은 교내상만 입력 가능하므로 고교 재학 중에 교내의 다양한 활동에 적극적으로 참여해 우수한 활동 실적을 기록하는 것이 좋다. 학생부종합전형에 지원하기 위해서는 학과 및 전공과 관련한 교내상과 더불어 학생의 우수성을 입증할 수 있는 실적이 필수적이다. 수상실적에서 은상이나 동상보다 금상이나 대상을 받는 것이 유리하지만, 고등학교에서는 수상실적의 현황 자료를 공개하고, 대학에서는 공개 자료를 바탕으로 수상실적 내역을 면밀히 관찰하여 각종 대회 수상이 어떤 의미가 있는지, 어떤 과정을 거쳐서 상을 주는지, 지원자가 대회를 통해 어떤 성장을 이루었는지를 다각도로 살펴보고 평가한다.

구분	수상명	등급(위)	수상 연월일	수여기관	참가대상
교내상	영어디베이트 한마당(공동수상, 2인)	은상(2위)	2017.04.15	○○학교장	전교생 중 참가자(100명)
	교내상 토론대회	금상(1위)	2017.05.21	○○학교장	전교생 (600명)
	교내상 표창장 (선행)		2017.06.09	○○학교장	전교생 (600명)
	교내상 교과우수상 (국어, 미적분Ⅰ, 영어회화)		2017.07.16	○○학교장	2학년 (600명)

■ 자격증 및 인증취득상황

재학 중 취득한 자격증 등을 입력하는 것이 가능한데, 입력이 허용되는 TESAT, 매경 TEST, 국어능력시험(한국언어문화연구원), 한국실용글쓰기검정(한국국어능력평가협회), KBS 한국어능력시험 등과 네트워크관리사, 인터넷 정보관리사, 신용분석사, 자산관리사, 실천예절지도사, 샵 마스터, 지역난방설비관리사, ERP 물류정보관리사, 병원행정사, 수화통역사, 기계설계제도사, 자동차진단평가사, 열쇠관리사, 분제관리사, 조경조성관리사 등 특성화고교와 관련된 자격증이 많아 특성화고교에 재학 중인 학생들이 재학 중 취득한 자격증을 입력하는 경우가 많다. 하지만 초등학교나 중학교에서 취득한 국가기술자격증이라면 고등학교생활기록부에는 입력할 수 없다.

자격증이나 인증취득상황 활용 방법의 예를 들면, 인문계 학생의 경우 상경계열 관련 학과로 진학을 원하는데 재학 중인 학교에서 사회탐구 과목 중 경제 과목이 개설되지 않은 때가 있다. 상경계열 진학을 목표로 삼은 학생에게는 자신의 전공 적합성을 보여줄 기회를 한 번 놓치는 셈이 된다. 이럴 때 TESAT이나 매경TEST 등 경제 관련 자격증을 취득하여 '경제 과목에 관심이 많았으나 학교에서 경제 과목이 개설되지 않아 혼자서 책을 보며 공부해나가던 중 경제 신문사에서 주관하는 경제 관련 자격증이 있다는 것을 알고 노력해서 취득했고 그 과정에서 ~ 것들을 배우고 느꼈다'는 식으로 원서 접수 시 제출서류 준비 과정에서 활용할 수 있고 입학사정관들도 자기주도성과 적극성, 전공 적합성 측면에서 긍정적으로 평가할 수 있다.

■ 진로 희망 사항

2015년부터 학생의 진로 희망 사유를 기재하게 되면서 특기 또는 흥미와 학생과 학부모의 진로 희망 내용을 적게 되었는데, 현재는 학년별로 진로희망과 진로 희망 사유만을 기록하게 된다. 진로 희망 사항은 가급적이면 조기에 진로를 정해 관련된 내용을 적어두는 것이 좋다. 하지만 고등학생의 경우 학년에 따라 얼마든지 새로운 경험을 하면서 진로가 바뀔 수 있으므로 지나치게 통일할 필요는 없다.

■ 창의적 체험활동

창의적 체험활동은 자율활동, 동아리 활동, 봉사활동, 봉사활동실적 상황, 진로활동으로 구분된다. 학생부종합전형에서 입학사정관을 비롯한 평가자들이 많이 보는 항목이므로 평소 체계적으로 관리할 필요가 있다. 교육부, 시도교육청 및 직속(산하)기관, 교육지원청에서 주최 및 주관한 체험활동은 기재가 가능하다. 대학이 주최하거나 주관하는 진로체험활동의 경우 학생이 개별적으로 또는 그룹 단위로 활동한 내역은 기재되지 않는다. 자율활동과 진로활동은 1,000자로 입력할 수 있고, 동아리 활동과 봉사활동은 500자 이내로 입력해야 한다.

자율활동은 적응활동, 자치활동, 행사활동, 창의적 특색활동 등으로 이루어져 있다.

자치활동은 학급회나 학생회 활동 등을 기록하며, 임원 경력을 학기 또는 학년 단위로 입력하게 된다. 학급이나 전교학생회에서 수험생이 했던 활동 내역을 살펴볼 수 있다. 하지만 학급의 부장같이 형식적인 경우는 인정받기 어렵다.

동아리 활동은 학술활동, 문화예술활동, 청소년 단체활동 등 다양한 활동 중에서 수험생이 참여한 내용이 기록된다. 단순 참여 내용만 작성하는 것이 아니라 구체적인 활동 내역을 기재하므로 평소 동아리의 여러 활동을 적극적으로 참여할 필요가 있다. 이런 활동들은 자기소개서에서 학과 지원 동기 등과 연계해 작성할 수 있다.

봉사활동은 활동날짜, 장소 또는 주관기관명, 활동내용, 시간 등을 기록하게 되어있다. 간혹 누락되는 경우가 있으니 제대로 입력되었는지 확인해야 한다. 봉사활동은 개별 고교에서 진행했던 내용은 크게 인정받기 어렵다. 그리고 해외봉사활동 등은 입력할 수 없으며, 봉사활동의 '양'보다는 '질'적인 면이 중요하다.

사회복지학과를 비롯해 다양한 학과에서 봉사활동을 통해 수험생 본인의 지원동기를 자기소개서와 면접을 통해 어필할 수 있다. 봉사활동 시간이나 실적이 많다고 해서 평가에서 무조건 좋은 점수를 받는 것은 아니다. 봉사활동 자체가 중요하다기보다는 봉사활동을 통해 무엇을 배우고 느꼈는지, 어떤 면에서 성장했는지, 이러한 변화를 통해 주변에 어떤 영향을 끼쳤는지가 더욱 중요하다. 그러기 위해서는 봉사활동을 할 때 지속적이고 정기적으로 활동하고 기록하는 것이 중요하다.

■ 독서활동

독서는 학생의 지적 호기심과 지식수준을 파악할 수 있는 좋은 항목이다. 하지만 대다수 수험생들이 체계적으로 독서활동을 관리하지 못하고 있다. 실제로 많은 수험생의 독서활동에서 비슷한 책들을 읽는 경우가 많으니 평소 진로 및 학과와 관련된 양질의 독서를 하고, 기록하도록 하자. 독서활동은 2017학년도부터 도서명과 저자만 기록되며, 공동으로 500자로 입력할 수 있고, 과목별로 각 250자 이내로 쓸 수 있다.

■ 행동특성 및 종합의견

학교 담임선생님이 작성하는 항목으로, 행동특성 및 종합의견을 통해 학생의 인성을 비롯한 다양한 측면을 평가할 수 있다. 평소 학교 수업을 비롯해 교내 활동 등에서 좋은 평가를 받을 수 있도록 적극적으로 임해야 한다.

(2) 학생부위주 전형으로 합격을 원한다면 철저한 학생부 관리부터!

■ 지원 전형 및 목표 대학에 따라 관리 영역을 달리하자

학생부종합전형에 지원하는 학생이라면 학생부의 교과 및 비교과 관리에 힘써야 한다. 하지만 수시모집 학생부교과전형이나 정시모집에 주로 지원할 계획이라면 학생부교과 성적 관리를 최우선으로 하되 기본적인 출결과 봉사활동 정도만 관리하면 된다. 특히 정시모집에 지원할 경우 대학별로 수능 100% 선발을 하거나 모집군별로 수능과 학생부를 합산해 선발하는데, 정시모집에서 학생부는 주로 교과 성적과 출결 정도만을 반영한다.

■ 교과 성적도 우선순위에 따라 전략적으로 관리하자

계열에 따라 우선순위 과목이 다르다. 기본적으로 인문계열의 경우 국어, 영어, 사회 교과를 중심으로, 자연계열의 경우 수학과 과학 교과를 중심으로 내신 관리를 해야 한다. 내신 대비를 통해 수능이나 논술, 적성고사를 준비한다는 생각으로 계열별 중요 과목에 따라 성적 관리를 해야 한다. 특히 학생부종합전형의 경우 교과 성적을 계량적으로 평가하지는 않지만, 자신이 지원하는 학과에 관련된 교과 성적은 전공 적합성과 지원 대학에서 학습할 수 있는지를 판단하는 평가 지표가 되기 때문에 우수한 성적을 거둬야 한다.

■ 임원, 동아리 등 학교 활동에 충실하자

학생부종합전형에 지원하는 학생이라면 교내 활동에 적극적으로 참여해야 한다. 전교학생회나 교내 동아리 등에서 주도적인 역할을 한다면 리더십과 적극성, 성실성 등의 평가 항목에서 좋은 평가를 얻을 수 있다. 중요한 것은 자신만의 구체적인 활동 경험과 발전된 모습 등이 있어야 한다는 점이다. 그리고 해외봉사활동을 비롯한 교외 체험이나 인증시험 등 대입에서 반영하지 않는 무의미한 교외 비교과 준비는 자제하도록 하자.

■ 학기별로 학생부 기록 현황을 체크하고, 보완하자

학기별로 학생부 사본을 발급받아 현재 자신의 교과와 비교과 수준을 파악하는 것도 중요하다. 주요 교과의 석차 등급 등을 활용해 교과별 성적 추이 및 전체적인 성적 추이 등을 분석해보자. 그리고 봉사활동이나 교내 활동 등이 제대로 입력되었는지 확인하고, 누락된 활동 등은 다시 입력할 수 있도록 선생님께 요청하자. 학생부의 다양한 자료들을 주기적으로 검토하면서 자신에게 부족한 점들을 찾아 다음 학기에 보완할 수 있도록 하자.

2) 학생부종합전형에서 학교생활기록부의 역할

학교생활기록부는 초·중등교육법 제25조에 근거하여 학생의 학업성취도 및 인성 등을 종합적으로 관찰·평가하여 학생지도 및 상급학교의 학생선발에 활용하는 자료이다. 학교생활기록부는 인적사항, 학적사항, 출결상황, 자격증 및 인증취득상황, 창의적 체험활동, 교과학습발달상황, 독서활동, 행동특성 및 종합의견 등으로 구성되어 있다.

학교생활기록부는 학생부종합전형에서 학생을 평가하는 기본적이고 가장 중요한 핵심 요소이다. 학교생활기록부는 교과 영역과 비교과 영역으로 구분할 수 있는데 학생부종합전형에서는 교과와 비교과 영역을 따로 구분하지 않고 심층적이고 종합적으로 평가한다.

학생부종합전형이 학생의 특기나 적성, 잠재력, 창의성, 사고력 등을 중시하기 때문에 창의적 체험활동 등의 교내 활동 경력이나 수상실적 등의 비교과 요소만 강조되는 것으로 생각하는 것이 일반적인 시각이다. 하지만 학생부종합전형에서는 학교생활기록부의 여러 가지 활동상황이 종합적으로 평가되기 때문에 잠재 능력과 발전가능성, 전공 적합성 등을 평가하는 데 학생부교과 성적도 중요한 요소로 작용할 수밖에 없다. 따라서 학생부종합전형에 지원한다고 해서 내신성적의 관리를 소홀히 해서는 안 되고 최대한 성실히 노력하고 준비해야 한다.

학생부종합전형은 지원하고자 하는 학과의 특성에 맞는 소질을 가지고 있으면서 발전가능성과 잠재력을 지닌 학생을 선발하고자 시행하고 있기 때문에 그에 맞는 활동을 꾸준히 일관성 있게 준비해 가는 것이 중요하다. 따라서 자율활동, 동아리 활동, 봉사활동, 진로활동 등 창의적 체험활동과 수상실적 등의 비교과 활동은 뚜렷한 진로에 대한 목표의식을 가지고 그에 필요한 자질과 능력을 향상시키기 위해 꾸준히 노력해 온 학생이 좋은 평가를 받을 수 있기 때문에 진로 및 지원하고자 하는 학과와 관련된 활동을 일관성 있게 준비하면 훨씬 유리하다고 할 수 있다.

제대로 된 학교생활기록부와 자기소개서의 연계가 서류평가 합격의 열쇠가 된다. 학교생활기록부에는 자신의 목표와 자신이 얼마나 가치가 있는지를 최대한 드러낼 수 있는 기록들로 채워져야 한다.

학교생활기록부에는 학생의 고등학교 기간 동안의 다양한 활동이 담겨져 있지만 각각의 활동이 개별적으로 기록된다. 그리고 자기소개서는 한국대학교육협의회의 공통문항 3개와 대학별 자율문항으로 구성되어 각 문항별 질문에 맞춰 학교생활기록부에 나타나지 않은 부분을 보완하는 역할을 하게 된다.

따라서 학생부종합전형의 서류평가에서의 두 축을 어떻게 연계시키느냐가 가장 중요한 서류평가 합격의 열쇠라고 할 수 있다.

예를 들어, 생명과학부를 지원하여 생명과학연구원이 진로희망인 학생이 있다. 이 학생은 학교생활기록부에서 '세부능력 및 특기사항'의 생명과학 시간에 배운 교과 내용을 생물실험 동아리에서 실제로 실험주제로 정해 실험을 하고 실험보고서를 작성하는 등 교과 활동에서 배운 내용을 구체적으로 동아리 활동에서 활용하는 학생의 모습과 특징을 드러낼 수 있는 서류를 제출하였다. 거기에 수업시간에 배운 내용과 관련된 책을 읽는 독서활동을 수행하여 자기주도적으로 확장시켜 학습하는 적극적인 학생임을 나타낼 수 있는 서류를 구성하여 보다 좋은 평가를 받을 수 있었다.

※ 학교생활기록부 항목별 조합 예시

• 교과와 연계되지 않은 조합

– 수상실적 + 창의적 체험활동

– 수상실적 + 독서활동

– 수상실적 + 창의적 체험활동 + 독서활동

– 창의적 체험활동 + 독서활동

• 교과와 연계된 조합

– 교과 세부능력 및 특기사항 + 수상실적

– 교과 세부능력 및 특기사항 + 수상실적 + 창의적 체험활동

– 교과 세부능력 및 특기사항 + 수상실적 + 독서활동

– 교과 세부능력 및 특기사항 + 수상실적 + 창의적 체험활동 + 독서활동

– 교과 세부능력 및 특기사항 + 창의적 체험활동

– 교과 세부능력 및 특기사항 + 독서활동

– 교과 세부능력 및 특기사항 + 창의적 체험활동 + 독서활동

※자료참조 : 학교생활기록부 정보의 재구조화, 서울대학교 입학본부

3) 학교생활기록부 항목별 평가 준거

학생부에 기록된 내용을 통해서 입학사정관들은 학생의 학업역량, 성실성, 잠재력, 전공 적합성, 발전가능성 그리고 인성 등을 종합적으로 평가하게 된다. 따라서 학생부의 내용을 항목별로 평가하기보다는 항목 간 연계성을 고려하여 평가하게 된다.

학생부종합전형의 항목별 학생부 평가 방법

항목		평가 준거	평가 내용
학적사항		교육환경 인성	– 학적 변동 상황에 따른 사유 검토
출결상황		성실성 책임감	– '무단결석/지각/조퇴/결과' 기록과 특이 사항 확인으로 성실성과 책임감 평가
수상경력		학업역량 전공 적합성 인성	– 참여 정도와 수상 내용을 파악하여 학업 역량과 전공 적합성 평가 – 희망 학과와 관련된 수상 내용과 참가 대상에 주목
자격증 및 인증취득상황		전공 적합성	– 지원 학과 관련 자격증 취득 내용을 파악 하여 전공 적합성 판단
진로희망 사항		전공 적합성	– 특기/흥미와 관심 분야의 일치성 및 희망 사유에 주목하여 전공 적합성 파악
창의적 체험 활동	자율 활동	리더십 인성	– 활동 참여도와 지속성 및 활동의 충실성 등을 확인하여 리더십과 인성 평가
	동아리 활동	전공 적합성	– 관심 분야와 활동내용과의 관련성 또는 확 장 정도에 주목하여 전공 적합성 파악 – 활동 분야와 지속적인 참여 정도에 주목
	봉사 활동	인성 전공 적합성	– 관심 영역과 활동내용의 관련성 및 인성 평가 – 지속적인 활동과 개인 활동에 주목
	진로 활동	전공 적합성	– 관심 분야와 관련된 활동의 지속성과 적 극성을 검토하여 전공 적합성 평가

교과학습 발달상황 (세부능력 및 특기사항)	학업역량 전공 적합성	– 지원 학과와 관련한 교과목 성적에 주목 : 교과목(일반교과 + 심화교과)과 석차등 급 추세 주목 – 세부능력 및 특기사항에서 자기주도성, 확장성에 주목하여 학업역량과 전공 적합 성 평가
독서활동 상황	전공 적합성 인성	– 독서량과 느낀 점에 주목하여 전공에 대 한 관심도, 인성, 가치관 파악
행동특성 및 종합의견	학업역량 전공 적합성 인성	– 교사의 종합의견을 통해 개인의 특성(학 업역량, 전공에 대한 관심도, 학습습관, 인 성 등) 파악

(1) 학업역량 평가

학생부종합전형으로 학생을 선발할 때 가장 중요하게 고려되는 부분은 학생이 대학에서의 학업에 필요한 능력을 갖추고 있는지를 판단하는 것이다. 이러한 학업 능력 평가는 단순히 교과 성적 수치만으로 판단할 수 없기 때문에 학업과 관련된 활동 전반을 고려하여 평가하게 된다.

'2017년 6개 대학 공동연구_대입전형 표준화방안 연구보고서'를 통해서 볼 때, 대학에서는 학업역량을 학업성취도·학업태도와 학업의지·탐구활동의 평가항목으로 나누어 세부적으로 평가한다. 이러한 학업역량을 갖추었는지를 평가하고자 교과목 이수 현황을 토대로 학생이 학습해 온 내용과 범위를 파악하고, 방과 후 학교 이수 현황, 동아리 활동, 독서활동 등 여러 학습 활동을 통해서 학생이 축적한 지식의 양과 학업역량을 판단한다.

학업역량에서 우수하게 평가받기 위해서는 종합적으로 학업능력이 우수하고 학업능력이 향상되며, 전공과 관련된 과목이 우수한 것이 유리하다. 그리고 자기주도적으로 학업을 수행하고 학습을 해 나가는 과정을 교과 활동과 동아리활동 또는 독서활동 등 교내활동과 연계시켜 발전시키는 동시에 학습과정에서 나타나는 지적 호기심을 해결하기 위해 꾸준히 연구하고 노력하는 흔적을 학생부를 통해 보여주는 것이 중요하다.

학업역량의 평가항목 및 평가 세부내용

평가항목	구분	내용
학업성취도	정의	교과목의 석차등급 또는 원점수(평균/표준편차)를 활용해 산정한 학업능력 지표와 교과목 이수 현황, 노력 등을 기반으로 평가한 교과의 성취수준이나 학업적 발전의 정도
	평가 세부 내용	– 전체적인 교과 성적은 다른 지원자들에 비해 어느 정도인가? – 학기별/학년별 성적은 고르게 유지되고 있는가? – 학기별/학년별 성적은 상승/하락하고 있는가? – 대학 수학에 필요한 기본 과목(예 : 국어, 수학, 영어, 사회/과학 등)성적은 어느 정도인가? 그 외 과목 성적은 전반적으로 무난한가? 유난히 소홀함을 보인 과목은 없는가? – 희망 전공과 관련된 기본 과목은 어느 정도 이수했는가? – 희망 전공과 관련하여 도전적인 과제나 과목을 이수하기 위해 어떤 노력을 하였는가? – 희망 전공과 관련된 과목과 다른 과목의 성적 차이는 어느 정도인가? – 과목별 이수자 수의 규모는 어느 정도인가? – 과목별 등급 외에 원점수(평균/표준편차 포함)는 적절한가?

학업태도와 학업 의지	정의	– 학업을 수행하고 학습을 해나가는 자발적인 의지와 태도 – 학습자가 스스로 학습 목표를 설정하고 적절한 학습 전략을 선택하여 계획을 수립·실행하는 과정
	평가 세부 내용	– 새로운 지식을 획득하기 위해 자기 주도적인 태도로 노력하고 있는가? – 자발적인 성취동기와 목표의식을 가지고 넓고 깊게 학습하려는 의지와 열정이 있는가? – 교과 활동을 통해 지식의 폭을 확장하고 새로운 것을 창출하려는 노력을 하고 있는가? – 교과 수업에서 적극적이고 집중력이 있으며 스스로 참여하고 이해하려는 태도와 열정을 보이는가?
탐구활동	정의	어떤 대상에 대해 호기심을 가지고 깊고 폭넓게 탐구할 수 있는 능력
	평가 세부 내용	– 교과에서 이루어지고 있는 탐구활동에 적극적으로 참여하고 있는가? – 각종 교과 탐구활동을 통해 창의적인 결과물을 산출하고 있는가? – 탐구 활동에서 표출되는 학문에 대한 열의와 지적 관심을 가지고 있는가? – 성공적인 학업 생활을 위해 적극적인 탐구 의지와 호기심을 가지고 있는가?

※자료참조 : 2017년 6개 대학 공동연구_대입전형 표준화방안 연구보고서

(2) 전공 적합성 평가

성공적인 대학생활을 위해서는 적극적으로 지적 호기심을 충족시키려는 의지와 능동적이고 자기주도적인 학습 태도가 아주 중요하다. 그래서 입학사정관은 학생부의 내용을 바탕으로 전공 관련 교과목 이수 및 성취도, 학생의 지적 호기심 정도, 적극성, 학업 의지 등을 파악하여 이 학생이 전공에 얼마만큼 관심이 있는지, 다양한 전공과 관련된 활동과 경험을 하기 위해 노력했는지를 평가하고자 하는 것이다.

따라서 학생들은 전공과 관련된 수상경력과 동아리 활동, 독서활동, 교과 세부능력 및 특기사항 등을 통해 학생 각자의 능력과 자질을 대학에 보여 주어야 한다.

전공 적합성의 평가항목 및 평가 세부내용

평가항목	구분	내용
전공 관련 교과목 이수 및 성취도	정의	고교 교육과정에서 지원 전공(계열)에 필요한 과목을 수강하고 취득한 학업성취의 수준
	평가 세부 내용	– 지원 전공(계열)과 관련된 과목을 어느 정도 이수하였는가? – 지원 전공(계열)과 관련해 스스로 선택하여 수강한 과목은 얼마나 되는가? – 지원 전공(계열)과 관련된 교과 성적이 우수한가? (이수단위, 수강자 수, 원점수, 평균, 표준편차 참고)
전공에 대한 관심과 이해	정의	지원 전공(계열)에 대한 궁금증을 해결하기 위해 주의를 기울인 태도와 알고 있는 정도
	평가 세부 내용	– 지원 전공에 대한 흥미와 관심을 가지고 있는가? – 지원 전공에 대해 올바르게 이해하고 있는가? – 자신의 경험과 지원 전공의 연관성을 설명할 수 있는가?
전공 관련 활동과 경험	정의	지원 전공(계열)에 대한 관심을 충족시키기 위해 노력한 과정과 배운 점
	평가 세부 내용	– 지원 전공에 관련된 교과관련활동(세부능력 및 특기사항, 수상 등)이 있는가? – 지원 전공에 관련된 창의적 체험활동(자율, 동아리, 봉사, 진로)이 있는가? – 지원 전공에 관련된 독서가 있는가, 적절한 수준인가?

※자료참조 : 2017년 6개 대학 공동연구_대입전형 표준화방안 연구보고서

(3) 발전가능성 평가

발전가능성은 각 대학에서 성장잠재력, 잠재역량, 잠재적 발전가능성 등의 요소로 활용되고 있는 평가요소로서 학업과 학업 외적인 부분을 모두 포함하는 학교생활 전반을 통해 관찰할 수 있는 성향과 태도이다. 고등학교의 다양한 경험, 학습 패턴, 행동 성향에 대한 평가를 통해 향후에 한 단계 발전할 가능성이 높은 학생인지를 판단하고자 하는 것이다.

학생들은 스스로 목표를 설정하고 목표를 이루기 위해 교과활동과 창의적 체험활동, 독서활동 등의 비교과 활동을 통해 다양한 활동을 보여주며, 그 활동을 통해 리더십과 창의적이고 논리적인 사고로 문제를 해결하는 능력과 자질을 가지고 있다는 것을 보여주는 것이 중요하다.

발전가능성의 평가항목 및 평가 세부내용

평가 항목	구분	내용
자기 주도성	정의	스스로 목표를 설정하고 적절한 전략을 선택하여 계획을 수립하고 실행하는 성향
	평가 세부 내용	– 교내 다양한 활동에서 주도적, 적극적으로 활동을 수행하는가? – 새로운 과제를 주도적으로 만들고 성과를 내었는가? – 기존에 경험한 내용을 바탕으로 스스로 외연을 확장하려고 노력하였는가?
경험의 다양성	정의	학교교육의 다양한 영역에서 직접 겪거나 활동하면서 얻은 성장 과정 및 결과
	평가 세부 내용	– 자율, 동아리, 봉사, 진로활동 등 체험활동을 통해 다양한 경험을 쌓았는가? – 독서활동을 통해 다양한 영역에서 지식과 문화적 소양을 쌓았는가? – 예체능 영역에서 적극적이고 성실하게 참여하였는가? – 자신의 목표를 위해 도전한 경험을 통해 성취한 적이 있는가?
리더십	정의	공동체의 목표 달성을 위해 구성원의 화합과 단결을 이끌어가는 역량
	평가 세부 내용	– 학생회, 동아리 등 학생 주도 활동에서 역할을 수행한 경험이 있는가? – 구성원의 화합과 단결을 이끌어가기 위한 구체적인 행동 경험이 있는가? – 공동체의 목표를 달성하기 위해 계획하고 실행을 주도한 경험이 있는가?
창의적 문제 해결력	정의	창조적이고 논리적인 사고로 문제를 해결하는 능력
	평가 세부 내용	– 교내 활동 과정에서 창의적인 발상을 통해 일을 진행한 경험이 있는가? – 교내 활동 과정에서 나타나는 문제점을 적극적으로 해결하기 위해 노력하였는가? – 주어진 교육환경을 극복하거나 충분히 활용한 경험이 있는가?

※자료참조 : 2017년 6개 대학 공동연구_대입전형 표준화방안 연구보고서

(4) 인성 평가

대학과 그 이후 사회생활에서 구성원으로서의 역할을 수행하려면 지적인 소양과 함께 생활하고 살아가기 위한 연습과 구성원들 간 소통하는 연습 그리고 현실 속에서 나타나는 문제를 해결하기 위한 소양이 필요하다. 따라서 입학사정관은 학생부에 기록된 학업 외의 수상경력, 자율활동, 동아리 활동, 봉사활동을 통해서 지원자의 인성뿐만 아니라 공동체 의식, 책임감, 의사소통능력 등을 평가하고, 행동특성 및 종합의견을 통해서는 학교생활 전반에서 나타난 대인 관계 특성이나 배려심, 공동체 의식 등 개인적인 성향을 평가하고자 한다.

하지만 학생부를 통한 인성과 소양 평가는 학생들에게 완성된 인품, 인성, 소양을 보려는 것이 아니라 그러한 소양을 쌓아가는 과정과 경험을 평가하려는 것이라는 점을 반드시 기억해야 한다.

인성의 평가항목 및 평가 세부내용

평가 항목	구분	내용
협업 능력	정의	공동체의 목표를 달성하기 위하여 상호 신뢰를 바탕으로 함께 돕고 함께 생활할 수 있는 역량
	평가 세부 내용	– 자발적인 협력을 통하여 공동의 과제를 완성한 경험이 자주 나타나는가? – 협력이 부족한 상황에서 사람들을 설득하여 협동을 이끌어낸 경험을 가지고 있는가? – 공동과제나 단체 활동을 즐겨하고, 구성원들로부터 좋은 동료로 인정받고 있는가?
나눔과 배려	정의	상대방을 존중하고 이해하여 원만한 관계를 형성하며, 타인을 위하여 기꺼이 나누어 주고자 하는 태도와 행동
	평가 세부 내용	– 타인을 위하여 자신의 것을 나누고자 한 구체적 경험이 지속적으로 나타나는가? – 봉사활동 등을 통하여 나눔을 생활화 하고자 하는 경험이 지속적으로 나타나는가? – 나와 다른 생각을 가진 상대방의 입장을 이해하고 존중하는 노력을 기울이고 있는가? – 학교생활에서 타인을 배려한 본보기로 언급되거나 모범이 된 사례가 있는가?
소통 능력	정의	상대방의 의견을 경청하고 공감할 수 있으며, 자신의 정보와 생각을 효과적으로 전달할 수 있는 역량
	평가 세부 내용	– 공동과제 수행이나 모둠활동, 단체활동 등에서 타인의 의견을 경청하고, 상대방의 관심사항과 요구를 공감적으로 이해하고 있는가? – 수업이나 교과 외 활동 등에서 자신의 의견을 효과적으로 표현하고 있는가? – 자신의 생각이나 의견을 논리적·체계적으로 기술하는 경험이 나타나는가? – 새로운 지식이나 사고방식에 대하여 열린 마음으로 적극적으로 받아들이고 있는가?

도덕성	정의	공동체의 기본윤리와 원칙에 따라 행동하고, 부정 또는 부당한 행동을 하지 않는 태도
	평가 세부 내용	– 자신이 속한 집단이 정한 규칙과 규정을 준수하고, 자신에게 불리한 경우라 하더라도 이를 지키기 위하여 노력하고 있는가? – 자신이 속한 구성원들에게 인정과 신뢰를 얻고 있으며, 바람직한 행동으로 모범이 되는가? – 규칙이나 규정을 어긴 경우, 자신의 잘못을 인정하고 개선하려는 노력을 기울이는가?
성실성	정의	책임감을 바탕으로 꾸준히 노력하여 자신의 의무를 다하는 태도와 행동
	평가 세부 내용	– 학업활동에 있어 지속적인 노력을 통하여 꾸준함을 보여주고 있는가? – 자신의 관심분야나 진로와 관련한 활동을 지속적으로 수행한 경험이 있는가? – 어려운 상황이 발생하여도 일관된 모습으로 최선의 노력을 기울이는 경험이 있는가? – 출결상황이나 단체활동 참여 등 학생으로서 당연히 해야 하는 의무를 책임감 있게 수행하고 있는가?

※자료참조 : 2017년 6개 대학 공동연구_대입전형 표준화방안 연구보고서

2017년 6개 대학 공동연구_평가요소와 평가항목 표준안

전공 관련 교과목 이수 및 성취도
· 고교 교육과정에서 지원 전공(계열)에 필요한 과목을 수강하고 취득한 학업성취의 수준

전공에 대한 관심과 이해
· 지원 전공(계열)에 대한 궁금증을 해결하기 위해 주의를 기울인 태도와 알고 있는 정도

전공 관련 활동과 경험
· 지원 전공(계열)에 대한 관심을 충족시키기 위해 노력한 과정과 배운 점

협업능력
· 공동체의 목표를 달성하기 위하여 상호 신뢰를 바탕으로 함께 돕고 함께 생활할 수 있는 역량

학업성취도
· 교과목의 석차등급 또는 원점수(평균/표준편차)를 활용해 산정한 학업능력 지표와 교과목 이수 현황, 노력 등을 기반으로 평가한 교과의 성취수준이나 학업적 발전의 정도

나눔과 배려
· 상대방을 존중하고 이해하여 원만한 관계를 형성하며, 타인을 위하여 기꺼이 나누어 주고자 하는 태도와 행동

소통능력
· 상대방의 의견을 경청하고 공감할 수 있으며, 자신의 정보와 생각을 효과적으로 전달할 수 있는 역량

전공 적합성
지원 전공(계열)과 관련된 분야에 대한 관심과 이해, 노력과 준비 정도

학업역량
학업을 충실히 수행할 수 있는 기초 수학 능력

학생부 종합전형 평가요소

인성
공동체의 일원으로서 필요한 바람직한 사고와 행동

발전가능성
현재의 상황이나 수준보다 질적으로 더 높은 단계로 향상될 가능성

학업태도와 학업의지
· 학업을 수행하고 학습을 해 나가는 자발적인 의지와 태도
· 학습자가 스스로 학습 목표를 설정하고 적절한 학습 전략을 선택하여 계획을 수립·실행하는 과정

탐구활동
· 어떤 대상에 대해 호기심을 가지고 깊고 폭넓게 탐구할 수 있는 능력

도덕성
· 공동체의 기본윤리와 원칙에 따라 행동하고, 부정 또는 부당한 행동을 하지 않는 태도

성실성
· 책임감을 바탕으로 꾸준히 노력하여 자신의 의무를 다하는 태도와 행동

자기주도성
· 스스로 목표를 설정하고 적절한 전략을 선택하여 계획을 수립하고 실행하는 성향

경험의 다양성
· 학교교육의 다양한 영역에서 직접 겪거나 활동하면서 얻은 성장 과정 및 결과

리더십
· 공동체의 목표 달성을 위해 구성원의 화합과 단결을 이끌어가는 역량

창의적 문제해결력
· 창조적이고 논리적인 사고로 문제를 해결하는 능력

4) 학교생활기록부 관리 방법(학생부종합전형에 맞는 좋은 활동)

수시모집 선발 인원과 학생부위주 전형의 비중이 높아지면서 학생부는 대학으로 가는 데 가장 기본적이고 핵심적인 자료로 이용되고 있다. 대학에서 학생의 고등학교 3년간의 생활과 지원 학과에 대한 열정을 평가할 수 있는 중요한 자료로 이용하기 때문에 학생부 관리의 중요성은 더욱 커지고 있다. 따라서 고등학교 입학과 동시에 어떻게 학생부를 관리할 것인가에 대한 계획과 전략을 세워야 하며 그것이 성공적인 대학입시를 위한 초석이 될 것이다.

입학사정관들은 학생 선발 과정에서 학생부를 가장 중요한 자료로 활용하고 있어 학생의 학교생활의 참여 자세나 활동 정도를 항목별로 즉, 수상경력, 자격증 및 인증 취득상황, 진로 희망 사항, 창의적 체험 활동 상황(자율활동/동아리 활동/봉사활동/진로활동), 교과학습발달상황 (세부능력 및 특기사항), 독서활동, 행동 특성 및 종합의견 등을 상세하게 작성하는 것이 중요하다.

(1) 수상경력 관리 방법

입학사정관들이 '수상경력' 항목을 통해서 판단하고자 하는 것은 지원 학과와의 연관성과 참여 동기, 준비하는 과정, 수상결과 등이다. 하지만 학생부에는 단순히 수상결과만 기록될 수 있다. 그래도 입학사정관들은 수상경력을 학생부에 기록되어 있는 내용을 바탕으로 자기소개서와 면접을 통해 평가하기 때문에 학생들은 수상경력에 대해 구체적으로 설명할 수 있어야 한다.

따라서 다양한 수상경력을 갖추는 것도 중요하지만, 수상을 할 수 있었던 이유, 준비하는 과정, 시행 절차, 대회 수준, 결과물, 수상 이후 과정 등을 충분히 설명할 수 있어야 한다.

■ 지원 학과와의 연계성이 중요

지원 학과나 진로 희망과 관련이 있는 수상경력은 좋은 평가를 받을 수 있다. 예를 들어 화공생명공학부를 지원하는 학생의 경우 영어와 수학은 필수적이고, 화학, 생물 관련 경시대회에서 수상한 경력은 큰 영향력이 있다. 하지만 수상을 못 하더라도 참여를 통한 도전의식도 어필할 수 있는 주요한 스펙이 된다.

■ 교과 성적의 장점을 극대화할 수 있다

학생의 수상경력은 교과 성적의 문제점을 만회하거나 학생의 장점을 극대화시킬 수 있다. 예를 들어 학생이 화학 과목의 성적이 공부한 양에 비해 결과가 좋지 않아 화학공학과에 지원하는 데 미흡한 부분이 있는 경우 학생의 동아리 활동이나 교내 화학경시대회의 수상경력 등을 통해 이 분야와 관련된 우수한 연관성을 보여줄 수 있다면 학생부종합전형에서는 충분이 만회할 기회가 될 수 있다.

그리고 우수한 교과 성적을 갖추고 있는 학생이라면 관련성이 적은 부문의 수상경력이라도 보완해 놓으면 상대적으로 교과 성적의 우수성을 보다 더 극대화할 수 있는 기회로 만들 수도 있다.

(2) 자격증 및 인증취득상황

'고등학교 선진화를 위한 입학제도 개선 및 체제 개편 방안'의 발표에 따라 초·중학교는 2010학년도 이후부터 취득한 자격증 및 교내·외 인증 활동이 학생부의 어떠한 항목에도 입력이 불가하다. 하지만 고등학교의 경우 재학 중 취득한 국가기술자격법에 의한 국가기술자격증, 개별 법령에 의한 국가자격증, 자격기본법에 의한 국가공인을 받은 민간자격증 중 기술 관련 자격증에 한해 입력이 가능하다.

학교생활기록부에 기록 가능한 외부 자격증

소관부처	자격종목	자격관리자
금융위원회	신용관리사	(사)신용정보협회
	금융위원회 신용위험분석사	(사)한국금융연수원
	금융위원회 신용분석사	
	(사)한국금융연수원 금융위원회 여신심사역	
	(사)한국금융연수원 금융위원회 자산관리자	
	(사)한국금융연수원 금융위원회 재경관리사	삼일회계법인
	금융위원회 회계관리	
삼일회계법인·기획재정부	국제금융역	(사)한국금융연수원
	기획재정부 회환전문역	
	(사)한국금융연수원 기획재정부 TESAT	한국경제신문사
	기획재정부 매경TEST	매일경제신문사
	기획재정부 원가분석사	(사)한국원가관리협회

소관부처	자격종목	자격관리자
미래창조 과학부	e-Test Professionals	(사)한국창의인성교육 연구원
	미래창조과학부 PC활용능력평가시험	(주)피씨티
	미래창조과학부 인터넷정보관리사	(사)한국정보통신진흥 협회
	미래창조과학부 리눅스마스터	
	(사)한국정보통신진흥협회 미래창조과학부 디지털정보활용능력	
	(사)한국정보통신진흥협회 미래창조과학부 네트워크관리사	(사)한국정보통신자격 협회
	미래창조과학부 PC정비사	
	(사)한국정보통신자격협회 미래창조과학부 정보기술자격시험	한국생산성본부
	미래창조과학부 PC마스터	(사)한국정보평가협회
	미래창조과학부 데이터아키텍처 전문가	(재)한국데이터베이스 진흥원
	미래창조과학부 SQL자격증	
	(재)한국데이터베이스진흥원 미래창조과학 부 정보보호전문가 2급	(사)한국인터넷진흥원
	미래창조과학부 ERP물류정보관리사	한국생산성본부
	미래창조과학부 ERP생산정보관리사	
	한국생산성본부 미래창조과학부 ERP인사 정보관리사	
	한국생산성본부 미래창조과학부 ERP회계 정보관리사	
	한국생산성본부 미래창조과학부 정보기술 프로젝트관리전문가	대한정보통신기술
	미래창조과학부 RFID기술자격검정	(사)한국사물인터넷협회

교육부	브레인트레이너	국제뇌교육종합대학원 대학교
법무부	디지털포렌식전문가	한국인터넷진흥원
행정 자치부	옥외광고사	한국옥외광고협회
	행정자치부 행정관리사	(사)한국행정관리협회
	행정자치부 정보시스템감리사	(사)한국정보화진흥원
문화체육 관광부	실천예절지도사	(사)범국민예절생활실 천운동
	문화체육관광부 종이접기마스터	(사)한국종이접기협회
	문화체육관광부 한국실용글쓰기검정	(사)한국국어능력평가 협회
	문화체육관광부 국어능력인증시험	(재)한국언어문화연구원
	문화체육관광부 KBS한국어능력시험	KBS한국방송공사
산업통상 자원부	샵마스터	(사)한국직업연구진흥원
	산업통상자원부 지역난방설비관리사	(사)한국에너지기술인 협회
	산업통상자원부 CS Leader관리사	(사)한국정보평가협회
	산업통상자원부 GTQ	한국생산성본부
	산업통상자원부 빌딩경영관리사	(재)한국산업교육원
	산업통상자원부 시스템에어컨설계시공관리사	(사)한국에이치백산업 협회
보건 복지부	점역교정사	(사)한국시각장애인연 합회
	보건복지부 병원행정사	(사)대한병원행정관리 사협회
	보건복지부 수화통역사	(사)한국농아인협회

소관부처	자격종목	자격관리자
고용 노동부	컴퓨터운용사	대한상공회의소
	고용노동부 가구설계제도사	
	대한상공회의소 고용노동부 문서실무사	(사)한국정보관리협회
	고용노동부 전산세무회계	한국세무사회
국토 교통부	자동차진단평가사	(사)한국자동차진단보증협회
경찰청	열쇠관리사	(사)한국열쇠협회
	경찰청 도로교통사고감정사	도로교통공단
산림청	수목보호기술자격	(사)한국수목보호협회
	산림청 분재관리사	(사)한국분재조합
	산림청 조경수조성관리사	(사)한국조경수협회

(3) 진로 희망 사항 관리 방법

학생부종합전형이 확대되면서 학생의 진로 희망은 학생의 목표 설정을 확인하고 목표를 이루기 위해 꾸준히 실천하고 활동했는가를 평가하는 중요한 항목으로 평가되고 있다. 그리고 희망 사유까지 기록해야 하기 때문에 1학년 때부터 진로 희망을 보다 진지하게 고민하고 구체적으로 기록할 수 있어야 한다.

■ 학년이 올라갈수록 구체화·전문화시키는 것이 유리하다

진로 희망 사항은 1학년부터 3학년까지 일관된 진로 희망을 가지면

좋다. 예를 들어, 교사가 되고자 하는 학생은 1학년에는 단순히 교사로 기록하고 학년이 올라갈수록 수학교사, 초등학교교사, 과학교사 등 구체화·전문화시키고 지원 학과와 연계시키는 것이 유리하다.

■ 진로 희망이 바뀌었다면 바뀐 경위와 새로운 진로를 위해 어떤 노력을 했는지를 기록하자

학년에 따라 진로 희망이 바뀐 학생도 흔히 볼 수 있다. 학생부종합전형에서 일관된 진로 희망이 유리하다고 해서 바뀐 진로 희망 때문에 학생부종합전형에 불리한 것만은 아니다. 진로 희망이 바뀐 학생은 바뀌게 된 이유를 명확하게 설명할 수 있고, 새로운 진로 목표를 달성하기 위해 어떤 노력을 했는지를 기록하는 것이 좋다.

예를 들어, 회계 관련 업무를 목표로 하던 학생이 봉사활동을 계기로 사회복지학과로 진로를 변경하여 합격한 경우도 있다. 이 학생의 경우 지속적인 봉사활동을 통해 사회적 약자에게 도움을 주는 것이 얼마나 중요하고 성취감이 큰지를 느꼈기 때문에 학문적으로도 복지 분야에 대해 전문적으로 연구하고 이론을 바탕으로 활동하고 싶다는 식으로 진로 변경 사유를 구체적으로 기록했는데, 그 진정성을 입학사정관이 높이 평가한 것이라 볼 수 있다.

진로 희망 좋은 사례

구분	진로 희망	희망사유
좋은 예	과학교사	○○○교육청에서 실시하는 '찾아가는 과학체험교실' 활동을 다녀온 후 과학에 대한 자신의 흥미를 확인하고 자신이 알고 있는 것에 대해 가르치는 즐거움을 깨달아 과학교사에 대한 꿈을 갖게 됨.
나쁜 예	소프트웨어 공학자	부모님은 안정적인 직업을 선호하나, 마크 저커버그, 빌 게이츠, 드류 하우스턴 같은 창의적 아이디어를 살린 소프트웨어로 성공한 사람들을 보며 자신도 혁신적인 아이디어로 세상에 변화를 가져오는 소프트웨어 엔지니어가 되겠다는 생각을 하게 되었다고 함.

위 사례의 경우 좋은 예는 구체적인 프로그램명이 나옴으로써 비교적 계기가 분명할 뿐만 아니라 교육청에서 실시하는 과학교실을 방문했다는 점까지 어필함으로써 학생부종합전형의 주요 평가요소인 '발전 가능성' 측면에 좀 더 가산점을 받을 수 있도록 표현하여 더 좋다고 할 수 있다.

반면, 나쁜 예는 인물들의 창의적 아이디어 예시나 인물들과 관련된 독서활동 등의 활동을 기록하여 계기의 구체성이 드러나야 하는데 계기의 구체성이 부족하고, 구체적인 실천 과정을 보여주지 못했으므로 좋은 평가를 얻기가 어렵다.

(4) 창의적 체험활동상황 관리 방법

창의적 체험활동상황은 자율활동, 동아리 활동, 봉사활동, 진로활동으로 구성되어 있으며, 활동의 영역별 이수 기간 및 활동 내용을 기록

한다. 학생부종합전형에서는 창의적 체험활동상황을 통해서 학생의 잠재적인 능력과 리더십, 전공 적합성, 발전가능성, 인성 및 사회성 등을 다양하게 평가하게 된다.

따라서 창의적 체험활동상황은 어떤 활동을 했는지도 중요하지만 이러한 활동을 통해서 학생이 배우고 느낀 점이 무엇이며, 학생에게 어떤 영향을 주었는지, 활동을 통해 이뤄낸 성과를 구체적으로 기록하는 것이 중요하다.

창의적 체험활동상황은 학교교육계획에 의해 학교가 주최·주관하여 실시한 체험활동, 학교장이 승인한 교육 관련 기관(교육부 및 직속 기관, 시도교육청 및 직속 기관, 교육지원청 및 소속 기관)에서 실시한 활동 그리고 교외 기관이라고 하더라도 학교장이 승인하고 타 학교에서 주최·주관하거나 국내에서 실시한 체험활동만을 기록할 수 있다. 예를 들어 대학에서 실시하는 개별 및 그룹 단위 체험활동이나 특정 과정을 이수하여 대학에서 해당 고등학교에 이를 인정하는 공문을 보냈더라도 학생부에 기재할 수 없고, A고등학교 학생이 B고등학교에서 주최·주관한 체험활동에 참가한 경우는 입력할 수 있다.

창의적 체험활동 영역의 세부 활동 내용

영역	특기사항	
	항목	세부 내용
자율 활동	적응활동	입학, 진급, 전학, 기본생활습관 형성, 축하, 친목, 사제동행, 학습·건강·성격·교우 등의 상담활동 등
	자치활동	학급회, 학생회 협의활동, 모의 의회, 토론회, 자치법정 등
	행사활동	의식행사, 발표회, 체육행사, 현장체험학습 등
	창의적 특색활동	학생·학급·학년·학교·지역특색활동, 학교전통수립·계승활동 등
동아리 활동	학술활동	외국어회화, 과학탐구, 사회조사, 컴퓨터, 인터넷, 신문활용, 발명, 다문화탐구 등
	문화예술 활동	문예, 창작, 회화, 조각, 서예, 전통예술, 현대예술, 성악, 기악, 뮤지컬, 오페라, 연극, 영화, 방송 등
	스포츠활동	구기, 육상, 수영, 체조, 배드민턴, 인라인스케이트, 하이킹, 야영, 민속놀이, 씨름, 태권도, 택견, 무술 등
	실습노작 활동	요리, 수예, 꽃꽂이, 조경, 사육, 재배, 설계, 목공, 로봇제작 등
	청소년 단체 활동	스카우트연맹, 걸스카우트연맹, 청소년연맹, 청소년적십자, 우주소년단, 해양소년단 등
	학교스포츠 클럽활동	정규교육과정 내에서 이루어지는 중학교 '학교스포츠클럽 활동'과 정규교육 과정 이외의 학교스포츠클럽 활동(방과 후 학교스포츠클럽 등)
	또래조력 활동	또래 상담, 또래 중재(조정, 중조)

	교내봉사 활동	학습부진 친구, 장애인, 병약자, 다문화가정 학생 돕기, 급 식도우미, 학교폭력 예방 활동 등
봉사 활동	지역사회 봉사활동	복지시설, 공공시설, 병원, 농·어촌 등에서의 일손 돕기, 불 우이웃돕기, 고아원, 양로원, 군부대에서의 위문 활동, 재 해 구호, 국제 협력과 난민 구호 등
	자연환경 보호활동	깨끗한 환경 만들기, 자연 보호, 식목 활동, 저탄소 생활 습관화, 공공시설물, 문화재 보호 등
	캠페인활동	공공질서, 교통안전, 학교 주변 정화, 환경 보전, 헌혈, 각 종 편견극복 등
진로 활동	자기이해 활동	자기 이해 및 심성 계발, 자기 정체성 탐구, 가치관 확립 활동, 각종 진로 검사 등
	진로정보 탐색활동	학업 정보 탐색, 입시 정보 탐색, 학교 정보 탐색, 학교 방 문, 직업 정보 탐색, 자격 및 면허제도 탐색, 직장 방문, 직 업 훈련, 취업 등
	진로계획 활동	학업 및 직업에 대한 진로 설계, 진로 지도 및 상담 활동 등
	진로체험 활동	학업 및 직업 세계의 이해, 직업 체험 활동 등

이제부터는 각 활동 영역의 세부 관리 방법을 살펴보자.

[자율활동]

자율활동은 학생의 자발적이고 자율적인 참여도와 활동 실적 등을
주로 기재하는 활동으로 학생 개인이 만들 수 있는 프로그램보다는 학
교에서 주최·주관하는 프로그램과 학교활동 위주로 이루어질 수밖에
없다. 자율활동의 특기 사항은 활동 결과에 대한 평가보다는 활동 과정
에서 드러나는 개별적인 참여도, 공동체 의식, 활동실적(리더십 등) 등

을 평가하게 된다. 예를 들어 학생회 활동 또는 학급 반장 등 임원활동을 했을 경우 리더십이나 학교생활의 적극성을 평가받을 수 있다.

■ 활동에서 어떤 역할을 했는지가 중요하다

자율활동에서는 단순히 어떤 활동을 했는지에 그치지 말고 학생이 어떤 역할을 수행했고, 그 활동으로 인해 학생 개인의 성장과 함께 집단 자체의 변화 등 어떤 결과를 얻었는지를 구체적으로 기록하는 것이 좋다.

자율활동 사례

구분	특기 사항
자율 활동 사례	· 학급 반장(2017.03.01.~2017.08.18.)으로 활동하면서 희생과 봉사로 서번트형 리더십을 실천함. 청소 시간에 먼저 일어나 청소를 하고, 쓰레기 버리기나 재활용품 수거 같은 궂은일을 도맡아 함. 특히 다른 학생들이 꺼리는 음수대나 특별실 청소를 자원해서 함으로써 신뢰받는 리더가 될 자질을 보여줌. 미래 사회가 요구하는 부드러운 카리스마를 가진 리더로서 역량을 충분히 가지고 있어 글로벌 시대의 능력 있고, 헌신하는 리더가 될 것으로 판단됨. · 책 읽기(2017.04.04.~2017.07.31.) 프로그램에 참여하여 선생님들이 추천하는 8권의 윤독 도서를 매월 2편씩 읽고 독서록을 제출하면서 관심 분야인 사회 관련 서적뿐만 아니라 다양한 분야의 서적을 골고루 보는 안목을 키우는 계기를 가졌으며, 국어 수업시간을 이용하여 글에 대한 발표와 토론을 통해 자신의 생각을 정리하는 시간을 가짐. · 전교생을 대상으로 아침 방송시간에 다양하고 가치 있는 이야기를 나누어 OOTED에 참여하여(2017.04.02.) 나눔과 지식 공유의 모범을 보여주었음. '멘탈 관리'라는 주제로 정신력을 바탕으로 얼마나 큰 업적을 남길 수 있었는지에 대해 훌륭히 발표하였음. · 학교폭력예방 다짐결의대회(2017.05.18.)에서 예방 방안에 대해 학급대표로 발표하였으며, 흡연예방교육(2017.06.14.) 동영상을 시청한 후 교내에서 실시한 흡연예방 캠페인에 직접 참여하여 학생들에게 적극적으로 홍보함.

위 사례의 경우 학급 반장이라는 임원활동을 하면서 수행했던 역할이 구체적으로 나타나 있고 적극성과 리더로서의 희생과 배려가 잘 나타나 있어 좋은 평가를 얻을 수 있다. 그리고 학교에서 운영하는 여러 프로그램을 잘 따라가면서 독서로 키워진 안목을 국어 수업시간에 확장시켜 활용하는 적극성이 보이며, 자신의 의견을 잘 정리하여 발표하는 능력이 있다는 것도 충분히 보여주었다.

[동아리 활동]

동아리 활동은 공통 관심사를 지닌 학생들이 자신의 능력을 창의적으로 표출해내는 집단 활동이다. 동아리 활동 영역은 자기 평가, 학생 상호 평가, 교사 관찰, 포트폴리오 등의 방법으로 평가하여 참여도, 협력도, 열성도, 특별한 활동 실적 등을 평가한다.

정규교육과정으로 편성되지는 않았지만 학교교육계획에 의해 이루어지는 학생들의 자율동아리 활동과 학교교육계획 이외의 청소년 단체 활동, 학교장이 사전에 승인하여 참가한 활동은 동아리 활동내용과 활동특기사항을 기록할 수 있다.

동아리 활동 유형과 기재 예시

활동	기재 예시
정규교육과정 내 동아리 활동	(영어회화반)(34시간) 영어에 관심이 많고 ~
학교교육계획에 의한 자율동아리 활동	(로봇반: 자율동아리) 로봇공학 관련 기본 개념 ~ '로봇의 실생활 활용 활용 방안 연구'(5명, 15시간)
학교교육계획 이외의 청소년 단체활동	(○○단: 청소년단체) ○○단의 일원으로서 주말, 방학기간을 활용하여 ~
정규교육과정 내 학교스포츠클럽활동 (중학교만 해당)	(발야구반: 학교스포츠클럽)(34시간) 팀의 분위기 메이커이자 에이스로 ~
정규교육과정 이외의 학교스포츠클럽 활동	(축구발리킥클럽: 방과 후 학교 스포츠클럽)(68시간) 클럽의 주장으로, 공격과 ~

■ 진로 희망과 관련된 활동이 더 유리하다

동아리 활동뿐만 아니라 학교 내의 모든 활동에 해당되는 말이지만 동아리 활동은 진로 희망과 연관된 활동을 하는 것이 유리하다. 단지 유리하다는 것이지 진로 희망과 무관한 동아리 활동을 하면 감점이나 불리하게 평가된다는 의미는 아니다. 예를 들어 기계공학과를 지원하여 기계 관련 엔지니어가 되고자 하는 학생이라면 물리 실험 동아리 활동을 하는 것이 유리하고, 교사가 희망인 학생이라면 간접적으로 교사 체험을 할 수 있는 동아리나 교육봉사 동아리 활동을 하면 유리하다.

■ 교과 수업과의 연계를 활용하면 유리하다

수업시간에 배운 내용에 대해 보다 전문적이고 구체적으로 확장시켜 학습하는 방법으로 동아리 활동을 활용하는 것도 좋은 평가를 받는 방법 중 하나이다. 예를 들어 화학시간에 배운 내용에 대해 화학실험동아리 활동에서 직접 실험을 하고 보고서를 작성하는 활동을 하거나 문학시간에 배운 소설의 작가에 대해 보다 깊이 있게 공부하고자 교과서에 나와 있는 소설 이외의 작품을 읽고 토론하는 활동을 통해 교과 수업과 연계시키면 유리하다.

■ 반드시 기록으로 남겨라: 양식을 만들고 활동 후 반드시 기록으로 남겨라.

동아리 활동은 1학년부터 3학년까지 많은 활동을 하게 된다. 시간이 지날수록 기억에 의존하기는 어려워진다. 따라서 기록양식을 만들어 동아리 구성원 중 서기를 따로 정하거나 돌아가면서 양식에 활동한 주제, 과정, 결과 등을 기록해 두면 후에 자기소개서를 작성하거나 면접에 대비할 때 유용하게 활용할 수 있다.

동아리 활동 사례

구분	특기 사항
동아리 활동 사례	(영자신문반)(48시간) 동아리 홍보부장 및 기사 감수팀 일원으로서 기사 작성 및 감수, 홍보활동에 참여함. '교사 지위의 타락'이라는 기사를 작성하며, 객관적이고 정확한 정보전달을 위해 노력함. '의료민영화', 'The Great Gstsby', '좌우대칭성', 'Habital for Humsnity' 기사의 감수를 하며 영어실력을 향상시킴. (Edu-Donation반: 자율동아리) 초등학생을 대상으로 하는 영어 교육기부 활동에서 '제철과일'과 '세계 여러 나라'를 주제로 수업자료를 준비하여 수업진행을 함. 준비를 철저히 하고 학습지 제작, 발표수업 등에 변화를 줌으로써 향상된 아이들의 집중력과 호응도를 이끌어 냄. 실제 수업을 통하여 학습자와 교사의 호응과 소통의 중요성을 깨달음.

위 사례의 경우 교내에서 진로 희망인 영어교사와 연관성을 크게 가지고 있는 활동을 주로 하고 있으며 진행된 활동의 내용과 주제가 구체적으로 나타나 있다. 수업 자료 준비를 철저히 하고 학습지 제작, 발표수업 등에 변화를 줌으로써 향상된 아이들의 집중력과 호응도를 이끌어 낸 부분은 자기주도성과 전공 적합성에서 의미 있는 활동으로 평가될 수 있다.

[봉사활동]

봉사활동을 통해서는 학생의 사회성, 집단성, 리더십 역량 등의 인성을 다양하게 평가하고자 한다.

봉사활동은 학생부종합전형 시행 초기에 봉사활동 시간의 양으로 실적을 평가했던 측면이 있었기 때문에 지금도 많은 봉사활동 시간이 좋은 평가를 받을 수 있을 것이라고 생각하는 경우가 있다. 하지만 이는 명백한 오해다. 즉, 봉사활동 시간이 중요하기보다는 자신의 적성과 재능을 연계해서 정기적으로 꾸준히 수행한 봉사활동의 내용이 더 중요하다. 그리고 봉사활동을 통해 많은 것을 경험하면서 배우고 느끼며 스스로 변화되는 모습을 보여준다면 더 의미가 크다고 할 수 있다.

■ 정기적으로 꾸준히 수행한 봉사활동이 유리하다

여러 기관을 돌아다니면서 봉사활동을 하기보다는 특정 기관에서 정기적인 봉사활동을 일관되게 꾸준히 하는 것이 유리하다. 그리고 다년간의 활동과정을 통해 학생이 배우고 느낀 점 등과 기억에 남는 에피소드 등은 활동보고서를 통해 기록하는 것이 필요하다.

■ 전공 관련성을 고려하면 유리하다

반드시 전공과 관련된 봉사활동을 해야 한다는 것이 아니라 학생이 지원하고자 하는 학과와 관련된 봉사활동을 할 수 있다면 그것이 유리하다는 것이다. 하지만 지원하고자 하는 학과와 관련된 기관이라 하더라도 단순히 청소만 한다면 그 봉사활동은 그리 특별한 봉사활동이 아니다. 예를 들어 초등교육학과를 지원하여 초등교사가 되고자 하는 학생이 지역아동센터에서 봉사를 하는 경우 전공 관련성이 높아 보이나 단순히 청소만 한다면 좋은 평가를 받을 수 없다. 실제로 지역아동센터에서 아이들의 학습 도우미 역할을 하면서 보다 더 아이들에게 이해를 높이기 위해 그림이나 영상 등의 수업 도구를 활용하려고 노력하고, 아이들과 대화를 하면서 소통하고 이해하려는 경험을 한다면 의미 있는 봉사활동이 될 수 있다. 이를 자기소개서에서 보다 구체적으로 보여준다면 자신의 관심 분야와 봉사활동을 연계한 좋은 예라고 할 수 있다.

봉사활동 사례

구분	특기 사항
봉사 활동 사례	주 1회 정기적으로 ㅇㅇ지역아동센터를 방문하여 초·중학교 아이들을 대상으로 수학과목의 학습지도와 레크리에이션을 진행함 (2017.3.20~2018.2.14/72시간) 학습지도를 하면서 아이들을 진심으로 이해하고 포용하기 위해 노력하였고, 그 과정에서 자신을 돌아볼 수 있는 계기가 되었으며, 장래에 훌륭한 교사가 되기 위해 많은 노력이 필요함을 깨달았다고 함.

위 사례의 경우 진로 희망과 관련된 봉사활동을 정기적으로 일관되게 활동하고 봉사활동을 통해 배우고 느낀 점까지 잘 보여준 사례라고 할 수 있다. 이러한 점을 자기소개서에서 구체적으로 진정성 있게 보여준다면 좋은 평가를 받을 수 있다.

[진로활동]

진로활동을 통해 학생들의 적성이나 진로에 대한 관심 정도와 스스로 어떤 노력을 했는지를 평가하게 되고, 학교에서는 어떠한 프로그램을 통해 학생들에게 진로탐색에 도움을 주고 있는지를 평가한다.

진로활동은 자기 이해활동, 진로정보 탐색활동, 진로계획활동, 진로체험활동 등으로 나뉜다. 진로활동을 기록할 때에는 소질과 적성에 맞취 고민한 흔적이 담길 수 있도록 진로체험 등 진로활동을 마칠 때마다 경험한 내용, 앞으로 준비할 내용 등을 보고서로 작성하여 활동사진과 함께 정리하면 효과적이다.

■ 지속적으로 꾸준함과 일관성 있게 활동하자

학생의 소질과 적성을 찾는 활동 역시 지속적으로 하는 것이 유리하다. 활동하는 동안 관련된 선생님께 도움도 요청하고 담임선생님과 진로선생님께 지금의 활동내용을 계속 말씀드리고 상의하는 것이 좋다.

■ 고등학교와 동급기관(교육청, 타 고등학교 주최하는 전국단위 대회) 활동에 적극적으로 참여하자

학생의 진로와 관련된 활동은 교내 활동이나 주변 고등학교에서 주최한 활동이라도 적극적으로 참여하여 수상을 하지 못하더라도 학교에서 내가 이 전공에 열의가 많다는 것을 알리는 효과를 얻을 수 있다. 자신에게 흥미롭다면 적극적으로 참여하여 자신만의 의미 있는 느낀 점을 작성할 수 있도록 노력하는 것이 중요하다.

(5) 교과학습발달상황(세부능력 및 특기사항) 관리 방법

학생부위주 전형이 확대되면서 학생들의 학업 역량과 지적인 잠재력, 발전가능성 등을 판단할 때 교과학습발달상황(세부능력 및 특기사항)의 중요성이 점점 커지고 있다.

교과학습발달상황의 중요성이 커지면서 세부능력 및 특기사항에 대

한 내용을 강조하고 있다. 세부능력 및 특기사항은 모든 학생의 모든 과목을 전부 기록하지는 않는다. 따라서 많은 교과의 학습 내용이 기재되어 있다면 입학사정관은 학습 참여도가 높고 학습 내용을 보다 발전시키기 위해 꾸준히 노력하는 학생이라고 평가할 수 있다.

특히, 학생부종합전형을 준비하는 학생이라면 관련 교과 선생님의 수업을 성실하게 듣고, 직접 찾아가 질문하면서 선생님께 깊은 인상을 남기거나 열심히 공부하여 성적을 향상시킨 뒤 기재를 요청하는 것이 좋다.

■ 지원학과와 관련된 과목에 집중하자

학생부종합전형에서 교과 성적을 점수화하여 반영하지는 않지만, 일반적으로 계열별 주요 교과목을 정성적으로 평가하여 반영한다. 그러나 학생의 지원 학과나 진로 희망에 따라 일부 교과목을 더욱 중요하게 반영하기도 한다. 따라서 지원학과와 관련된 과목에 특별한 기재 사항이 있는 것은 좋은 평가를 받을 수 있다.

모집단위별 전공 관련 참고 교과

인문계 모집단위			자연계 모집단위		
대학별 모집단위	전공 관련 참고 교과		대학별 모집단위	전공 관련 참고 교과	
경영학과	영어	수학	건축공학과	수학	영어
경제학과	영어	수학, 일반사회/ 경제 관련	고분자, 나노공학과	영어	화학 관련
고고문화 일류학과	역사	일반사회 관련	기계공학과	수학	물리 관련
국어교육과	국어		생명공학부	생명과학 관련	화학 관련
국어국문학과	국어	영어	소프트웨어 공학과	수학	영어
무역학과	영어	일반사회/경제 관련	신소재공학과	수학	화학 관련
문헌정보학과	영어		의예과	수학	영어
사학과	역사	일반사회 관련	전기공학과	수학	영어
사회복지학과	역사	일반사회 관련	전자공학부	수학	물리 관련
사회학과	영어	일반사회 관련	컴퓨터공학부	수학	영어
신문방송학과	국어	일반사회 관련	토목공학과	수학	물리 관련
심리학과	국어	영어	통계학과	수학	영어
영어교육과	영어	국어	항공우주공학과	수학	물리 관련
정치외교학과	영어	일반사회 관련	화학공학부	수학	화학 관련
철학과	국어	윤리 관련	환경공학과	수학	화학 관련

※자료참조 : 전북대학교 2019학년도 수시모집 모집요강

■ 성적의 향상 정도가 중요하다

학생의 종합적인 내신 결과보다는 성적의 향상 정도인 성적 추이를 중점적으로 평가한다. 학생이 과목별로 1학년 성적이 다소 낮더라도 2학년과 3학년으로 올라갈수록 성적이 향상된다면 입학사정관은 학습 태도가 우수하고 잠재적인 능력 또한 우수하다고 평가할 수 있다.

■ 관심 분야를 발전시키기 위한 꾸준한 노력이 나타나야 한다

학생들이 교과수업에 능동적으로 참여하고 관심 분야를 발전시키기 위해 동아리 활동, 독서활동, 방과 후 학교 등에서 교과 관련 내용을 적극적으로 확장시켜 학습한다면 그 과정 속에서 학업소양, 태도, 적극성, 탐구능력, 협력수업의 의미 있는 노력 등을 적극적으로 어필할 수 있게 되어 입학사정관에게 좋은 평가를 받을 수 있다.

세부능력 및 특기사항 사례

구분	세부능력 및 특기사항
세부 능력 및 특기 사항 사례	문학: 국어 교과에 대한 흥미도가 아주 높으며, 수업에 적극적으로 임하고 자기주도적으로 학습하는 자세를 지님. 윤동주의 시를 대상으로 능동적인 독서활동을 하는 모둠 활동에서 '서시'에 대해 원활한 모둠토의를 진행하기 위해 사전조사를 성실히 해 온 모습이 관찰되었으며, 자신의 해석을 설명하고 다른 조원들의 의견을 경청하여 토의 주제에 대한 내용을 도출하는 모습이 인상적이었음. 또한 내용을 완벽히 숙지하고 직접 PPT를 작성하여 모둠토의 결과를 발표하는 등 자신의 발표자 역할에 성실히 임하였고, 시를 시화로 표현하는 모둠활동에서도 자신의 생각을 적극적으로 제시하며 두각을 드러냄. 부정적인 말과 폭력적인 글의 양상과 폐해를 학습한 후 예능 프로그램에서 나타난 잘못된 말의 사례를 찾고 그 문제점과 해결방안을 구체적으로 제시하였으며, 차별적 표현들의 다양한 사례를 조사해 국어노트에 기록하고 자신의 언어생활을 점검하고 수정하는 모습이 관찰됨. 미적분I: 미적분 중 미분을 통해 함수의 그래프를 그리는 데 높은 능력을 보여주는 학생임. 난해한 함수의 그래프도 정확하지는 않지만 그리려는 모습이 인상적임. 적분의 기본 원리인 구분구적법을 이해하는 데 어려움을 겪어 '리만이 들려주는 적분I 이야기'를 읽으며 스스로 문제를 해결하려고 하는 자율적인 학습태도가 돋보임. 또한 책에 나온 적분의 개념을 응용한 '카발리에리의 원리'에 흥미를 보여 이를 적용해 구의 부피를 실제로 구해보는 등 수학에 대한 흥미가 높음. 이러한 자율적인 학습태도와 높은 수학적 호기심으로 친구들과 같이 어려운 수학문제에 대해 토론하는 학습활동을 볼 때, 더 많은 발전과 역량을 발휘할 것으로 확신함

위 사례의 경우 학생 중심의 수업을 통해 수업 시간에 흥미를 갖고 성실하고 적극적으로 참여하고, 독서, 탐구, 모둠활동, 토론활동을 통해 수업시간에 배운 교과 내용을 보다 더 발전시키기 위해 노력하는 모습이 보이면서 전반적으로 우수한 학습역량을 가지고 있는 학생임을 충분히 어필할 수 있게 된다.

실천 가능한 학습계획을 세우고, 수업을 경청하며 반복학습을 하자

■ 실천 가능한 학습 계획 세우기

주변에 학습 플래너를 가지고 다니며 학습계획에 따라 공부하고 점검하는 친구들이 있을 것이다. 중간고사나 기말고사 날짜가 정해지면 특정 범위를 비교적 짧은 시간 동안 집중해서 준비해야 하므로 계획대로 공부하지 않으면 완벽히 준비할 수 없어 학습 계획은 매우 중요하다.

따라서 평소 자신이 하루의 시간을 어떻게 활용하고 있는지 점검하고, 자신의 학습 성향에 맞춰 실천 가능한 학습계획을 짜는 것이 필요하다. 이때 중요한 것은, 욕심부리지 말고 실천 가능한 계획을 짜는 것이 중요하다. 계획이 밀리면 이틀, 사흘 누적되어 처음 계획했던 대로 내신 대비를 하지 못하게 되기 때문이다.

■ '시험 기간의 선생님의 말씀 = 시험 문제' 수업에 집중하기

학교 내신 시험은 수업하는 선생님께서 출제한다. 즉, 선생님이 수업시간에 강조한 부분이 곧 시험 문제가 될 수 있다는 의미이다. 따라서 내신성적을 잘 받으려면 수업에 집중하는 것이 당연하다. 수업 내용 중에서도 선생님이 어떤 부분을 강조했는지, 선생님이 내는 문제의 유형은 어떤지 등 과목마다 선생님들의 성향을 파악하는 것도 중요하다. 정확히 이해하지 못한 내용을 질문하는 것도 선생

님의 출제 성향을 파악할 수 있는 하나의 방법이다.

■ 최소한 시험 3주 전부터는 반복학습 하기

내신을 완벽히 준비하기 위해서는 최소한 3주 전부터는 학교 시험 준비에만 집중하는 것이 좋다. 그래야 조급해하지 않고 체계적으로 공부할 수 있다. 내신은 시험 범위가 정해져 있는 만큼, 범위 내 내용을 정확히 파악하는 것이 중요하다. 그러기 위해서는 시험 범위를 4~5번 반복 학습하는 것이 기본이다. 같은 내용을 반복해서 공부하다 보면 흐름이 잡히고 놓치는 부분 없이 꼼꼼하게 공부할 수 있다.

공부량이 많은 고등학교 수업에서는 벼락치기로는 결코 내신을 완벽하게 대비할 수 없다. 꼼꼼히 학습 계획을 세우고, 수업을 경청하고, 시험 3주 전부터 반복 학습을 해서 원하는 내신성적을 거둘 수 있어야 한다.

■ 1주 전부터는 시험일정과 역으로 학습일정을 계획하기

대부분 학교에서 3~4일 동안 하루에 2~3과목 정도를 시험본다. 예를 들어 첫날에 국어 시험을 보고 마지막 날에 영어 시험을 치른다면, 마지막 1주 전부터는 마지막 날에 보는 영어공부를 먼저하고 제일 처음 시험을 치르는 국어 공부를 마지막으로 공부하는 계획을 세워 시험일정과 연결될 수 있도록 하면 보다 효율적으로 학습할 수 있다.

(6) 독서활동상황 관리 방법

학생부종합전형에서 독서활동은 학생의 지적 능력이나 호기심, 자기주도적 학습능력, 인성, 탐구능력을 평가하는 중요한 항목 중 하나로 자리 잡고 있다. 이러한 이유로 서울대학교에서는 수시모집 자기소개서 양식에 고등학교 재학 기간 또는 최근 3년간 읽었던 책 중 자신에게 가장 큰 영향을 준 책을 3권 이내로 선정하고 그 이유에 관해 서술하도록 하고 있다.

입학사정관은 독서활동상황을 통해 학생의 관심분야와 그 분야에 대한 실질적인 노력 정도를 평가하게 된다. 서울대학교처럼 독서활동을 강조하는 대학의 경우 책 내용의 요약이나 감상이 아니라 책을 읽게 된 동기와 독서활동에 따른 영향과 변화된 결과를 보고 싶어 한다. 따라서 독서량에 집중하기보다는 관심 분야의 책을 꾸준히 읽는 것이 좋다.

(7) 행동특성 및 종합의견

행동특성 및 종합의견은 담임교사가 수시로 학생의 행동특성을 관찰해 종합적으로 의견을 기재하는 항목으로 학생의 장점과 학업능력, 학업태도, 잠재력, 인성, 창의성, 자기주도 학습능력, 예체능활동 등을 구체적으로 입력하는 것이 유리하다.

학생의 장점은 구체적으로 기록할 필요가 있고 부득이하게 단점을 언급해야 할 때는 단점만을 기록하기보다는 이를 극복하려는 의지와 노력을 제시해 주면 더욱 유리하다.

행동특성 및 종합의견 사례

구분	행동특성 및 종합의견
행동 특성 및 종합 의견 사례	학생은 학업성취도가 아주 우수한 학생입니다. 하지만 혼자서 탐구 활동을 할 때 보다 협력학습을 할 때 자신의 능력을 더 발휘합니다. 2명이 조를 이루어 출전한 ○○과학탐구대회에서 전국대회에 출전하는 ○○대표로 선발되었고 ○○논술토론대회에서도 결승까지 진출하는 성과를 거두었습니다. 이러한 학업역량은 다양한 의견을 경청하는 겸손한 자세에서 비롯한 것이라고 판단합니다. 논술토론대회 준비과정에서 '인공위성의 발사를 제한해야 하는가'라는 주제를 파악할 때, 단순히 인터넷 기사에 의존하여 입론과 반론의 깊이가 부족하다는 물리과목 선생님의 충고를 들었습니다. 그 즉시 대회에서 제시한 모든 참고문헌을 구입하여 다 읽고 자신의 의견에 깊이를 더하는 동시에 대회 전날 새벽까지 발표 연습을 하였습니다. 또한 탐구대회에서는 친구의 의견을 수용해 보고서 작성은 친구에게 부탁하고 자신은 신속 정확한 손재주를 활용해 실험 기구 세팅과 실험 조작을 주도하여 주어진 용질로 자신이 원하는 농도의 용액을 만든 후 미지의 용액의 밀도와 비교하는 실험을 성공시켰습니다.

※자료참조 : 학교생활기록부 정보의 재구조화(서울대학교 입학본부)

위 사례는 학생의 장점과 학업능력, 학업태도, 학업 외 소양이 잘 드러나도록 기록하고 있으며 학생 개인에 초점을 맞추어 기록하고 있어 학생부종합전형에서 좋은 평가를 받을 수 있다.

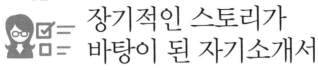

02 장기적인 스토리가 바탕이 된 자기소개서

1) 동기부터 과정, 변화까지 스토리가 있는 매력적인 자기소개서 쓰는 방법

학교생활기록부와 함께 자기소개서, 추천서는 학생부종합전형에서 지원자를 평가하는 핵심자료이다. 체계적으로 잘 관리되고, 세심하게 작성된 학교생활기록부가 가장 중요하지만, 학교생활기록부에 나타나지 않은 수험생의 다양한 면모를 파악하기 위한 것이 바로 '자기소개서'와 '추천서'라 할 수 있다. 입학사정관들은 원서접수 이후에 수험생이 제출한 입학서류를 읽으면서 지원자의 특성을 파악하게 된다.

※ 자기소개서의 의미와 평가 항목

자기소개서는 교사가 작성하는 학교생활기록부와 달리 지원자가 자유롭게 표현할 수 있는 유일한 평가 자료이다. 그리고 교사의 시각에서 사실 중심으로 기록하는 학생부와 달리 자기소개서는 학생부에서 잘 드러나지 않는 지원자의 성장 과정과 역경극복, 지원동기 등을 서술할 수 있다. 또한 자신의 장래 목표와 전공과 관련한 자신의 장점 등을 표현해 입학사정관에게 자신의 우수성을 어필할 수 있고, 입학사정관 등 평가자는 자기소개서를 통해 지원자의 자기주도적 학습능력, 지원한 모집단위에서의 전공 적합성, 개인적 자질과 적성, 가치관과 인성 등을 평가하게 된다.

※ 한국대학교육협의회에서 발표한 자기소개서 공통양식

공통 문항 3문항과 대학들이 자율문항으로 4번 문항을 추가해 활용한다. 전체적으로 학생부 전형 취지에 맞게 고교 생활에서 학생의 학습 경험, 비교과 활동, 인성 항목 등으로 간소화했다.

1. 고등학교 재학 기간 중 학업에 기울인 노력과 학습 경험에 대해 배우고 느낀 점을 중심으로 기술해 주시기 바랍니다. (1,000자 이내)

2. 고등학교 재학 기간 중 본인이 의미를 두고 노력했던 교내 활동을 배우고 느낀 점을 중심으로 3개 이내로 기술해 주시기 바랍니다. 단, 교외 활동 중 학교장의 허락을 받고 참여한 활동은 포함됩니다. (1,500자 이내)

3. 학교생활 중 배려, 나눔, 협력, 갈등 관리 등을 실천한 사례를 들고, 그 과정을 통해 배우고 느낀 점을 기술해 주시기 바랍니다. (1,000자 이내)

(1) 자기소개서에 나만의 스토리를 담아라

자기소개서를 평가하는 입학사정관 등은 다년간의 평가를 경험한 전문가들이라는 점을 감안해야 한다. 입학사정관들은 해마다 수백 명 이상의 학교생활기록부와 자기소개서를 평가하게 된다. 또한, 최근 대학들이 지방자치단체나 시도교육청, 일선 고교와 연계하거나 자체적으로도 모의전형을 운영하므로 실제로 평가하는 학생의 서류는 이보다 훨씬 많게 된다. 즉, 전국의 수많은 수험생이 작성했던 대입 자기소개서를 해마다 수없이 보기 때문에 평이한 자기소개서는 결코 좋은 평가를 받을 수 없다. 아무리 학교생활기록부의 교과 성적과 비교과 실적이 좋다고 해도 자기소개서에서 평범한 모습을 보여준다면 합격하기가 어렵다는 의미이다.

학생부종합전형 자기소개서의 평이한 사례들

문항	평이한 사례들
1	저는 수학에 관심이 많았습니다. 내신을 향상시키기 위해 매일 문제집을 풀고 궁금한 내용을 선생님께 질문하며 열심히 공부했습니다. 이렇게 노력한 결과 성적이 점차 향상되어 2학년 이후에는 줄곧 수학 교과에서 1등급을 유지하는 한편, 수학경시대회에서 지속적으로 금상을 받았습니다.
2	저는 과학 실험 동아리를 만들어 활동하며 과학경시대회 준비를 열심히 했습니다. 이런 활동은 수어신 환경에 안주하지 않고 관심분야에 대한 제 능력을 향상시키기 위해 자기주도적으로 노력한 증거라 할 수 있습니다.
3	기숙학교 … 모두 다른 환경에서 성장해서 … 저는 그들의 생활패턴에 맞추려고 노력했고, 손해를 끼치지 않으려고 노력했습니다. 또한, 항상 방을 깨끗이 쓰려고 노력했습니다. 그 결과, 룸메이트들과 다툼 없이 지내며 원만한 교우관계를 유지할 수 있었습니다.

출처 : 고려대 학생부종합전형 안내서 및 중앙대 학생부종합전형 가이드북

많은 학생이 수시모집에서 서류 제출에 대한 부담이 많아 자기소개서 작성을 어려워한다. 심지어 자기소개서가 자신의 자랑만 늘어놓기 위한 문서로 오해하기도 한다.

자기소개서란 자신이 그동안 어떻게 자라왔고, 대학과 학과를 왜 선택했는지, 앞으로 장래 계획은 무엇인지를 서술하는 글이다. 지원자의 과거와 현재, 미래가 유기적으로 조합돼 자신을 잘 드러낼 수 있는 글이어야 한다는 뜻이다.

따라서 성장과정이나 가치관, 적성·특기 등에 대한 서술을 통해 지원자가 이 대학과 학과에 꼭 필요한 인재라는 점을 뒷받침할 수 있어야 좋은 자기소개서다. 무엇보다 이를 작성하면서 자신의 길을 스스로 설계할 수 있어야 한다. 자기소개서를 쓰기에 앞서 자신의 역량을 냉정히 확인할 필요가 있다. 자신의 인생에 영향을 준 사건이나 자신의 장점 등을 가정환경, 장래 희망, 교내외 활동, 수상 실적, 희망 직업 등 다양한 항목으로 나눠 작성한다. 학교생활기록부 등을 참고하면 도움이 된다.

자기소개서에는 남과 다른, 즉 차별화된 나만의 스토리를 담아서 보여줘야 한다. 가장 기본적인 작성 요령은 자신의 눈높이에 맞는 글이 아니라 평가자의 눈높이에 맞게 글을 쓰는 것이다.

(2) 자기소개서에 나만의 스토리가 필요한 이유
■ **입학사정관들의 눈에 띄어야 합격할 수 있다**
입시 전형 기간에는 하루에도 수십 명 이상의 자기소개서를 평가하기 때문에 지원자 자신의 잠재력이 잘 드러날 수 있도록 포장하는 스토리텔링이 필요하다. 일반적으로 수험생과 학부모들이 생각하는 것처럼 대학에서는 서류평가에 많은 시간을 투자할 수가 없다. 제한적인 전형기간 내에 수많은 지원자의 서류를 평가해야 하고, 입학사정관 인원수를 감안하면 현실적인 제약이 따를 수밖에 없다. 따라서 입학사정관들이 호기심을 갖고 집중할 수 있도록 자신만의 스토리가 필요하다.

■ 교과 성적이나 비교과 실적이 부족해도 설득할 수 있다

흔히 '로또' 혹은 '대박'이라고 부를 만큼 아주 우수한 교과 성적이나 비교과 실적이 없음에도 불구하고 명문대에 합격하는 학생들이 있다. 물론 경쟁률과 실질적 지원자의 수준 등 여러 요인이 있을 수 있지만, 실제로 학교생활기록부에 잘 나타나지 않는 자신만의 잠재력을 자기소개서에 한편의 스토리로 담아 합격하는 경우가 많다. 뛰어난 글솜씨보다 자신이 지금까지 노력해 온 과정과 발전가능성을 보여준다면 충분히 합격할 수 있다.

■ 합격권 수험생의 교과 성적이나 스펙은 큰 차이가 없다

주요 명문대에 지원하는 학생 중 합격권 안에 들어가는 수험생들의 교과 성적이나 스펙은 사실 큰 차이가 없다. 특목고나 자사고의 경우에는 일반고에 비해 교과 성적이 다소 떨어질 수 있지만, 학교 특성을 감안해 평가하고, 비교과 실적이 뛰어난 경우가 많다. 지원자 간의 수준 차이가 그리 크지 않기 때문에, 대학 입장에서는 서류평가에서 변별력 있게 평가하는 경우가 많다. 따라서 자기소개서에 더 심혈을 기울여 자신의 잠재력을 입증해야 한다.

(3) 나만의 스토리를 담은 학생들의 합격 사례

나만의 스토리는 사실 학생들도 중요성을 알고는 있지만, 자신만의 장점, 사례와 에피소드, 문장작성 능력이 부족해서 제대로 살리지 못하는 학생들도 많다.

대다수의 수험생에게 자기소개서 초안을 작성하라고 하면 문항별로 주어진 분량조차 채우지 못하는 경우가 많다. 이는 평소 자신의 꿈에 대해서 제대로 생각하지 못하고, 막연히 명문대만을 희망하거나 단순히 좋은 성적만을 위해 공부하는 경우가 많기 때문이다.

학생부종합전형에서 합격하기 위해서는 무엇보다 구체적인 진로계획과 그 꿈을 이루기 위한 다양한 활동이 필요하다. 이러한 기반이 있어야만 비로소 스토리를 담은 자기소개서 작성이 가능하다. 따라서 합격한 학생들의 자기소개서 사례 등을 참고해 자신만의 스토리를 먼저 구상하고, 순차적으로 자기소개서를 작성하는 것이 효율적이다.

■ 사회적 기업가를 희망해 경영학과에 합격한 지연이

지연이가 '사회적 기업가'라는 꿈을 갖게 된 계기는, 장애를 가진 사촌이 직업훈련 등을 충분히 받았음에도 불구하고, 제대로 된 양질의 일자리를 갖지 못하는 것을 보고 나서였다. 처음에는 막연히 현실적인 어려움이 있을 것이라고 생각했지만, 봉사활동으로 다녀온 시민단체에서

장애인들을 고용해 카페를 성공적으로 운영하는 것을 보면서 사회적 기업에 관심을 갖게 되었다.

사회적 기업에 대한 자료를 조사하면서 성공에 대한 확신을 갖게 되었고, 교내에서 활동하는 경제동아리 토론주제로 사회적 기업을 다루면서 향후 자신이 생각하는 사회적 기업에 대한 발표를 준비했던 점을 자기소개서에 잘 녹여내어 마침내 합격하게 되었다. 막연하게 CEO라는 거창한 꿈을 서술하는 것이 아니라 자신의 직접적인 경험을 통해 지원동기와 향후 비전을 구체적으로 작성한 것이 합격의 포인트라 할 수 있다.

■ 다문화가정 친구를 보고 교사라는 꿈을 갖게 된 혜민이

지방에서 초중고를 다닌 혜민이는 원래 중학교 시절에는 의사가 꿈이었다. 하지만 고교 입학 후에 다문화가정 친구와 같은 반이 되어 친한 친구가 되면서 '교사'라는 꿈을 새롭게 가지게 되었다. 특히 친한 친구가 초등학교 때 경험했던 '왕따'와 '학교적응'문제 그리고 공부하면서 어려웠던 점을 이해하면서 다문화가정 학생들을 이해하고, 보살펴줄 수 있는 교사를 희망하게 되었다. 특히 다문화가정 학생들과 '교사'라는 직업을 이해하기 위해 또래 멘토링 활동과 지역아동센터에서 정기적인 봉사활동을 통해 자신의 꿈을 이루기 위한 노력도 게을리하지 않았다. 그리고 '초등학교 교사'와 '다문화가정'에 대해 더 깊이 있게 이해하기 위해 다양한 자료를 찾아보고 조사하면서 보다 구체적인 계획을 세울 수 있었다.

최근 초등학교 교사가 인기를 끌면서 교대의 경쟁률도 높고, 합격선도 매우 높게 형성이 되고 있다. 수시모집에서는 학생부종합전형으로 선발하는 규모가 크기 때문에 평소부터 교사의 꿈을 갖게 된 계기와 그 꿈을 이루기 위해 노력한 활동이 필요하다.

■ 봉사활동을 통해 의사라는 자신의 꿈을 찾은 민재

중학교 때는 전교 1등을 도맡아 했지만, 사춘기가 오고, 자신의 꿈을 제대로 찾지 못하면서 다소 학업을 소홀히 했던 민재는 우연한 기회에 자신의 꿈을 찾을 수 있었다. 친구가 다니는 봉사활동을 같이 다니게 된 민재는 독거노인들의 어려운 삶을 직접 보면서 저소득층에게 가장 필요한 것이 의료 혜택이라는 것을 알게 되었다. 경제적 도움도 중요하겠지만, 독거노인들이 실제로 다양한 질환을 앓게 되고 제때 치료받지 못하는 경우가 많다는 것을 알게 되었다. 봉사활동을 통해 자신의 현재에 대한 감사함과 더불어 의사라는 꿈을 갖게 된 민재는 학업에 다시 전념할 수 있었고, 3학년 때까지 정기적으로 봉사활동을 지속하면서 꿈을 위한 노력을 게을리 하지 않았다. 특히 지역에 있는 00 천사병원에도 여러 번 찾아가 봉사활동을 하면서 실제로 자신의 꿈처럼 활동하는 의사들과의 만남과 조언을 받기도 했다.

2) 자기소개서 작성 순서 및 글감 찾기

자기소개서는 자신이 지원하는 대학과 학과에 자신의 적성과 소질을 드러내는 글이다. 그래서 무엇보다 고등학교생활을 바탕으로 '자신'을 먼저 재발견해야 한다. 무턱대고 자기소개서를 쓰기에 앞서 기본적인 자신의 역량에 대해서 체크해 볼 필요가 있다. 고교 생활에서 영향을 준 사건이나 자신의 장점 등을 환경, 희망 직업, 교내외 활동, 수상 실적 등 다양한 항목으로 학교생활기록부 등을 참고해 작성해 두면 자기소개서를 보다 내실 있게 작성할 수 있다. 특히 최근 학교에서 학년별로 자기소개서를 작성하는 등 공교육에서 자기소개서 작성 연습을 하는 경우가 많으니 기회가 된다면 반드시 참여해보자. 자기소개서를 작성하면서 평소 몰랐던 자신의 장점을 알 수도 있고, 미래 목표를 구상하면서 자신에게 맞는 유망직업 등을 찾아볼 수도 있다.

자기소개서는 면접에서 자기소개서와 관련한 추가 질문을 받을 수 있고, 대필한 것이 적발되면 입학취소가 되므로 반드시 본인이 직접 작성해야 한다. 기본적으로 자신의 경험과 적성을 솔직하고 타당하게 서술해야 한다. 자신의 장점을 지나치게 과장하거나 추상적으로 표현하는 자기소개서는 좋은 평가를 받지 못한다. 자신이 고교 3년 동안 어떠한 경험을 했으며, 앞으로 어떠한 인물이 되고 싶은지에 대해 솔직하고 담백하게 서술해야 좋은 평가를 받을 수 있다.

(1) 학년별 자기소개서 작성 가이드

학생부종합전형이 확대되면서 학생부종합전형을 중학교 때부터 미리 준비하는 경우도 많다. 특목고의 자기주도학습 전형이 대입 학생부종합전형과 유사하므로 합격 여부와 상관없이 미리 준비를 시키는 학부모가 많기 때문이다. 고교 입학 후에 목표 대학 등을 구체적으로 정하지 못한 학생이라도 1학기 내신성적 및 전국연합학력평가 결과를 참고해 학생부종합전형 도전 여부를 결정하는 것이 좋다.

내신성적에 비해 모의고사 성적이 매우 우수하다면 정시를 중심으로 도전해야겠지만 내신성적과 모의고사 성적이 비슷하다면 가급적 학생부종합전형을 미리 준비하는 것이 효과적이다. 영어 절대평가 도입으로 인해 정시모집의 선발 규모가 줄어들고, 학생부 위주 전형의 규모가 지속적으로 확대되고 있기 때문이다.

특히 학교 자체적으로 학생부종합전형을 체계적으로 잘 준비하고 있는 특목고나 자사고와 달리 일반고의 경우에는 학교에 따라 준비 정도가 다르다. 따라서 일반고에 재학 중인 학생이라면 1학년 때부터 미리 개인적으로라도 비교과 및 자기소개서 준비를 시작하는 것이 좋다. 자기소개서는 고3 때 준비해도 된다고 생각할 수 있지만 실제로 자기소개서를 작성하면서 자신의 향후 진로를 미리 고민하고, 다양한 정보를 찾아보게 된다. 이로 인해 보다 자기주도적인 학습이 가능하며, 무분별하게 교내 스펙을 준비하는 것이 아니라 꼭 필요한 스펙을 준비하면서 효과적인 대비가 가능하게 된다.

학년별 자소서 준비 포인트

학년	작성 시기	자소서 준비 포인트
1	여름방학 겨울방학	• 희망 직업에 맞추어 대교협 공통 양식 기준으로 작성하자. • 문항별 분량의 70% 수준으로 부담 없이 작성하자. • 희망 진로 및 희망 학과 정보를 조사하자. • 향후 주력 과목 및 비교과 우선순위를 설정하고 노력하자.
2	여름방학 겨울방학	• 학생부 사본을 발급받아서 현재 교과 및 비교과를 점검하자. • 교과 성적 및 비교과, 모의고사 성적을 감안해 목표 대학과 학과를 결정하자. • 대학의 모의 전공체험 및 입시설명회 등에 적극적으로 참여하자. • 대교협 공통 양식 기준으로 제대로 작성해 학교 선생님들에게 조언을 받아보자. • 교과 성적 및 비교과 중 부족한 부분을 검토하고 보완하도록 하자.
3	7, 8월	• 학생부 사본을 발급받아서 현재 교과 및 비교과를 점검하자. • 실제 지원할 대학과 전형, 모집단위를 정하도록 하자. • 대학별 자기소개서 및 제출 서류를 확인하도록 하자. • 실제 지원 대학의 양식에 따라 작성해 학교 선생님들에게 조언을 구하도록 하자. • 4차례 정도 수정 및 퇴고를 통해 자기소개서를 완성하도록 하자. • 추천서와 추가 제출 서류 등을 준비하도록 하자.

(2) 자기소개서 작성을 위한 5단계 작성법

자기소개서는 대교협 공통 양식과 대학별 추가 문항이 있는 구체적인 글이므로 사전에 계획을 세우고 준비해서 작성하는 것이 효과적이다. 대부분 수험생이 자기소개서 작성에 어려움을 겪는 가장 큰 이유 중의 하나는 체계적인 계획을 세우지 않고, 무턱대고 글을 쓰려고 하기 때문이다. 처음부터 자기소개서 양식대로 글을 쓰다 보면 문항별 요구

사항조차 제대로 이해하지 못한 채 자신의 잠재력과 소질을 제대로 표현하지도 못하게 된다. 자기소개서는 서류평가에서도 중요하게 활용되지만, 면접에서도 중요하게 활용되고, 다양한 질문을 받을 수 있으므로 다소 시간이 걸리더라도 꼼꼼하게 작성하는 것이 효과적이다.

1단계 : 자신의 향후 진로 계획을 세우자

대교협에서 발표한 공통양식에는 없지만, 일부 대학에서 추가해 활용하는 4번 문항에는 주로 활용된다. 실제로 자기소개서 등을 평가했던 입학사정관 등을 만나서 이야기를 하다 보면 지원동기가 구체적이지 않은 자기소개서가 많다는 말을 듣곤 한다. 입학사정관이 가장 알고 싶어 하는 것 중의 하나인 '이 학생이 왜 우리 대학 OO 학과에 지원했을까?' 라는 점을 감안해 작성해야 한다.

특히 학생부종합전형에 지원하는 학생 중에는 여러 대학에 지원하면서 모집단위를 달리해 지원하는 경우가 있다. 즉, 대학을 우선시해서 학과를 낮추더라도 상향 지원하는 경우와 대학보다 학과를 우선시해서 적정 지원하는 경우이다. 인기학과의 경우 여러 대학에 중복 지원할 가능성이 높기 때문에 현실적인 선택을 하게 된다. 자신이 지원하는 대학의 모집단위가 다를 경우에는 반드시 대학별로 자기소개서를 달리해 작성해야 한다. 학과의 커리큘럼 등 상세한 정보, 학과별로 진출 가능한 직업 등 큰 틀에서의 진로설계가 매끄럽게 되어있어야 한다. 뭔가 큰 그림이 있어야 구체적으로 자신의 적성과 장점 중에서 주로 어필할 내용 등을 선택해 작성하기가 쉽다.

2단계 : 학교생활기록부를 낱낱이 조사해 참신한 글감을 찾자

자기소개서는 항목별로 구체적인 작성 분량이 정해져 있다. 그래서 남과 다른, 개성이 있는 자기소개서를 쓰기 위해서는 글감부터 제대로 선택할 수 있어야 한다.

글감을 찾기 위해서는 가장 먼저 학교생활기록부 사본을 발급받아서 학교생활기록부의 전체 내용을 읽어보면서 중요한 소재를 찾아보자. 학교생활기록부는 수험생의 3년간의 기록이 담긴 소중한 자료이며, 학교에서 무료로 발급받을 수 있다. 학교생활기록부의 세부 내용을 읽어보면서 글감을 찾아서 별도로 노트에 정리를 해두자. 그리고 여러 개의 글감 중에서 우선순위를 정해 소재를 정리하자. 평소 별도로 기록을 잘 해두면 좋지만, 대다수의 수험생들이 입시철이 돼서야 학생부를 보는 경우가 많다. 고등학교 1, 2학년 때의 일들이 잘 기억나지 않을 수 있으니 소재별로 자신의 활동 내역, 느끼고 배운 점 등을 미리 적어 두자.

※ 학교생활기록부와 자기소개서 평가 항목

자기소개서를 쓰기 전에 먼저 학교생활기록부 사본을 발급받아서 자기소개서에 쓸 내용을 찾아야 한다. 이때 참고해야 할 기준이 바로 '평가 준거'이다. 다양한 학생부의 내용을 보면서 평가 준거를 감안해 글감을 정리해야 한다.

학생부영역	기준 학년	평가 준거			
		학업역량	전공 적합성	인성	발전가능성
학적 및 출결	1~3			O	
수상경력	1~3	O	O	O	O
자격증 및 인증	1~3		O		O
진로희망사항	1~3		O		
창의적 체험활동	1~3		O	O	O
교과학습발달	1~3	O	O	O	O
독서활동	1~3	O	O	O	O
행동특성 및 종합	1~2	O	O	O	O

※ 중요한 활동별로 요약해 작성해보자

학교생활기록부에는 다양한 항목이 있고, 창의적 체험활동에는 학년별로 다양한 활동을 하게 된다. 예를 들어 동아리 활동의 경우에는 학교 내의 정규 동아리가 있고, 학생들이 스스로 만들어 운영할 수 있는 자율 동아리가 있다. 학년별로 꼭 1개의 동아리 활동을 하는 것이 아니라 다양한 활동을 할 수 있는 만큼 중요한 활동을 뽑아서 정리할 필요가 있다.

이는 봉사활동이나 교내 대회 수상 실적 등을 정리할 때에도 마찬가지이다.

활동명	활동기간	동기	활동내용	나의역할	참여도	배우고 느낀 점

　자기소개서를 작성하기 전에 미리 중요한 활동을 뽑아서 활동요약노트를 만들어 두도록 하자. 중요한 것은 활동 동기와 활동한 내용과 자신의 역할, 그리고 그 활동을 통해서 배우고 느낀 점이다.

3단계 : 문항별로 요구사항을 확인하고, 문항별로 키워드를 잡자

　자기소개서는 설득을 위한 글이므로 추상적인 내용이 아니라 사실에 근거한 논리적인 내용을 담아야 한다. 논술의 개요를 짜는 것처럼 항목별로 자신이 말하고자 하는 바를 키워드와 주제문을 뽑아서 개요를 작성해 보자. 개요를 작성해두면 보다 설득력 있는 글쓰기가 가능하다. 문항별로 기승전결이 제대로 이루어지려면, 무엇보다 탄탄한 개요가 중요하다.

　주제문은 반드시 첫 문장으로 해야 한다. 두괄식으로 구성해야 평가자들의 시선을 사로잡을 수 있다. 평가자는 하루에도 수백 명의 서류를 검토하게 된다. 비슷한 수험생들의 글 중에서 평가자의 시선을 사로잡을 수 있어야 한다. 첫 문장에서 평가자의 관심을 끌어내고, 자신을 드러내야 좋은 평가를 얻을 수 있다. 또한, 자기소개서의 항목별 요구 사항, 글자 수는 반드시 지켜야 한다. 작성할 항목에 대해서 요구 사항을 세분화해서 작성하고, 퇴고하도록 하자. 질문의 요지를 알아야 제대로 된 답변을 할 수 있다.

문항	문항별 요구 사항
1	재학 중 학업에 기울인 노력과 학습 경험 이를 통해 배우고 느낀 점
2	재학 중 의미를 두고 노력했던 교내 활동(3개 이내) 이를 통해 배우고 느낀 점
3	배려, 나눔, 협력, 갈등 관리 등을 실천한 사례 이를 통해 배우고 느낀 점
자율	지원 동기, 입학 후 학업계획, 독서 활동 등

4단계 : 대학별 인재상과 평가 기준 등을 감안하자

학생부종합전형은 대학들이 자체적인 인재상을 반영해 선발하기 때문에 반드시 지원 대학의 인재상을 확인해 자기소개서에 반영해야 한다. 대학별로 입시설명회나 모집요강 등에 인재상 및 주요 평가 기준 등을 공개하는 경우가 많으니 반드시 참고하자. 예를 들어 수도권 A 대학의 경우 잠재적 능력, 성장 가능성을 중시해 평가하며, B 대학의 경우에는 전형 적합성, 학업발전성, 전공 적합성, 자기주도성, 경험 다양성, 인화관계성 등을 중시해 평가한다. 이처럼 대학별로 중시해 평가하는 기준도 다르므로 지원 대학의 특성을 꼭 감안해 작성하는 것이 효과적이다.

주요 대학의 인재상

대학명	인재상
건국대	합리적이고 창의적이며 균형 있는 판단력을 지닌 인간, 자신의 적성을 토대로 전문적 분야의 지식과 실천적 능력을 갖춘 인간, 국가 및 지역사회에 대해 공동체적 연대의식을 지닌 인간
경희대	새로운 학문에 열정을 다하는 경희인, 미래를 선도하는 도전적인 경희인, 세계에 봉사하는 글로벌 경희인을 대표할 수 있고 세계적 리더로 성장할 수 있는 잠재능력을 갖춘 인재 양성
고려대	성실성: 자아실현과 인격 함양을 위해 학업 및 학교생활 전반에 걸쳐 노력하는 인재 리더십: 지속적인 리더활동과 성찰을 통해 지도력을 가진 인재 공선사후정신: 정의로운 가치관과 타인에 대한 배려심을 가지고 공동체에 참여하고 실천하는 인재 전공 적합성: 전공영역에 대한 열정과 국제적 이해와 교류능력을 지니고 자신의 변화 발전을 위해 노력하는 인재 창의성: 지속적인 호기심과 탐구심, 비판적 창의적 사고력과 문제해결능력을 지닌 창의적 인재
동국대	지혜와 자비를 겸비한 도덕적 현대인, 한국문화를 세계화하는 창조적 지식인, 고도 산업기술 사회에 부응하는 진취적 지도자
서강대	헌신의 정신과 책임감, 성숙하고 원만한 인격으로 사회와 국가에 공헌할 수 있는 인재 세계의 변화와 시대적 흐름을 이해하고 이에 대응할 수 있는 비판적 판단력을 갖춘 인재 민족의 번영 및 세계평화에 기여할 수 있는 참된 세계인
서울대	학교교육과정을 성실히 이수하고 학업능력이 우수한 학생 학교생활에서 적극적이고 진취적인 태도를 보인 학생 글로벌 리더로 성장할 수 있는 자질을 지닌 학생 다양한 교육적, 사회적, 문화적 배경과 경험을 지닌 학생 사회적 약자에 대한 배려심과 공동체 의식을 가진 학생

성균관대	인의예지(仁義禮智)의 품성과 종합적인 사고역량을 바탕으로 잠재력과 소질을 개발하며 관심 분야에서 자신의 능력을 키워나갈 수 있는 교양인으로서의 참된 인재 창의적 사고로 도전하며 가치 창출과 문제해결의 역량을 가진 전문가로서의 참된 인재 주도적 역량을 지니며 세계 최고 글로벌 리더가 될 수 있는 리더로서의 참된 인재
연세대	진리와 자유의 정신을 갖춘 글로벌 리더로서 사회에 공헌할 수 있는 인재
중앙대	개방적 문화인 실천적 봉사인 자율적 교양인 실용적 전문인 실험적 창조인
한국외대	자주적 탐구인: 합리적 사고를 할 수 있고, 폭넓은 지식과 정심대도(正心大道)의 덕성을 갖춘 사람을 뜻한다. 이는 곧 창학정신에서 말하는 '진리'를 사랑하는 사람이다. 국제적 한국인: 창학정신의 두 번째 덕목인 '평화'를 사랑하는 사람으로 민주적 의식이 투철하고, 지도자적 인격을 갖추고 있으며, 세계평화의 사절로서의 구실을 수행할 수 있는 인간이다. 독창적 전문인: 적어도 한 가지 이상의 외국어 구사능력을 갖추고, 해당 언어권에 대한 전문지식을 갖춤으로써 유능한 국제 전문 인력으로서의 자질을 구유한 사람이다. 이러한 사람이 되려면 창학정신의 세 번째 덕목인 '창조'정신이 필요하다.
한양대	교양인: 폭넓은 교육을 통하여 근면하고 정직하며 겸손한 인재 전문인: 전문분야의 심오한 이론과 고도의 기술을 겸비한 인재 실용인: 다양한 학문의 지식을 사회에 응용할 수 있는 인재 세계인: 문화적 다원성을 이해하고 국제사회에서 활약할 수 있는 인재 봉사인: 지역사회와 국가, 나아가 인류사회의 번영에 공헌하는 인재
홍익대	국가와 인류 발전에 이바지할 수 있는 자주적이고 창조적이며 협동적인 인재

5단계 : 3차례 이상 조언을 받아 최종 자기소개서를 완성하자

자기소개서를 작성한 후에 선생님이나 친구들과 함께 보면서 의견을 듣고, 수정하는 것이 좋다. 시간을 두고 여러 번 수정을 하다 보면 불필요한 내용을 뺄 수 있어 탄탄한 자기소개서가 된다. 자기소개서에서 요구하는 것이 명문장은 아니지만, 문장은 최대한 간결하게 쓰는 것이 좋다. 여러 문장을 한 문장으로 쓰게 되면 글의 내용이 잘 전달되지 않는다. 자기소개서를 쓰는 항목은 각 항목당 분량이 많지 않으므로 간결하게 핵심적인 내용을 쓰도록 해야 한다. 조심해야 할 것은 수식어를 많이 쓰게 되면 내용이 추상적으로 흘러가기 쉽다. 또한 기본적인 어문법 규정은 반드시 지켜야 한다. 띄어쓰기나 맞춤법 등 기본적인 규정은 여러 번의 퇴고를 통해 제대로 고치자.

3) 대교협 공통 문항별 작성 포인트

1)고등학교 재학 기간 중 학업에 기울인 노력과 학습경험에 대해, 배우고 느낀 점을 중심으로 기술해 주시기 바랍니다.

1번 문항은 수험생의 학업에 대한 목표의식과 노력, 학업역량과 지적탐구역량을 볼 수 있는 항목이다. 수험생 본인의 자기주도적 학습 태도 및 수업 참여도 등 학업에 기울인 노력 및 비교과 영역을 통해 발휘된 학습역량에 대해 작성해야 한다. 조심해야 할 점은 단순히 학업 성적의 우수성만을 서술하거나 경험만을 나열하는 것이다. 평가자들이 보고자 하는 바는 수험생만이 갖고 있는 구체적인 노력과 그로 인해 깨달은 경험들이다. 또한, 고등학교 재학 기간으로 기간이 제한된 만큼 무의미한 중학교 시절 등의 이야기는 생략해야 한다.

평범한 사례

현재 성적이 그렇게 좋지는 않습니다만 초등학교 때부터 공부를 잘하고, 머리가 좋다는 얘기를 많이 들었습니다. 중학교 때는 시험 기간 때마다 벼락치기로 해서 비교적 성적이 잘 나왔습니다. 하지만 고등학교 때에는 제 머리만 믿고, 노력을 게을리해 좋은 결과를 거둘 수 없었습니다. 2학년 때부터 학교에서 실시하는 야간 자율학습에 적극적으로 참여하고 있습니다. 자율학습 시간에는 평소 학교 공부를 복습하고, 수능시험을 대비해서 부족한 과목을 중점적으로 공부하고 있습니다. (이하 생략)

평가: 이 학생의 경우 본인이 학업에 기울인 노력이나 학습 경험에 대해 구체적으로 작성하지 않았고, 현재 자신의 노력에 대해 평이한 수준에서 쓰고 있다. 현재 성적이 좋지 않다고 본인이 알면서도 그 부족한 성적을 향상시키기 위해 본인이 노력한 점에 대해서 쓰지 않았다.

우수한 사례

제가 교사라는 꿈을 갖게 된 계기는 고등학교 1학년 때부터 참여했던 지역아동센터 멘토링 활동이었습니다. 처음에는 봉사활동 시간을 따기 위해서 별 생각없이 참여했지만, 부족한 제 수업에 열심히 집중하는 아이들의 모습을 보면서 많은 것을 깨달을 수 있었습니다. 교사라는 직업이 주는 사명감과 효과적인 교수방법 등을 제 스스로 고민하고, 찾아보면서 학업 성적도 많이 향상시키는 계기가 되었습니다. (이하 생략)

평가: 자신의 진로희망과 학업 동기를 구체적으로 작성하고 있다. 또한 자신의 학업역량을 향상시키기 위해 구체적인 방법 등을 서술해 좋은 평가를 받을 수 있다.

2) 고등학교 재학 기간 중 본인이 의미를 두고 노력했던 교내 활동을 배우고 느낀 점을 중심으로 3개 이내로 기술해 주시기 바랍니다. 단, 교외 활동 중 학교장의 허락을 받고 참여한 활동은 포함됩니다.

2번 문항은 평소 수험생의 다양한 교내 활동 중에서 의미 있는 활동을 3개 이내로 작성해야 한다. 3개 이내이므로 꼭 3개를 채워야 하는 것은 아니고, 2개로 작성해도 된다. 이 문항을 통해 수험생의 자기주도성, 성실성, 지적탐구역량 등을 평가할 수 있다. 특히 이 2번 문항과 진로를 연계해서 서술하는 것도 괜찮은 방법이다. 학생들은 주로 활동 사례만을 나열하는 경우가 많은데, 평가자들은 활동의 선택 이유 및 구체적인 역할, 배우고 느낀 점에 관심을 둔다.

평범한 사례

교내에서 가장 인기가 많은 영어신문부 활동을 2년 동안 했습니다. 영어신문부 활동을 하면서 영어에 대한 자신감이 생겼습니다. 영어신문부에서는 부원들끼리 역할을 나누어 영어신문을 발행했는데, 처음에는 힘들었습니다. 하지만 지도하시는 선생님과 친구들에게 좋은 평가를 받으면서 자신감이 생겼습니다. (이하 생략)

평가: 이 학생의 경우 영어신문부 활동을 2년이나 했지만, 정작 왜 자신이 영어신문부 활동을 했는지에 대한 명확한 동기가 없다. 또한 영어신문부에서 영어신문발행, 기사작성 등 다양한 활동이 있었음에도 자신만의 구체적인 활동 내용이 없다. 평가자들은 동아리 차원의 일반적인 활동 사례는 너무나 잘 알고 있다. 자신만의 활동상과 활동을 통해 배우고 깨달은 점을 구체적으로 쓰자.

우수한 사례

조부모께서는 제가 어렸을 때 교통사고로 갑작스럽게 돌아가셨습니다. 할아버지와 할머니를 생각하시면서 동네에서 독거노인들을 보살피는 봉사활동을 꾸준히 하시는 부모님을 보고 자라면서 저도 자연스럽게 독거노인 봉사에 참여했습니다. 많은 시간은 아니지만 1달에 2번씩 토요일에 가는 봉사활동은 생각보다 쉽지 않았습니다. 하지만 저를 손녀처

럼 대해주시는 어르신들을 보면서 힘을 낼 수 있었습니다. (이하 생략)

평가: 개인적 경험을 통해 봉사활동에 참여한 동기를 구체적으로 작성하고 있다. 또한, 봉사활동에서 자신이 구체적으로 했던 노력과 그로 인해 깨달은 점을 잘 드러나게 서술했다. 봉사의 진정한 의미를 깨닫고, 한층 성숙해진 본인의 내적 성장을 엿볼 수 있다.

3) 학교생활 중 배려, 나눔, 협력, 갈등 관리 등을 실천한 사례를 들고, 그 과정을 통해 배우고 느낀 점을 기술해 주시기 바랍니다.

3번 문항은 본인의 학교생활에서 경험한 내용을 토대로 작성해야 하며, 수험생의 성실성, 자기주도성/창의성, 공동체 의식을 볼 수 있다. 본인이 고교생활 중 공동체 생활에서 어떤 역할을 하고 나눔과 배려, 협력, 책임감, 성실성, 리더십 등을 어떻게 발휘했는지 구체적으로 작성해야 한다. 많은 수험생이 3번 문항의 소재를 전교학생회, 학급운영, 동아리 활동에서 작성하므로 남과 다른 차별성을 갖기 위해서는 구체적인 자신만의 역할과 배운 점 등을 써야 한다.

평범한 사례

2학년 때 연극을 보고 보고서를 쓰는 국어수행평가가 있었습니다. 6명씩 조를 나누어 연극을 보고 조원 모두 다 같이 힘을 모아 보고서를 써야 했습니다. 학원, 선약 등으로 시간 맞추기부터 쉽지 않아 조장인 제가 제안해 최대한 많은 사람이 모일 수 있는 날을 찾고, 몇 명이 양보를 해 나가는 방식으로 조율해 나갔습니다. 그리고 보고서 작성 분량을 나눠 각자가 원하는 부분을 맡을 수 있도록 조원들을 설득해 나갔습니다. (이하 생략)

평가: 사례가 지나치게 평이해 중학생 수준의 글로 평가된다. 단순한 시간 조율이나 분량 조절 등은 적절한 사례가 아니다. 전체적인 문장의 수준 또한 떨어지는 편이다.

우수한 사례

생명과학에 특히 관심이 많았던 저는 생물동아리 ATGC에서 동아리 활동을 했습니다. 우리 학교에서는 매년 동아리발표대회를 개최하는데, 교내 동아리들이 1년 동안의 활동을 널리 알리는 큰 대회입니다. 저는 2학년 때 축제와 동아리 부스 운영, 동아리 발표대회를 동시에 하는 광고동락 동아리 발표대회에 생물동아리 ATGC의 조장으로 참여하게 되었습니다. … 제 공연도 중요했지만, 저희 조원들에게 미리 사전에 동의를 얻지 못해 미안한 마음이 컸습니다. 그래서 저는 하루 종일 화장실 갈 틈도 없이 실험 결과 전시물 배치와 설치, 체험 부스 운영 등에 적극적으로 참여했습니다. (이하 생략)

평가: 희망학과와 관련된 생물동아리 활동 중에서 동아리발표대회에

서 있었던 일을 설득력 있게 작성했다. 또한, 사례의 과정을 구체적으로 작성했고, 조장으로서 느꼈던 점과 자신의 역할 등을 구체적으로 잘 작성했다.

4) 자기소개서 최종 점검 포인트 및 주의사항

대입 자기소개서는 거의 대다수 대학에서 수험생들이 직접 인터넷으로 입력하게 되어 있다. 자기소개서 제출 기간 안에 수정을 허용하는 대학들도 많으니 자기소개서를 제출하기 전에 마지막으로 체크해보자. 특히 학생부종합전형으로 여러 대학에 지원하는 수험생들의 경우 자기소개서가 섞이지 않도록 주의해야 한다. 실수로 대학명과 학과명을 잘못 입력하는 수험생들이 간혹 있다. 그리고 인터넷으로 제출하는 만큼 항목별로 분량이 넘으면 아예 입력할 수 없으니 분량에 주의하자. 또한, 여러 대학의 자기소개서를 작성하는 수험생이라면 시간에 쫓겨 입력 시 오타 등 실수가 있을 수 있으니 마감시간 전에 충분한 여유를 갖고 검토하도록 하자. 마지막으로 자기소개서를 제출하기 전에 사설업체의 표절검색 시스템으로 검색해 보고, 혹시 모를 표절에 주의하자.

자기소개서 최종 점검 포인트

순번	내용	체크
1	0점 및 감점 요인을 작성하지 않았는가?	
2	항목별로 분량에 맞추어 작성했는가?	
3	대학 및 학과 지원 동기를 설득력 있게 작성했는가?	
4	학생부의 서술을 반복해 쓰지 않았는가?	
5	항목별로 활동 사례만을 주로 쓴 것은 아닌가?	
6	상투적인 표현과 추상적인 표현이 있는가?	
7	대학 및 학과에 맞추어 작성했는가?	
8	인터넷 예시문 등 표절을 하지 않았는가?	
9	항목별로 사례가 중복되지 않는가?	
10	오타 확인을 비롯해 맞춤법 등에 맞게 썼는가?	

※ 표절을 잡아내는 대교협의 유사도 검색시스템

자기소개서 등의 서류 표절이 심각해지면서 대교협에서는 유사도 검색시스템을 운영하고 있다. 이 시스템은 자기소개서와 추천서를 별도 기준으로 관리하는데, 아무래도 서류 작성 부담이 큰 교사들의 추천서는 유사도 검색 조건이 자기소개서보다 완화된 편이다.

유사도가 자소서의 경우에는 5%, 추천서의 경우 20%를 넘기면 대학이 유선확인/현장실사/본인확인/교사확인/심층면접 등을 거쳐 철저하게 검증하며 유사도가 높으면 감점과 전형탈락의 불이익이 있다. 또한 대학별로 자기소개서 제출 기간이 다르므로 모든 합격자들의 입학 후에도 재검증을 실시해 적발되면 입학이 취소된다는 점에 주의하자.

학생들이 작성하는 자기소개서의 경우 유사도 비율이 5%를 넘어서면 유선확인, 본인 확인 등의 검증 절차를 거치게 된다. 표절로 최종 확정되면 불합격 처리되는데, 실제로 2013학년도 기준으로 자기소개서 표절로 전국에서 1,102명이 불합격 처리되었다. 2017학년도 입시에서는 자기소개서 표절 의심건수가 1,502건 이었다.

유사도 검색시스템은 자기소개서 및 교사추천서의 신뢰도를 유사도 검색시스템 결과치의 최댓값 수준에 따라 위험(Red)/의심(Yellow)/유의(Blue) 수준의 3단계로 구분하고, 유선확인, 현장실사, 본인확인, 교사확인, 심층면접 등 다양한 방법을 통해 표절, 대필 및 허위 여부를 검증하도록 운영되고 있다.

※ 위험수준(Red zone): 표절 등의 가능성이 높은 수준

의심수준(Yellow zone): 표절 등이 우려되는 수준

유의수준(Blue zone): 통상적인 수준. 표절 등의 가능성은 높지 않음

표절 정도	유사도비율		확인방법
	자기소개서	교사추천서	
위험수준	30% 이상	50% 이상	유선확인, 현장실사, 본인확인, 교사확인, 심층면접 등
의심수준	5% 이상~ 30% 미만	20% 이상~ 50% 미만	
유의수준	5% 미만	20% 미만	서류평가 단계에서 검색된 문구 등을 특히 유의하여 검증

03 마지막 관문, 면접

1) 학생부종합전형에서의 면접고사

학생부종합전형은 정시모집처럼 성적 중심 선발이 아니라 학생부와 자기소개서, 추천서 등을 통해 대학의 건학 이념과 모집단위별 특성에 맞는 합격자를 선발하는 전형이다. 공인어학성적, 외부 수상실적 등이 반영되지 않으며, 학생부의 교과 성적과 교내의 다양한 활동 실적이 중요하게 반영된다. 서류평가와 면접 등에 입학사정관이 참여해 평가하는 방식이며, 사교육 유발요인인 과도한 스펙 등을 반영하지 않고, 고교 재학 중의 실적을 중심으로 평가한다.

학생부종합전형은 대다수 대학이 학교생활기록부, 자기소개서, 추천서, 면접 등을 종합해 선발한다. 하지만 세부 선발 방식은 대학마다 차이가 있다. 서류평가를 통해 1단계에서 일부 인원을 선발해 면접고사를 통해 최종 합격자를 선발하는 방식이 보편적이지만, 대학에 따라서 서류평가만으로 최종 합격자를 선발하기도 한다.

2) 대입 면접고사의 특징

학생부종합전형에서 면접을 실시하는 경우 1단계에서 서류평가를 주로 하며, 2단계에서 면접고사를 실시해 최종 선발을 하게 된다. 학생부종합전형에서 면접은 주로 지원자의 인성과 전공 적합성, 학업능력 등을 주로 평가하게 된다. 면접고사에서는 주로 지원자가 제출한 학생부와 자기소개서를 토대로 검증성 면접을 실시하는 경우가 많으나 대학에 따라 제시문을 활용해 면접고사를 실시하기도 한다.

지원자의 제출 서류를 토대로 면접을 실시하는 대학에서는 주로 제출서류 중 학생부와 자기소개서를 검토하고, 다수의 평가자가 지원자를 개별로 평가하는 방식이 주를 이룬다.

최근 학생부 부풀리기와 자기소개서 대필 등이 문제가 되면서 면접에서는 지원자에게 매우 구체적인 질문을 던지면서 실질적인 검증을 하고 있다.

학생부종합전형의 평가절차

1단계 선발				유사도 사후검증

사전단계 ➡	1단계 ➡	2단계 ➡	최종심의 ➡	최종선발
회피제척 시스템	서류평가	서류검토 질문도출	심의위원회	최종합격자 발표
유사도 및 외부경력 의심문구 검색	서류재평가	면접평가		
지원자격심사	서류실사	면접재심	입학사정 위원회	
	심의위원회	면접실사		

※ 건국대학교 2018학년도 입시자료
※ 주요 대학의 학생부종합전형 면접 평가요소

[건국대학교 학생부종합전형 면접]

학생부종합전형인 KU 자기추천전형 등에서 면접을 하며 학생부와 자기소개서를 기반으로 인성 면접을 실시한다. 평가자 다수가 지원자 1인을 대상으로 개별면접을 하며, 학업역량, 전공 적합성, 인성, 발전 가능성 등을 정성적으로 종합평가한다.

평가요소	평가항목	평가방법
전공 적합성	전공에 대한 관심과 이해도 전공 관련 활동경험	제출서류에 기초한 개별 면접. 인성을 중심으로 학교생활 충실성을 종합 평가
인성	소통역량(효과적인 의사소통 방법을 사용하여 메시지를 전달하고 이해하는 것에서 나아가 팀원 간의 상호 협조와 협력을 효과적으로 이끌어내는 능력)	
발전가능성	종합적 사고력	

[경희대학교 학생부종합전형 면접]

네오르네상스전형 등에서 인성 면접을 하며, 서류 확인 면접 및 별도의 출제 문항을 통한 면접을 실시하게 된다. 면접형식은 개인면접으로 모집단위에 따라 차이가 있지만 주로 10분 내외로 실시하며 면접관 2명이 지원자 1명을 평가하는 방식이다.

평가요소		평가 기준
인성	창학 이념 적합도	창의적 노력, 진취적 기상, 건설적 협동
	인성	품성, 태도, 사회성, 자기 주도성
전공 적합성	진공기초소양	전공 적합성, 학업역량
	논리적 사고력	탐구력 및 논리적 의사소통능력

[서울대학교 학생부종합전형의 면접 유형]

서울대의 경우 학생부종합전형이지만 세부전형에 따라 면접 유형이 크게 2가지로 구분된다.

지역균형 및 기회균형 전형은 지원자가 제출한 학교생활기록부와 자기소개서 등을 바탕으로 이루어지며 복수의 면접위원이 지원자의 서류 중 확인이 필요한 사항을 주로 묻는 방식이다. 면접을 통해서 제출 서류의 내용과 지원자의 기본적인 학업 소양을 확인하게 된다.

수시모집 일반전형에서는 제시문을 활용해 면접 및 구술고사를 실시한다. 지원자에게는 제시문과 그에 따른 문항이 제공되고, 학생들은 모집단위별로 30분~45분 동안 답변을 준비할 수 있다.

출제 문항은 고등학교의 정규교육과정 범위에서 출제하며, 모집단위별로 평가분야와 과목이 다르다. 예를 들어 인문대학의 경우 인문학과 사회과학 분야의 제시문을 기초로 면접을 실시하게 된다. 영어나 한자가 출제될 수 있으며 30분의 준비시간 동안 답변을 정리하고, 15분 내외로 면접이 진행된다. 해당 모집단위 교수님들 중에서 위촉된 면접위원들이 면접을 진행하기 때문에 정답 여부보다는 답변을 이어가는 과정에서의 사고력과 논리력 등에 중점을 두어 평가한다.

전형명	면접 유형	세부 사항
지역균형, 기회균형 1, 2	서류 기반 면접	제출서류(학생부, 자기소개서)를 바탕으로 기본적인 학업 소양 확인
수시모집 일반전형	제시문 활용 면접	제시문을 활용해 전공 적성 및 학업능력 평가

[중앙대학교 학생부종합전형 면접]

다빈치전형 등에서 면접을 하며, 입학사정관을 포함해 2명이 지원자 1인당 10여 분 동안 개별 면접을 실시하게 된다. 지원자 공통의 제시문 면접이 아니라 지원자가 제출한 서류를 기반으로 면접을 실시한다.

평가항목	세부사항
서류의 신뢰도	지원자의 서류를 평가했던 입학사정관이 직접 면접을 하며, 서류 평가에서 궁금했던 내용이나 추가로 확인하고 싶은 내용을 질문
학업 준비도	지원자의 서류를 기반으로 개별적인 질문을 제시 학생부나 자기소개서를 통해 학업의 우수성에 대한 경험이 드러난 경우, 지원자의 경험과 지식을 토대로 질문
인성 및 의사소통 능력	제출 서류상의 교내 활동에서 드러난 지원자의 인성이나 협력 활동, 공동체 정신 등을 관찰. 면접을 통해 단체 활동을 통해 나누고 배우고 성장한 내용을 질문하여 학생의 면면을 파악

3) 학생부종합전형의 면접 유형과 면접 진행 절차

면접고사는 대학 시험관과 수험생이 직접 주고받는 말을 통해 학생부 성적이나 수능 성적으로 평가할 수 없는 학생의 잠재력과 지적 능력, 대학에서의 학업수행 능력을 판단하는 방법이다. 평가는 크게 학생의 인성이나 가치관, 사회관, 인생관 등을 측정하는 소양 평가와 전공에 대한 수학 능력이나 적성을 알아보는 전공적성 평가로 나뉜다.

대학별로 학생부종합전형에서 우수한 학생들을 평가하기 위해 다양한 면접 방식을 도입하고 있다. 학생부종합전형은 지원자의 학생부, 자소서, 추천서 등 자료를 통해 학생의 가능성과 잠재력을 심도 있게 평가하여 각 모집단위의 특성에 맞게 학생을 자율적으로 선발하는 것을 목적으로 하는 만큼 가장 많이 활용되는 대학별 고사가 면접이다. 대학에 따라 개별심층면접, 발표면접, 토론평가 등 다양한 형태로 시행되며, 대부분 2~3명의 면접관이 수험생 1명을 평가하는 다대일 면접 형태가 일반적이다.

면접 평가에서는 주로 전공 관련 이해도, 논리적·창의적 사고력, 표현 능력 및 의사소통능력, 학업수학능력과 제출 서류와 관련된 질의·응답을 통해 개인의 발전가능성과 잠재력을 평가하고, 검증하게 된다. 따라서 본인이 제출한 서류 내용을 숙지하고, 그와 관련하여 질문이 예상된다고 생각되는 내용에 대해서는 미리 답변을 준비하는 것이 좋다.

(1) 대입 면접의 진행 방식

면접고사를 실시하는 대학들은 서류평가 후에 일정 배수를 선발해 면접고사를 실시하거나 응시자 전체를 대상으로 면접을 실시하게 된다. 제시문 출제 여부 및 대학별 면접 유형에 따라 대기실에서 준비실로 이동한 후에 주어진 시간 동안 준비를 하는 경우와 대기실에서 바로 평가 장소로 이동 후 면접을 하는 경우도 있다.

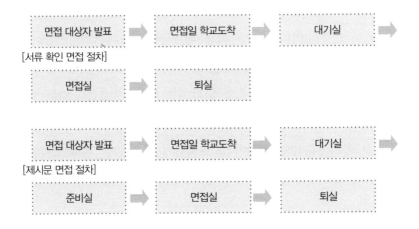

대학들은 면접고사 전에 면접고사 대상자를 입학처 홈페이지에 발표하며, 모집단위별로 입실시간과 대기실을 지정해 공지한다. 면접 시 주의사항들을 함께 공지하는 경우가 있으니 참고해 준비해야 한다.

면접고사일은 단과대학별로 달리하거나 모집단위별로 달리하는 경우가 있으므로 자기가 지원한 전형 및 모집단위별 일정을 꼼꼼하게 확인해야 한다.

대기실에 정해진 시간에 입실해야 하며, 번호에 따라 준비실로 이동하게 된다. 준비실에서 일정한 답변 준비 시간을 가진 후에 평가 장소로 이동하게 된다. 평가 장소에서 다양한 유형의 면접을 통해 자신의 실력을 평가받게 된다. 평가를 마친 후에는 귀가하게 된다.

(2) 학생부종합전형 면접의 유형

1대 다(一對多): 2~3명 이상의 평가자가 1명의 수험생을 평가하는 방식이다. 일반적으로 가장 많이 활용되는 방식이다. 학생이 제출한 서류(학생부 및 자소서)를 토대로 서류의 사실 여부 및 확인, 인성 및 전공 적합성 등을 평가한다.

다대 다(多對多): 여러 명이 한 조를 이루어 평가 장소에 입실해 3명 이상의 평가자로부터 평가를 받는다. 다른 학생과 같은 질문을 받을 수 있으므로 다른 수험생의 답변을 주의 깊게 듣고, 자신만의 색깔이 담긴 답변을 하는 것이 좋다. 다른 학생이 답변하는 동안 면접 태도 등을 평가받을 수 있으니 경청하면서 들어야 한다.

집단토론: 여러 명의 지원자를 한 조로 지정해 논제를 주고 지원자들의 토론에 대해 평가하는 방식이다. 지원자의 토론 과정을 평가자들이 지켜보면서 논리력, 사고력, 의사소통 능력 등을 평가하게 된다.

4) 합격을 부르는 면접의 기술

학생부종합전형은 서류평가로만 선발하는 경우도 있지만, 대다수 대학은 면접고사를 실시하고 있다. 면접고사를 실시하는 경우에는 면접고사에서 당락이 결정되는 만큼 철저한 준비를 해야 한다. 특히 교육부 방침에 따라 문제풀이중심의 심층면접은 축소될 전망이므로 대학별로 출제 경향 변화도 대비를 해야 한다. 대다수 대학에서 학생부종합전형 면접은 인성면접으로 이루어지는데, 수험생의 가치관과 인성을 파악하거나 전공 적합성을 평가하는 경우가 많다. 크게 보면 대학별로 면접 유형은 비슷하나 실제 세부사항은 대학별로 차이가 많으니 꼭 지원 대학의 출제 유형에 맞추어 준비해야 한다.

많은 학생이 면접을 '대화' 수준으로 생각해 쉽다고 오해하는 경우가 많다. 일상적으로 하는 것이 '말'이니 별다른 준비가 필요 없다고 생각한다. 하지만 짧은 시간 동안 면접관 앞에서 한 말로 단번에 자신의 인성 및 전공 수행 능력 등을 평가받게 된다는 사실을 인식해야 한다. '말'은 주워 담을 수 없고, 잘 알고 있는 내용이라도 '말'을 하지 못하면 모르는 것과 다름이 없다고 판단 받기 때문이다.

(1) 합격을 위한 3단계 면접 대비 요령

단계	핵심 포인트	세부사항
1	면접은 나에 대한 이해에서 시작한다	학교생활기록부에서 중요한 활동 내용을 체크하자. 자기소개서 및 지원동기 등을 확실히 정리하자.
2	대학의 출제 유형을 살펴 맞춤형으로 준비하자	실제 지원하는 대학의 출제경향을 파악하고, 기출문제를 구하자. 지원대학 및 지원학과의 정보, 졸업 후 진로 등 다양한 정보를 수집하자. 제시문 유형의 면접일 경우 관련 교과 학습에 최선을 다하자.
3	모의면접으로 철저한 실전대비를 하자	여러 차례의 모의면접으로 실전 연습을 하자. 자신의 부족한 점을 보완하자.

1단계: 면접은 나에 대한 이해에서 시작한다

■ 자신의 향후 진로를 명확하고 구체적으로 정리하자

면접에서 빠지지 않는 질문 중 하나가 '지원동기 및 향후 학업계획'이다. 지원동기는 지원자가 꿈과 진로설계를 명확하게 세우고 고교 생활 동안 꿈을 이루기 위해 얼마나 노력했는지를 일관성 있고 진정성 있게 보여줄 수 있어야 하므로 명확하고 구체적으로 답변을 준비하자.

■ 학교생활기록부, 자기소개서를 철저히 숙지하라

학생부종합전형에서 면접고사는 주로 자기소개서 및 학교생활기록부를 중심으로 출제를 하게 된다. 그래서 자기가 제출한 서류나 학교생활기록부의 주요 내용에 대해 제대로 답변을 하지 못하면 좋은 평가를 받을 수 없다. 그리고 주요 활동 실적에 대해 활동기간, 활동내용, 느끼고 배운 점 등을 별도로 정리해두는 것이 좋다. 또한, 자기소개서와 학교생활기록부의 내용 등을 숙지해 면접관의 검증성 질문에 명확하게 답변할 수 있어야 한다.

2단계: 대학의 출제 유형을 살펴 맞춤형으로 준비하자

■ 학교별 출제 유형을 파악하라

해마다 새롭게 학생부종합전형을 실시하거나 전년도와 다른 유형의 면접고사를 실시하는 학교들도 있다. 가장 먼저 대학교 홈페이지나 입학처에 문의해 학교별 출제 유형을 철저히 파악해야 한다. 논술고사는 대학들이 기출문제 및 모의문제, 해설 등을 홈페이지에 공개하는 경우가 많은데, 면접고사는 대학들이 공개를 안 하는 경우가 있으니 직접 문의해 최대한 정보를 얻는 것이 좋다.

■ 지원대학 및 지원학과의 정보, 졸업 후 진로 등 다양한 정보를 수집하자

지원학과의 교육 커리큘럼을 유심히 살펴보고 중요 개념이나 용어 등에 대한 학습을 미리 해야 한다. 지원학과의 졸업 후 진출 가능한 분야, 학과에서 배우는 과목, 주요과목의 학습내용에 대해 학습이 필요하고 지원학과가 자신의 진로와 대학생활에 어떻게 도움이 될지를 생각해보면 면접에서 유용하다.

■ 교과서 및 주요 시사이슈로 면접을 대비하라

면접대기실에서 면접 문항이 담긴 질문지를 받고, 준비 시간을 가진 뒤에 면접을 실시하는 대학들도 있다. 대학에 따라 가치관 및 인성 평

가, 전공 적합성 평가를 위해 교과서 속의 지문이나 주요 시사 이슈에 관한 질문을 줄 수 있다. 문과라면 사회탐구 과목의 교과서 주요 개념을 정리해두는 것이 좋고, 이과라면 수학과 과학교과서의 주요 개념을 확실히 이해해두는 것이 필요하다.

또한, 최근 2개년 동안의 주요 시사 이슈를 점검하는 것이 좋은데, 시사 이슈를 암기하려고 하지 말고, 자신의 계열과 관련된 소재들을 읽어보는 것이 좋다. 시사 이슈의 쟁점과 해법, 관련된 교과 지식 등을 연계해 정리하는 것이 좋다.

3단계: 모의면접으로 철저한 실전대비를 하자

■ 예상 문제를 만들어 모의면접테스트를 하라

실제 면접장에서 지나치게 긴장해 평소보다 제대로 답변을 하지 못하는 경우가 많다. 평소 학교 교실 등에서 카메라를 활용해 모의면접테스트를 자주 해보는 것이 중요하다. 친구들과 예상문제와 평가표를 만들어두고, 교대로 모의면접테스트를 하면 효과적이다. 낯선 상황에 대해 적응할 수도 있고, 추가 질문에 대한 대처 능력을 키울 수 있다.

■ 올바른 면접 태도를 익혀라

면접에서 가장 중요한 것은 학생다운 태도이다. 모의면접테스트 촬영 영상을 통해 평소 자신의 면접 태도를 교정해야 한다. 모의면접 동영상을 되돌려보면서 태도, 예의, 말투, 손짓 등의 제스처, 시선 처리 등을 체크하고, 보완하는 것이 효과적이다. 또한, 가장 기본이 되는 올바른 답변 요령을 익혀야 한다. 면접관의 사소한 질문이라도 최대한 공손하게 답변해야 한다. 그리고 모든 면접 시 발언은 두괄식으로 조리 있게 논리적으로 답변해야 한다. 지나치게 짧은 답변이나 성의 없는 답변은 불합격의 지름길이니 반드시 피하자.

(2) 자주 출제되는 질문

〈공통 예상 질문〉

- 우리 학교 및 ○○학과에 지원한 동기와 우리 대학에 적합한 학생인 이유를 말해 보시오.
- 교내활동(동아리, 임원, 봉사 등)에서 가장 기억에 남는 경험과 그 과정에서 느낀 점을 말해보시오.
- 대학 입학 후의 학업계획과 본인의 진로 계획에 대해 말해보시오.
- 자기소개를 해보시오.(취미, 특기, 장점과 단점, 롤 모델 등) 자신의 장점과 단점을 말해 보시오.
- 스스로 무엇인가를 찾아서 공부했던 경험을 말해 보시오.
- 최근 가장 감명 깊게 읽은 책에 대해 말해 보시오.
- 대학생과 고등학생의 차이점에 대해서 자신의 생각을 말해 보시오.
- 삶에서 가장 중요하게 생각하는 가치가 무엇인지 말해 보시오.
- 소통은 꼭 필요한가?
- 살면서 가장 힘들었던 경험은 무엇인가? 극복했다면 어떻게 극복했는가? 극복을 못했으면 왜 극복을 못했는가?
- 직업적 안정성 때문에 교사나 공무원, 공기업 직원을 선호하는 현상에 대해 어떻게 생각하는가?

- 고령화 사회에 대처하는 한 방안으로서 정년퇴직의 기준 연령을 높이려는 움직임이 있다. 이 경우 직장을 갖고 있는 50대에게는 고용을 연장하는 효과가 있지만, 20대에게는 신입사원의 충원을 지연시킴으로써 취업의 기회를 제한하는 결과를 가져올 수 있다. 이 정책에 대한 자신의 생각을 말해 보시오.
- 현대인은 스마트폰, 컴퓨터, 인터넷 등이 보편화된 정보기술기반 사회에 살고 있다. 사람들은 디지털 정보기기를 능숙하게 활용함으로써 자신이 이전보다 훨씬 똑똑해진다는 생각을 가지는 경향이 있다. 인터넷 미디어 활용을 통해서 신속한 정보 획득, 다양한 지식활용, 효율적인 문제해결 방법 탐색 등이 가능하다는 것이다. 그러나 이에 대한 반론도 제기되고 있다. 인터넷 미디어 활용의 부정적 측면을 사고방식, 글 쓰는 법, 의사소통의 측면에서 설명하시오.

〈사범계열 예상 질문〉
- 교사에게 필요한 자질 중 가장 중요한 것은 무엇이라고 생각하는가?
- 자신에게 교사로서 부족한 부분이 있다면 무엇인가?
- 교사가 학생을 대할 때 가장 우선적으로 고려해야 할 사항은 무엇인가?
- 조기 영어 교육에 대한 본인의 견해는?
- 공교육의 활성화를 위하여 어떤 방향에서, 어떤 방안을 강구할 수 있는가?

- 1학년(초등, 중등, 고등학교) 담임교사로 부임한다면 무엇에 가장 주안점을 두고 1년 동안 학생들을 지도하겠는가?
- 학교 폭력의 근본적인 원인과 이에 대한 대책을 말하시오.
- 체벌은 허용될 수 있는가?
- 학생이 교사가 된다면 잠자는 교실을 어떻게 깨울 것인가?

(3) 대학에서 알려주는 면접 대비 방법

[고려대학교 학생부종합전형 대비법]

■ 면접을 준비하기 위해 가장 좋은 방법은 자신의 생각을 말로 표현하는 연습을 충분히 하는 것입니다. 부모님, 선생님 또는 친구와 함께 면접 유사 상황을 가정하고 자신이 이야기하려는 것을 정확하게 전달하는 연습을 하면 좋습니다. 녹음이나 녹화로 자신의 목소리 크기, 속도, 평소 행동 습관을 살피면 도움이 됩니다.

■ 면접으로 평가하려는 것은 주어진 문제에 대한 자신의 의견을 얼마나 논리적으로 조리 있게 설명하느냐 입니다. 이를 위해 우선 두괄식으로 말하려는 것을 분명하게 밝히고 주장의 근거 또는 사례를 덧붙여 답변을 풍부하게 만들면 좋습니다. 자신의 주장을 분명하게 밝힌 다음 근거를 더하며 이야기를 풀어가는 것입니다. '저는 이렇게 생각합니다. 왜냐하면 이러한 이유 때문입니다. 예를 들어 저는 이러한 경험이 있습니다'라고 근거를 밝히면서 구체적 사례를 덧붙여 답변을 풍성하게 만들고 마지막으로 서두에 밝혔던 자신의 주장을 한 번 더 언급하고 마무리하는 식이죠. 이는 답변을 구성하는 가장 기본적이고 핵심적인 접근

방식입니다.

■ 면접에 대비하려면 평소 독서를 하거나 공부를 하면서 사고를 확장하는 연습을 하는 것이 좋습니다. 고교 교육 과정 내에서 배운 학습 내용을 사회 현상이나 자연 현상과 맞물려 생각하고, 자신의 경험과 관련해 다양한 각도에서 생각하면 사고력을 키울 수 있습니다. 이런 습관을 통해 확장된 사고력은 실제 면접에서 어떠한 추가 질문이 주어져도 평소 생각한 부분에 근거한 타당하고 논리적인 답변을 할 수 있게 도움을 줍니다.

■ 주어진 시간 내에 말하려는 것을 효율적으로 전달하려면 한 문항에 대한 답변이 지나치게 길어지지 않게 주의합니다. 답변의 요지를 중심으로 간결하게 논리적 구조를 갖추는 것이 중요합니다. 간혹 자신이 가진 지식과 결부시켜 답변을 구성하려다 요지에서 벗어나는 경우가 있습니다. 앞 문항의 답변에서 장황한 설명을 하느라 다른 문항의 답변을 상당 부분 하지 못하면 여러 가지 측면에서 좋은 점수를 받기 힘들겠죠. 따라서 일정 시간 동안 여러 문항에 대한 답변을 조리 있게 말하는 연습을 하는 것이 좋습니다.

[서울대 학생부종합전형 면접 대비법]

■ 지역균형 등 서류 기반 면접의 대비법

서류 기반 면접에서는 학생들이 고등학교 생활 동안 경험했던 내용을 바탕으로 면접이 진행됩니다. 제출한 서류를 바탕으로 학생의 경험을 확인하고 기본적인 학업 소양을 평가하기 위한 면접이므로 면접을 위한 별도의 준비가 필요하지 않습니다. 단지 답변하는 기술과 태도를 측정하는 면접이 아니므로 말투나 태도를 단기간 연습하기보다는 평소에 학교생활을 충실히 하여 깊고 다양한 경험을 쌓는 것이 더 중요합니다.

학교생활기록부나 자기소개서에 담겨있는 본인의 경험을 되돌아보고 어떤 의미가 있었는지 되짚어 생각해 보는 것이 가장 좋은 면접 대비 방법일 것입니다. 그리고 10분 내외로 면접위원 앞에서 본인의 생각을 이야기해야 하므로 평소 학교에서 토론이나 발표 시간에 자기 생각을 조리 있게 이야기하는 경험을 하는 것이 도움이 됩니다. 또는 부모님이나 선생님 앞에서 본인의 경험을 이야기해 보는 연습이 면접 당일의 부담을 줄일 수 있습니다.

■ 수시모집 일반전형의 제시문 활용 면접 대비법

서울대학교 면접 및 구술고사에서는 고등학교 교육과정 내에서 충분한 학습 경험을 통해 학업역량을 길러온 학생들의 학업 소양을 평가하고자 합니다. 각 교과목 수업을 통해서 해당 과목의 내용을 깊이 이해하고 소화하는 공부가 필요합니다. 학습 과정에서 관련 도서도 찾아 읽고, 토론, 탐구, 과제 등 학습활동을 하면서 더욱 깊이 있는 학습 경험을 하는 것이 중요합니다.

인문학, 사회과학 관련 면접 및 구술고사는 다소 깊이 있는 제시문을 활용하기 때문에 평소에 독서활동을 성실히 하면 면접 및 구술고사에 도움이 됩니다. 단기간의 면접 및 구술고사 준비로는 해결할 수 없으며, 독서와 각 교과목의 깊이 있는 이해가 바탕이 되어야 우수한 학업 소양이 드러나게 됩니다.

자연과학 분야 면접 및 구술고사의 경우도 각 과목에 대한 깊이 있는 이해가 우선되어야 합니다. 그러기 위해서는 평소 단순 문제풀이 위주의 학습에서 벗어나 사고력을 많이 요구하는 문제를 다뤄보거나 관련 이론 등에 대한 이해와 응용 연습을 해 보는 경험도 필요합니다. 고등학교 교육과정의 교과수업 내에서 깊은 생각이 필요한 문항을 만들어 친구들과 토론 학습을 해 보는 경험, 자연과학 이론이나 관심 주제에 대해 문제를 설정하고 고등학생 수준에서 과제를 해결해보고 발표하는 활동 등도 각 교과목에 대한 지식의 폭을 넓히는 방법이 될 수 있습니다. 이러한 과정을 통해서 서울대학교 면접 및 구술고사에서도 본인의 학업 소양을 발휘할 수 있는 역량을 갖추게 될 것입니다.

[중앙대 학생부종합전형 면접 대비법]

■ 솔직한 자기소개서를 쓰는 것이 중요합니다

면접에서는 제출서류에서 드러난 활동 과정이나 결과를 바탕으로 질문하게 됩니다. 따라서, 자기소개서를 통해서 자신의 강점을 드러내는 것이 중요하지만, 과장하지 않는 것도 중요합니다. 학교생활기록부나 추천서를 통해 드러나는 역량에 비해 자기소개서에서 기술된 내용이 월등하거나 결과나 과정이 부풀려진 경우에 면접에서 집중적으로 질문할 가능성이 큽니다. 자기소개서를 솔직하고 정확하게 쓰는 것이 면접 준비의 첫걸음입니다.

■ 평가자의 입장에서 제출서류를 바라보세요

지원자 스스로 평가자의 입장이 되어 자신의 서류를 살펴보고 질문을 예측하고 답변을 준비해 보는 것이 좋습니다. 자기 고교 생활을 회상해 보고 각 활동마다 배우고 느꼈던 내용을 떠올려 보면서 요약하고 정리해 보는 것이 필요합니다.

■ 친구들과 함께 면접을 준비해 보세요

우리나라 고등학생들은 아직 남의 앞에서 자신의 의견을 말하는 것에 익숙하지 않은 경우가 많습니다. 친구들과 함께, 또는 선생님들 앞에서 긴장 상황을 견딜 수 있는 연습을 하는 것이 필요합니다. 면접시간에 편하고 여유롭게 말할 수 있다면, 아쉬움도 그만큼 덜할 것입니다.

■ 면접관의 의도를 정확하게 파악하는 것이 중요합니다

10분이라는 제한된 시간 내에 본인의 역량을 최대한 보여주기 위해서는 면접관의 질문의도를 정확하게 파악하고 적절한 답변을 하는 것이 중요합니다. 네, 아니오의 단답식 답변도 좋지 않지만, 하나의 질문에 대해 지나치게 장황하게 답변하는 것 또한 좋지 않겠죠? 질문의도에 부합하는 답변과 그 근거를 명확하게 제시할 수 있도록 연습하는 것이 좋습니다.

5) 주요 대학의 면접 기출문제 및 예시 문제

[경희대학교 면접 기출문제 및 모범답안]
2018학년도 수시모집 네오르네상스 전형 인문계 기출문제(1)

〈문제〉 2005년 미국의 한 특수 부대가 탈레반 지도자를 찾기 위해 아프가니스탄의 00지역에 숨어 정찰을 하고 있었다. 임무 수행 중 무장하지 않은 염소 목동 두 명과 열네 살 가량의 아이와 마주쳤다. 이들은 어느 모로 보나 민간인이었기에 놓아주어야 했으나, 이들을 놓아주면 탈레반에게 위치가 노출되어 부대원 전체가 위험에 처할 가능성이 높았다.

자신이 이 부대의 대장이라고 한다면 마주친 사람들을 사살할 것인지 아니면 놓아줄 것인지 둘 중 하나를 선택하고 그 이유를 말하시오.

※예시 모범답안

- 민간인들을 사살할 것이라는 입장

모든 생명은 자신의 결정에 근거하여 생명을 누려야 한다는 생명 존엄의 관점에서 타인의 생명을 해하는 것은 비윤리적인 행위라 할 수 있다.

하지만 어떤 행위가 더 좋은 결과를 성취하는 데 유용하다면 그것이 도덕적으로 옳다는 공리주의적 관점이 있다. 이에 의하면 전쟁을 수행 중인 군인은 전쟁의 승리로 인해 더 많은 생명을 구한다는 목적 달성을 위해 소수의 생명을 해하는 것이 정당화될 수 있다.

물론 전쟁을 수행 중인 군인이라고 할지라도 민간인에 대한 살상이 정당화되는 경우는 매우 제한적이며 이에 대한 국제 협약도 있다.

하지만 민간인들이 전투병은 아닐지라도 적군의 지시에 의해 임무를 수행 중인 정찰병이거나 탈레반에 우호적인 민간인이거나 그렇지 않다고 하더라도 탈레반의 강압에 의해 부대의 위치를 알려줄 가능성이 있으며, 이 경우 놓아주는 행위는 소수의 행복 대신 다수의 행복을 추구해야 한다는 공리주의적 윤리에 반하는 것이다.

작전의 실패로 탈레반 지도자를 포획 혹은 사살할 수 없다면 전쟁 기간이 늘어날 수 있고, 다른 인명의 손상을 포함하여 전쟁 비용이 크게 증가한다.

또한 위치 노출로 공격을 받으면 대장 자신의 생명뿐 아니라 부대원의 생명도 안전하지 않으며, 이 경우 부대원의 생존을 우선시해야 할 부대장의 임무를 완수하지 못하는 것이다.

이런 면들을 고려했을 때 민간인들을 사살하는 결정은 공리주의적 관점에서 정당화될 수 있다.

– 민간인들을 놓아줄 것이라는 입장
칸트의 의무론에 따르면 행위의 결과를 고려하지 않고 옳은 행동을 오직 그것이 옳다는 이유만으로 행하고자 하는 선의지(善意志)에 기반한 행위가 도덕적이다.

모든 생명은 자신의 결정에 근거하여 생명을 누려야 한다는 생명 존엄의 관점에서 타인의 생명을 해하는 것은 비윤리적인 행위이다.

전쟁에서 소수의 희생은 어쩔 수 없다고 보는 공리주의적 관점도 있다.

하지만 전쟁을 수행 중인 군인에 의한 민간인 살상이 정당화되는 경우는 매우 제한적이며 이를 규제하는 국제 협약이 만들어져 있다.

마주친 이들이 염소를 이끄는 목동이었다는 점과 열네 살 정도의 아이가 함께 있었으므로 이들은 전투병이 아니었고, 탈레반에 도움을 주는 염탐꾼으로 보기도 어렵다. 적군에 도움을 준다는 확실한 증거 없이 민간인을 사살하는 것은 문제가 된다.

민간인을 살해하면 민심이반이 생길 가능성이 크고, 민간인을 놓아줌으로써 탈레반의 지배 하에 있는 사람들을 존중해준다는 선전 효과로 인해, 장기적인 관점에서 전쟁을 승리로 이끄는 동인이 될 수 있고, 이는 공리주의적 관점에 더욱 잘 부합하는 행위이다.

이런 점들을 고려했을 때 민간인을 놓아주는 것이 윤리적으로 정당한 결정이라고 할 수 있다.

※ 채점 기준

[탁월함] 아래의 [매우우수]에 나온 내용을 아주 논리적으로 설명할 뿐만 아니라, 추가질문에 대한 답변도 탁월한 경우.

[매우 우수] 아래의 예시답안에서 제시된 내용을 논리적으로 충실히 설명한 경우. 특히, 공리주의적 관점과 칸트의 의무론적 관점을 설명하고 각각에 부합하는 윤리적 행위를 잘 설명한 후 자신의 결정을 뒷받침할 논거를 부각시키고, 반대 논리를 약화시키는 근거를 제시하는 경우.

[우수] 위의 [매우우수]에 비해 답변의 근거로 제시하는 논거의 내용

이 논리성과 설득력에서 다소 떨어지는 경우.

[보통] 논거의 내용이 단편적이거나 주관적 느낌이나 편견만으로 답변하는 경우. [다소 미흡] 문제를 제대로 이해하지 못하거나, 답변이 질문과 맞지 않는 경우.

2018학년도 수시모집 네오르네상스 전형 인문계 기출문제(2)

〈문제〉 미국의 트럼프, 중국의 시진핑, 러시아의 푸틴, 일본의 아베 등 주요 강대국의 지도자들이 자국중심적인 모습을 드러내고 있다. 이러한 국제사회의 상황을 볼 때 보편적 세계 시민 의식의 함양이라는 목표는 현실적 공감을 자아낼 수 없는 공허한 이상이라고 비판하는 사람들도 있다. 오늘을 사는 한국인으로서 보편적 세계 시민 의식의 함양을 중요한 목표로 지속적으로 추구해야 할지 여부에 대하여 의견을 말하시오.

※ 추가질문

– 세계 시민 의식의 함양을 중요한 목표로 지속적으로 추구해야 한다고 답한 경우

자국중심적 경향이 확산되고 있는 현실 속에서 보편적 세계 시민 의식을 함양시킬 수 있는 방안에 대하여 말하시오.

– 세계 시민 의식의 함양을 중요한 목표로 지속적으로 추구할 필요가 없다고 답한 경우

자국중심적 경향의 확산에 따른 병폐와 이를 완화시킬 수 있는 방안에 대하여 말하시오.

※ 채점기준

– 세계 시민 의식의 함양을 중요한 목표로 지속적으로 추구해야 한다고 답한 경우

[탁월함] 아래의 [매우 우수]에 나온 내용을 아주 논리적으로 설명할 뿐만 아니라 창의적 생각을 설득력 있게 표현하고, 나아가 추가질문에 대한 답변도 구체성, 균형성, 창의성을 두루 기할 정도로 탁월한 경우

[매우 우수] 예시 답안에서 제시된 내용을 논리적으로 충실하게 설명한 경우. 추가질문에 대한 답변도 예시 답안에서 제시된 내용을 충실하게 설명하고, 특히 세계 시민 의식과 건전한 국가의식 간의 관계를 호소력 있게 설파한 경우

[우수] 위의 [매우 우수]에 비해 답변의 근거로 제시하는 논거의 내용이 논리성과 설득력에서 다소 떨어지는 경우

[보통] 논거의 내용이 단편적이거나 주관적 느낌 또는 편견만으로 답변하는 경우

[다소 미흡] 문제를 제대로 이해하지 못하거나, 답변이 질문과 맞지 않는 경우

– 세계 시민 의식의 함양을 중요한 목표로 지속적으로 추구할 필요가 없다고 답한 경우

[탁월함] 아래의 [매우 우수]에 나온 내용을 아주 논리적으로 설명할 뿐만 아니라 창의적 생각을 설득력 있게 표현하고, 나아가 추가질문에 대한 답변도 구체성, 균형성, 창의성을 두루 기할 정도로 탁월한 경우

[매우 우수] 예시 답안에서 제시된 내용을 논리적으로 충실하게 설명한 경우. 추가질문에 대한 답변도 예시 답안에서 제시된 내용을 충실하게 설명하고, 특히 세계 시민의식과 건전한 국가의식 간의 관계를 호소력 있게 설파한 경우

[우수] 위의 [매우 우수]에 비해 답변의 근거로 제시하는 논거의 내용이 논리성과 설득력에서 다소 떨어지는 경우

[보통] 논거의 내용이 단편적이거나 주관적 느낌 또는 편견만으로 답변하는 경우

[다소 미흡] 문제를 제대로 이해하지 못하거나, 답변이 질문과 맞지 않는 경우

※ 예시 답안

— 세계 시민 의식의 함양을 중요한 목표로 지속적으로 추구해야 한다는 의견

오늘날 세계화의 심화에 따라 지구촌이 하나로 연결되고 있는 만큼, 우리는 지구촌의 구성원으로서 국가중심의 폐쇄적 사고에 갇혀있지 말아야 한다. 즉, 국가경계를 초월해 보편적 공동체 의식과 인류애를 발휘하고 지구석 의세를 생각하는 열린 가치관과 태도를 지닐 필요가 있다. 현재 나타나고 있는 자국중심적 경향은 전환기의 진통으로서 단기 현상에 그칠 가능성이 크고 장기적으로는 세계화가 더욱 촉진되는 역사추세를 거스를 수 없을 것이므로 보편적 세계 시민 의식을 함양하는 쪽으로 가야 할 것이다.

만약 세계 시민 의식을 함양하지 못하고 자국 이익만 내세운다면 지구촌에서 배척받고 소외되어 더 큰 이익을 얻을 수 없게 된다. 오늘날 지구적 문제인 기후 변화, 환경 오염, 자원 고갈, 인권 침해, 빈곤, 부의 불균등한 배분, 전쟁과 내란 등의 문제는 한 나라의 차원에서만 다룰 수 있는 것이 아니다. 지구적 문제들은 세계 차원에서 공동의 협력과 연계를 통해서만 해결 가능할 것이고, 그런 해결이 있어야 개인의 행복과 기본권을 지키고 시민으로서의 상호성과 존엄성을 기할 수 있다. 세계 시민 의식의 함양은 이를 위한 필수 조건이다.

더욱이, 미·중·러·일 등에 비해 국력이 약한 우리 한국으로서는 너무 자국중심적으로 흘러 오히려 불이익을 당하기보다 보편적 인류애를 강조하는 편이 국익을 도모하는 데 더 유리할 수 있다.

다만, 조화와 균형의 미가 중요하므로, 보편적 세계 시민 의식의 함양이 우리의 고유한 문화 가치관과 민족 정체성을 너무 훼손하지 않도록 유의할 필요가 있다.

(추가질문에 대한 모범 답안)

자국중심적 경향이 확산되고 있는 현실로 인해 쉬운 일이 아니지만 다음과 같은 여러 방안을 끈기 있게 추구함으로써 보편적 세계 시민 의식을 서서히 함양시킬 수 있을 것이다:

- 국제적 문화 교류의 확대와 경제적·사회적 상호 의존성의 강화
- 문화 상대주의적 태도와 개방적 태도를 키워주는 다각적 교육의 강조

- 영향력 있는 국제기구나 국제NGO 등 국제협력기구를 발전시키는 방안
- 세계화가 심화되는 장기 추세 속에서 자국중심적 태도보다 보편적 세계 시민 의식이 결국 개인적, 사회적, 국가적 혜택을 더 많이 가져올 수 있음에 주목하는 전략적 사고의 도출

- 세계 시민 의식의 함양을 목표로 추구할 필요가 없다는 의견

세계 시민 의식의 함양은 멋지게 들리지만 과연 오랫동안 지속되어 온 국가중심의 의식을 넘어 진정한 의미로 구현될 수 있을지 의심스럽다. 지문의 예들은 세계 시민 의식의 실현 가능성에 대한 의구심을 잘 보여준다. 무리하게 세계 시민 의식을 함양하려 할 때 나타날 수 있는 역효과를 냉철히 생각해보자면, 자칫 외국의 문화를 지나치게 숭상하고 무분별하게 수용하는 태도를 낳을 수 있고 우리의 문화적 주체성을 잃게 될 위험성이 있다. 특히 현재 세계에서 패권적 영향을 행사하고 있는 서구의 가치관과 인식에 우리가 무비판적으로 동화되어 서구중심의 기존 국제질서를 영속화시킬 수 있음을 주목해야 한다.

우리에게 보다 익숙한 민족애와 국가 정체성은 개인의 삶과 행복이 그가 속한 민족과 국가의 운명과 결부되어 있다는 의식으로서 성숙한 민족주의와 건전한 애국심으로 발전된다면 섣부른 세계 시민 의식보다 더 중요할 수 있다. 개인의 행복과 기본권, 시민으로서의 상호성과 존엄성 모두 역사적으로 국가경계 내에서 도모되어왔고, 앞으로 이 방향으로 더욱 큰 진전이 있도록 노력하는 편이 나을 수 있다.

다만, 미·중·러·일 등에 비해 국력이 약한 우리 한국으로서는 너무 자국중심적으로 가면 오히려 불이익을 당할 수 있음을 고려해 신중하게 조화와 균형의 미를 추구할 필요가 있다. 민족과 국가를 위하는 마음이 맹목적이거나 편협해지지 않도록 노력해야 하고 그런 의미에서 적당한 수준의 세계 시민 의식도 갖출 수 있도록 해야 한다.

(추가질문에 대한 모범 답안)

오늘날 우리 앞에 산적한 지구적 과제는 자국중심적 접근으로는 풀 수 있는 것이 아니다. 예를 들어, 기후 변화, 환경 오염, 자원 고갈, 인권 침해, 빈곤, 부의 불균등한 배분, 전쟁과 내란 등 지구적 문제는 최근 자국중심적 경향의 확산으로 인해 더욱 악화되고 있다. 특히, 미·중·러·일 등에 비해 국력이 약한 우리 한국으로서는 강대국의 자국중심적 경향에 잘못 편승하거나 이용당할 경우 더 큰 불이익을 받을 수 있다.

그러므로 과도하게 편협한 자국중심적 자세를 지양하고 보편적 세계 시민 의식과 건전한 국가의식 간의 조화와 균형을 추구할 필요가 있다. 이를 위해 국제적 문화 교류의 확대와 경제적·사회적 상호 의존성의 강화, 개방적 사고를 키워주는 교육의 강조, 국제협력기구의 발전, 세계화 시대의 지구적 과제에 대한 전략적 사고의 도출 등에 대한 노력이 경주될 필요가 있다.

[경인교육대학교의 면접 기출문제]
2018학년도 교직적성잠재능력우수자 전형

〈문제〉 최근 우리 사회에서는 인종, 성별, 국적, 종교 등의 특정 집단을 대상으로 증오심을 가지고 무차별적으로 막말을 하거나 폭력을 가하는 행동을 하는 등의 '혐오 현상'이 사회 문제로 대두되고 있다. 이러한 혐오 현상은 자신이 싫어하는 행동을 하는 집단을 '맘충', '급식충'과 같이 벌레에 빗대어 표현하면서 비하하는 양상으로 일상에서도 쉽게 발견된다. 게다가 단지 여자라는 이유만으로 살인한 사건이나 이주민이라는 이유만으로 폭행한 사건과 같이, 특정 집단을 향해 물리적인 폭력을 행사하는 '혐오 범죄'로도 나타난다. 혐오 현상이 왜 사회적으로 문제가 되는지를 세 가지 제시하시오. 그리고 혐오 현상을 해결하기 위한 구체적인 방안을 세 가지 이상 제안해 보시오.

※ 채점기준

– 혐오 현상을 특정 집단에 대한 근거 없는 증오심이라고 이해하는지 평가한다.

– 혐오 현상이 사회적으로 문제가 되는 이유에 대한 논거의 타당성을 평가한다.

– 혐오 현상 해결 방법을 '개인의 의식 개선' 측면이나 '사회 문화와 제도 개선' 측면에서 다양하게 제시하는지를 평가한다.

– 혐오 현상 해결 방법의 구체성과 실현 가능성을 평가한다.

※ 예시답안

– 혐오 현상이 사회적으로 문제가 되는 이유

• 사회 집단을 이분법적으로 구분하여(편 가르기를 하여) 사회 갈등을 증폭시키기 때문에

• 개인의 막연한 감정 분출에 그치지 않고 집단 이데올로기로 변질될 수 있기 때문에

• 사이버상에서 익명으로 공격하는 경우에 피해자 집단이 직접적으로 법적 대응을 하기 어렵기 때문에

• 사회 소수자나 사회적 약자를 대상으로 하는 경우가 많아서 이들이 겪는 사회적 차별이나 고통을 가중시키기 때문에

• 일회성이 아니라 지속적인 공격이어서 그에 따른 피해자 집단의 후유증이나 고통이 오래가기 때문에

• 인격을 폄하하는 등 보편 가치를 훼손하는 것 자체가 반사회적 행위이기 때문에

• 물리적 폭력으로 비화되는 경우에는 범죄로 이어지기 때문에

• 실재하지 않는 것을 혐오함으로써 그런 현상이 실재하는 것처럼 여길 수 있기 때문에

• 폭력적인 표현이나 비속어 등이 유포되어 언어문화를 피폐하게 만들 수 있기 때문에

• 사회구조적인 문제에 대한 분노를 특정 집단에게 전이시켜 문제의 정확한 진단과 처방을 방해할 수 있기 때문에

- 혐오 현상 해결을 위한 방법

〈개인의 의식 개선 측면에 초점을 둔 방법〉

- 혐오 대상자 되어 보기(역지사지 체험) 교육
- 사회문화적 다양성 가치의 중요성에 대한 의식 개선 교육
- 사회적 약자에 대한 배려 교육
- 혐오 상황에 대한 묵시적 동조자를 대상으로 하는 의식 교육
- 혐오 가해자를 대상으로 하는 교정 또는 치료

〈사회 문화와 제도 개선 측면에 초점을 둔 방법〉

- 혐오 발언이나 특정 집단 차별을 금지하는 법 제정하기
- 인터넷이나 블로그 등에 혐오 표현을 금지어로 지정하여 제재하기
- 혐오 현상에 대한 시민단체 등의 감시 활동하기
- 혐오 현상이나 범죄에 대한 통계나 사례에 관한 백서 발간을 통한 문제점 공유 및 홍보하기
- 혐오 가해자 신고 포상제도 도입하기
- 혐오 피해자 보호를 위한 제도적 장치 마련하기
- 혐오 현상의 문제점에 대한 다양한 캠페인 전개하기

[중앙대학교의 학생부종합전형 면접 질문 예시]
- OOO 해결방안을 의제로 모의유엔을 진행했다고 했는데, 의제에 대한 세계 각국의 태도를 알려주세요. 본인의 입장은 어떠한가요?

- 학생회장 선거 당시 본인의 선거 공약은 어떤 것들이 있었나요? 학생회장으로서 본인이 학교에 기여한 부분이 있다면 어떤 것을 들 수 있을까요?

- 동아리 활동을 통해 공정무역에 대해 토론하였다고 했는데 공정무역이 왜 필요하고, 공정무역이 가지는 부정적인 효과는 무엇인지 설명해볼까요?

- 동아리에서 OOO의 원인을 조사하기 위한 소비자 설문조사를 했는데, 설문의 주된 내용은 무엇이었나요? 분석 결과 유의미하게 도출된 요인에는 어떤 것들이 있었나요?

- 다문화가정 어린이 멘토링 활동을 했는데, 우리나라의 다문화교육 실태는 어떠하다고 생각하나요? 본인이 생각하는 바람직한 다문화교육의 방향은 어떠한가요?

- 유럽문화에 관심이 많아서 OOO활동을 했다고 했는데 알고 있는 유럽문화에 대해서 얘기해 볼까요? 특히 관심 있는 분야가 있나요?

- 교내 과학실험대회에서 금상을 수상했는데, 어떤 실험이었나요? 결과 해석은 어떻게 했나요?

- 예비교사 동아리에서 10분 수업 활동을 했는데, 수업 준비를 하며 가장 신경 썼던 부분이 있다면 어떤 것이었나요?

- 생활 속 통계에 큰 관심이 있다고 했는데, 통계가 우리 생활에 어떤 영향을 준다고 생각하나요? 어떤 밀접한 관계가 있다고 생각하는지와 그 부정적인 측면에 대해서 설명해보세요.

3
chapter

나만의 맞춤형
입시 전략을 세우자

01

맞춤형 입시 전략이
합격을 좌우한다

무조건 인 서울만 시켜주세요. 학과는 상관없어요.

논술 준비하면 성균관대나 한양대 지원할 수 있나요?

학교 선배가 비슷한 성적에 이화여대 갔으니 이대는 갈 수 있겠죠?

수시가 점차 확대되고, 대학들이 다양한 전형을 실시함에 따라 입시 전략 자체가 대입 성공을 좌우하는 중요한 키가 된 것이 요즘 현실이다. 입시 제도가 변한 것만 주목해서 되는 것도 아니다. 매년 변하는 각 대학의 입시 전형을 분석하고, 학생 개인별 유·불리를 파악해서 개인의 장점을 살리는 전략이 중요해졌다. 내신, 비교과, 논술, 수능을 모두 잘하는 수험생은 드물다. 모든 것을 잘하려다가 오히려 망하는 케이스가 많다. 그러므로 전략을 잘 짜야 하며, 특히 고1부터 그 전략을 잘 실행하는 것이 중요하다.

1) 내신, 비교과, 논술, 수능 중 강점을 찾아 집중하라

대입 전형 간소화로 수시는 크게 학생부교과, 학생부종합, 논술, 실기(특기자) 등으로 정리됐다. 정시는 수능 중심의 선발이 유지되고 있다. 대부분 대학이 수시에 더 많은 학생을 선발하고 전형 방법도 다양하므로 수험생이라면 꼭 수시를 노려야 한다.

이전에는 죽음의 트라이앵글(내신, 논술, 수능)이라는 말이 유행했다. 최근에는 비교과까지 추가돼서 죽음의 쿼트라앵글이라는 말이 더 어울릴 법하다. 수험생의 부담이 늘어났다는 말이다. 현실적으로 이 네 가지 전형 자료를 모두 다 잘 준비하는 것은 불가능하다. 실제로는 네 가지 중 한 가지라도 우수한 수준인 경우가 드물다. 그래서 자신의 성적과 능력을 살펴 집중해야 한다. 객관적으로 판단해서 선택하지 않고 네 가지를 모두 준비하다가는 결국 실패하기 마련이다. 문제는 학생부교과, 학생부종합, 논술, 실기 등 다양한 전형 중에 자신에게 유리한 전형을 어떻게 선택해서 준비하느냐는 것이다.

재학 중인 학교 수준과 교과 성적, 비교과 실적, 모의고사 성적, 논술 준비도, 특별전형 해당사항 여부를 종합적으로 검토해서 맞춤형 전략을 수립해야 한다. 교과 성적과 모의고사 성적이 1.3등급 이내인 최상위권 수험생은 기본적으로 정시를 기본 베이스로 삼고, 수시는 학생부교과와 학생부종합, 논술전형 중에서 자신의 경쟁력에 맞는 1개 전형을 선택해 집중해야 한다.

학생부교과 성적이 1.6등급 이내라면 학생부교과전형과 학생부종합전형 중심으로 지원하는 전략이 필요하다. 또한 비교과 실적이 매우 우수하다면 적극적으로 학생부종합전형에 지원하는 것도 좋다. 주요 대학들의 학생부종합전형 선발 규모가 많기 때문에 좋은 결과를 거둘 수 있다. 학생부교과 성적이 2등급대인 학생들은 모의고사 성적, 비교과, 목표 대학 등을 종합해 결정할 필요가 있다. 어떤 전략을 수립하느냐에 따라 결과가 크게 달라질 수 있다. 비교과와 모의고사 성적이 저조한 경우라면 과감히 학생부교과전형 중심으로 지원하는 것이 좋다. 반면에 비교과 실적이 우수하다면 과감히 학생부종합전형 중심으로 대비를 해야 한다. 교과 성적이 3등급 후반이지만 모의고사는 2등급 내외이면서 논술에 자신 있다면 논술전형에 집중하는 것이 바람직하다.

팔방미인 지영이의 대입 고군분투기

서울의 인문계고를 졸업하고, 재수를 한 지영이는 이른바 '팔방미인형' 학생이었다. 학생부교과 성적은 국영수사 기준으로 1.53등급이었고, 비교과도 전교부회장, 학급실장, 동아리기장, 교내 경시대회 수상 실적 5회, 봉사활동 180시간 등 실적이 매우 풍부했다. 수능 성적도 국어, 영어, 수학, 사회가 각각 1, 2, 1, 2등급으로 평균 1.5등급이었다. 주위에서도 팔방미인이라 무난히 명문대학에 합격할 것으로 기대한 지영이가 재수를 한 이유는 무엇일까? 두루두루 잘하다 보니 특출하게 내세울 자신만의 장점이 사라졌기 때문이다. 무난하게 여러 가지를 잘하기보다 한 가지라도 특별히 우수한 성적을 확보하는 것이 입시에 유리하다. 학생이 목표로 삼는 SKY대학에 지원하기에는 비교과가 약간 우수할 뿐 교과나 수능 성적이 상대적으로 부족했다.

지영이가 대학 수준을 낮춰 지원하거나 비교과 준비에 투자한 시간을 차라리 수능에 집중했다면 결과는 달라졌을 것이다. 지영이는 결국 재수를 하면서 SKY대학을 정시로 도전하되 수시에서는 학생부종합전형으로 다시 한 번 지원해보기로 했다. 재수를 준비하면서 수능 준비에 집중하면서 수시에서 승부를 보기로 했다. 영어 절대평가와 정시모집 축소로 정시에서 안정적인 결과를 장담하기 어렵기 때문이었다. 1년의 고생 끝에 마침내 고려대에 합격하면서 좋은 결과를 거둘 수 있었다.

2) 대치동에서는 중학생이 대입을 준비한다

대입 3년 예고제가 정착함에 따라 대치동을 비롯한 학원가에서는 장기적으로 봐서 예비 고1부터 입시 관리를 해준다. 발 빠른 학부모는 체계적인 준비가 입시 결과를 좌우한다는 것을 알고, 중학교 때부터 자녀의 특성을 파악해 지원할 고등학교를 고르고 지원 전형과 비교과 등을 결정한다. 예전에 특기자 전형을 대비한 발명 학원이 유행했듯이 최근에 학생부종합전형이 확대되면서 동아리 창설 및 운영, 소논문 작성 등 스펙 쌓기를 준비해주는 학원이 늘어났다. 특히 외고나 국제고 등 특목고에 지원하는 데 필요한 자기주도학습 전형을 준비하면서 대입의 학생부종합전형을 간접적으로 경험한다.

특목고에 합격하지 못하더라도 입시 부담이 없는 중학교 시절에 입시 훈련을 시키는 학부모가 많다. 대입 학생부종합전형과 유사한 입시를 미리 경험함으로써 대입 준비도 같이 되기 때문이다. 중학교 때 이미 교내 경시대회 및 동아리 활동, 임원 경력, 봉사 활동, 독서 활동, 자기소개서 및 면접 등을 준비해본 아이들은 자신의 진로에 대한 계획에도 충실해서 고교 입학 후 자기주도적인 실적 관리가 가능하다.

학생부종합전형의 취지가 진로에 대한 목표 의식이 뚜렷하고, 교내 활동을 충실히 해서 대학 입학 후에도 학업 능력을 보일만 한 학생을 선발하는 것인데 실제로 고등학교 때 준비하기가 쉽지 않다. 몇 년 전부터 지방에 거주하는 학생들이 예비 고1 때부터 방학마다 서울에 올라와 입시 전문가에게 전문적인 관리를 받는 일이 부쩍 늘었다. 입시를 경험해봤거나 정보가 빠른 학부모가 지방 여건상 체계적으로 입시를 준비하기 어렵다고 판단했기 때문이다. 특히 입시를 경험해본 학부모는 영어와 수학 등 주요 과목을 준비하는 것만큼이나 입시 전략이 중요하다는 것을 잘 알고 있다. 현재 학교 환경에서 담임교사 한 명이 학생 개개인의 특성을 파악하고, 실적을 관리해주고, 개인에게 맞는 전형을 선택해주고 성적도 관리해주는 것은 거의 불가능하다. 학생 개개인의 특성에 맞는 진학 지도를 하려면 조기 상담이 중요하고, 효과적이다.

여유가 된다면 입시 전문가와 상담을 받는 것도 방법이지만, 최근 대학교육협의회나 각 대학교, 시도 교육청, 시청을 비롯한 지방자치단체에서도 설명회는 물론 학교 방문 설명회, 입시 박람회, 캠프, 전공 체험, 입시 상담 등 다양한 정보를 제공하고 있으니 꼭 이용해보도록 하자.

3년의 고생 끝에 원하는 의대에 합격시킨 경수 엄마

첫아이가 대입에 실패해서 둘째인 경수에게 아낌없이 투자하는 경수 엄마. 경수의 대입을 준비하려고 서울에 아파트 전세를 얻어서 주말마다 경수와 함께 서울에 온 지도 벌써 3년차다. 경수 엄마가 매주 대치동에 올라오는 이유는 바로 수준 높은 학생을 경험하게 해 자극을 주고, 학교에서 제대로 해주지 못하는 입시 컨설팅을 받기 위해서다. 그녀는 자녀를 목표로 삼는 의대에 진학시키고자 과감히 주말부부를 선택했다. 대치동에서 고액 과외를 받는 것이 아니라 유명 강사의 현장 강의를 주로 수강한다. "학교에서는 주로 정시로 명문대에 보내는데, 요즘 입시트렌드는 수시잖아요. 제일 필요한 입시 컨설팅이나 논술 부분은 학교에서 도움 받기가 어렵기 때문에 매주 올라오고 있어요. 처음에는 대치동 수업 수준에 경수가 좌절하기도 했는데, 그 시기를 넘기고 나니 경쟁심이 생겨 그만큼 더 열심히 하더라고요. 입시를 체계적으로 준비하니까 불안감도 덜하고, 목표를 향해 잘 준비하고 있다는 자신감이 생겨요. 첫째가 오히려 둘째 보고 입시 컨설팅을 받으라고 하더라고요." 매월 만나면서 경수의 교과와 비교과 실적을 관리하고, 목표 학과에 맞춤형으로 준비하면서 경수는 자신감이 생기기 시작했다. 수시모집에서

6장의 원서를 모두 의대로 지원했다. 모의고사 성적은 불안했지만 영어 절대평가로 충분히 최저학력기준을 충족할 수 있을 것으로 예상했기 때문이다. 3년의 고생 끝에 마침내 수시에서 원하는 의대 합격의 기쁨을 맛 본 경수 엄마. 고 1부터 체계적으로 준비한 전략의 결과였다.

3) 수험생의 가능성을 찾는 입시 전략

학생이나 학부모가 입시 전략에 대해 크게 오해하고 있는 부분이 바로 '입시 전략 = 지원 가능 대학과 학과 판단'이라고 생각하는 것이다. 모의고사로 정시에 지원 가능한 대학과 학과를 찾아보는 것은 현재 자신의 위치를 파악하는 가장 중요한 방법이지만, 문제는 시험마다 학생의 성적이 달라질 수 있다는 점이다. 또한 논술을 비롯한 대학별 고사, 비교과에서는 모의고사 성적이 참고는 되지만, 객관적으로 학생의 위치를 파악하는 수단이 될 수는 없다. 다시 말하지만 입시 전략은 목표로 하는 대학과 학과에 합격하는 전략적 방법을 강구하는 것이다.

입시 전략이란 수험생의 현재 성적이 아닌 역량을 파악해 수험생의 적성과 흥미 그리고 능력에 맞는 전형을 선택하고, 그 역량을 더욱 키워 최종적으로 그 대학과 학과에 합격하기까지 가는 로드맵을 제시하는 것이라 할 수 있다. 입시 전략의 범위에는 수험생의 역량 평가, 진로설계, 입시 분석, 학습 상담, 최종 지원 상담이 포함된다. 흔히 수시와 정시 지원을 상담하는 입시 컨설팅을 입시 전략으로 생각하는 경우가 많은데, 입시 지원 컨설팅은 입시 전략에서 극히 일부분에 불과하다.

또한 입시 지원 컨설팅은 학생의 성적, 비교과, 대학별 고사 실력, 수능성적 등 현재의 데이터를 중심으로 판단하는 것이기에 이른바 수험생과 학부모가 생각하는 '입시 대박'은 불가능하다. 입시 전략은 입시제도의 변화에 따라 중요성이 더욱 커지고 있다. 입시 제도는 현재도 지속적으로 변화하며 다양한 정책이 나오고 있다. 입시 전략은 단순히 현재의 교과 성적이나 모의고사 성적만을 기준으로 할 것이 아니라 비교과, 공부 습관, 특별 전형 해당 여부, 대학별 고사 실력, 성적 향상 가능성 등을 종합적으로 분석해서 객관적으로 세워야 한다.

수시모집 혹은 정시모집 기간에 지원 상담을 하는 것은 엄밀히 말해서 입시 전략이 아닌 지원 전략에 불과하다. 입시 전략은 단순히 현재 점수로 갈 수 있는 대학과 학과를 찾는 것이 아니라 자신의 현재 수준보다 좀 더 나은 대학과 학과에 진학하기 위한 구체적 방법이다.

또한 입시 전략은 고정된 것이 아니다. 변화에 따라 다양하게 달라질 수 있으므로, 학년별 혹은 학기별로 검토 및 보완을 반드시 해야 한다.

교과 내신과 수능시험 점수뿐 아니라, 입시 제도의 변화, 학과의 인기도, 경쟁자 추이, 사회적 요인, 재수생 규모, 희망 학과의 전망 등을 모두 감안해야 한다.

입시 전략의 범위

단계	항목	세부 사항
준비	입시분석	목표 대학 및 경쟁 수준 대학의 입시 전형 분석
		모의고사 기준 정시 지원가능성 판단
		수시 전형 선택 및 대학/학과 선택
	학습전략	과목별 우선순위
		탐구 선택과목 결정
		대학별 고사 준비 결정
	비교과 관리	학생부종합전형 지원 시 연계 비교과 관리
		다양한 활동 중 선택과 집중
	진로 설계	대학/학과 정보 파악
		직업 정보 파악
		대학 계열 및 세부 전공 선택
		롤모델 및 진로 로드맵 수립
지원	수시 지원	대학별 입시결과/경쟁률 파악
		대학별 고사 유형 파악
		6개 대학 지원 결정(지원가능대학/학과)
		대학별 전형 분석 후 유리한 전형 선택
	정시 지원	지원가능대학과 학과 파악
		대학별 입시결과/경쟁률 파악
		대학별 수능/학생부 반영 분석
		최종 가,나,다군별 지원대학/학과 결정
	전문대학원	전문대학원 정보 파악 및 진로 설계

4) 모의고사 3등급의 명문대 합격 비결

이제부터 맞춤형 전략이 적중한 사례를 살펴보자. 경기도 일반고 재학 중인 영수를 만난 것은 3학년 1학기 때였다. 내신성적은 국영수과 기준 평균 1.3~1.4등급 수준인 데 비해 모의고사 성적이 2등급 후반대로 저조한 성적을 유지하자 영수와 부모님이 전문가의 조언을 구한 것이다.

우선 영수는 특별전형에 해당하는 사항이 없어서 일반전형을 위주로 입시를 준비해야 했다. 교과와 비교과, 논술 테스트, 모의고사 성적을 종합한 결과 학생부교과전형과 학생부종합전형을 집중적으로 준비하기로 했다. 자연계 논술에서는 수학이나 수학＋과학을 주로 출제하는데, 논술 테스트 결과 주요 대학 지원이 어려운 수준으로 판단되었다. 재학 중인 학교의 3개년 진학 실적을 살펴보니 전교 최상위권도 서울 주요 대학에 합격한 경우가 드물었다. 상대적으로 모의고사 성적이 저조해 주로 수시에서 승부를 내야 하는 학교였다. 다행히 학교 수준에 비해 3년 동안 학급 반장 활동을 했고, 200시간에 가까운 봉사활동 및 다양한 수상 실적, 자율동아리 및 과학탐구보고서 등 비교과 실적이 풍부한 점은 강점으로 판단되었다.

모의고사 성적이 좋지 않지만 학생부교과와 비교과의 장점이 있어 학생과 학부모 모두 중앙대 이상 수준의 대학에 진학하기를 희망했다. 여러 가지를 종합한 결과 학생부교과 성적을 1.3등급으로 유지하고, 비교과 실적을 체계적으로 관리해서 수시에 집중하기로 했다. 일단 수시에 집중하면서 수시에 불합격할 것을 감안해 정시 대비도 지속적으로 하기로 했다.

수시에 총 6회의 지원 기회가 있고, 학생에게 학습 동기가 있으며 성적 향상 가능성이 있기 때문에 최고 목표는 국내 TOP 10 대학으로 삼고, 준비했다. 학생부종합전형에 지원하는 만큼 교내 시험은 수학과 과학을 최우선으로 준비하면서 수업 시간에 담당 선생님께 좋은 평가를 받을 수 있도록 적극적으로 활동해달라고 부탁했다. 자기소개서와 면접은 6월부터 준비하면서 학생의 희망 대학과 학과, 직업에 대한 정보를 찾아 구체화했다. 모의고사는 일단 국어 3등급, 영어 1등급을 목표로 하고, 수학과 과학은 2등급을 목표 삼아 인터넷 강의와 학원으로 대비하기로 했다.

그러나 학생과 학부모가 꾸준히 노력했음에도 모의고사 성적은 크게 향상되지 않았다. 모의고사는 전국 단위 시험이라 성적 올리기가 쉽지 않기 때문이다. 6월 모의평가에서 국어는 3등급, 영어는 2등급, 수학은 2등급을 받았고, 9월 모의평가에서는 국어가 4등급으로 하락하기도 했다. 3학년 1학기까지 내신성적은 국영수과를 기준으로 1.35등급이었다.

여러 차례 상담을 하며 수시 6회의 기회 중 2개는 상향 지원, 4개는 적정 지원을 하기로 결정했다. 학생부교과전형은 2개, 학생부종합전형은 4개를 쓰되 9월 모의평가 이후부터는 지원 대학별로 서류를 작성하고 출제 경향을 감안해 면접 방법을 코칭해주었다. 특히 9월 이후부터 수능 준비에 소홀하지 않도록 7~10월 사이에 매주 10시간을 투자해 체계적으로 학생부종합전형을 대비했다. 자기소개서 및 면접을 개별적으로 열심히 준비한 덕분에 다행히 중앙대 수시모집에 합격하는 좋은 결과를 거둘 수 있었다.

02 누구나 쉽게 따라 할 수 있는 입시 전략 6단계

논술 준비하면 명문대 지원할 수 있나요?

이것 저것 스펙은 쌓았는데, 내신이 안 좋아요. 어떻게 해야 하나요?

내신을 망쳤는데, 수능 준비에 올인 해야 하나요?

국가 정책이 바뀌면 수능 제도 및 입시 제도에 큰 변화가 일어난다. 수시모집이 확대되면서 입시 전형이 복잡해졌다. 최근 교육부의 대입 간소화 정책이 실시되면서 많이 간소화되었다지만, 비슷한 전형도 대학에 따라 전형 방식, 최저학력기준 등이 제각각이라 여전히 학생들과 학부모에게는 복잡하기만 하다. 대입 수험생이라면 누구나 알고 있을 '메가스터디'와 '대성학원', '종로학원' 등 유명 학원 못지않게 이제는 '입시 컨설팅'이 하나의 필수 아이템이 되었다. 학생부종합전형이 확대되면서 일찍부터 진로를 설계하고, 맞춤형으로 준비해야 대입에서 좋은 결과를 거둘 수 있게 되었기 때문이다. 또한 공교육에서 수험생과 학부모가 원하는 수준의 진학 지도를 제공하지 못하고 있다는 방증이기도 하다.

대학 입시에서 승패를 좌우하는 입시 전략을 제대로 세우려면 먼저 수험생과 학부모가 기본 전략을 스스로 짤 수 있어야 한다. 그래야 학원과 학교, 인터넷, 대학이 내놓는 서로 다른 정보의 홍수 속에서 중심을 잡고, 준비할 수 있다.

학생과 학부모가 가장 필요로 하는 것이 바로 수험생 개인의 성적과 비교과, 희망 학과 등을 종합한 '맞춤형 입시 전략'이다. 많은 학생과 학부모가 '입시 컨설팅'을 받아야 '입시 전략'을 세울 수 있다고 생각해 그럴 형편이 안 되면 자포자기하는데 최근에는 정말 다양한 정보를 대학과 교육청, 사설 입시 기관, 언론이 공유하기 때문에 의지만 있다면 누구나 기본 전략을 세울 수 있다. 단순히 내신과 모의고사 성적을 기준으로 정시 합격 가능성을 판단하는 단편적인 방법으로는 '맞춤형 입시 전략'을 세울 수 없다. 입시의 중요한 두 축인 수시와 정시를 포함하고, 다양한 특별전형 도전 가능성, 성적 향상 가능성, 향후 희망 진로 등을 포괄하는 전략을 세워야 한다.

1) '엄친아'들의 대입 성공 비결인 맞춤형 입시 전략

① 정보 수집

CSI(과학수사대)의 성공은 과학적인 증거 수집에 달려 있다. 마찬가지로 학교생활기록부, 전 학년 모의고사 성적표, 각종 비교과 활동 자료, 진로적성검사, 특별전형 해당 여부(종교, 직업, 지역 등) 등 다양한 자료를 최대한 모으자.

② 역량 분석

최근 대입 트렌드는 바로 '학생부종합전형'이다. 수시의 학생부교과 전형, 정시의 일반전형은 단순히 성적을 기준으로 선발하지만 '학생부종합전형'은 학생의 잠재력과 역량을 평가한다. 자신의 여러 역량을 철저히 분석해 자신에게 맞는 유리한 전형을 찾아보자.

③ 입시 분석

복잡한 입시를 스스로 분석할 필요는 없다. 대학뿐 아니라 대교협, 교육청, 각종 언론 기사를 스크랩해두면 된다. 대부분의 정보는 약간의 시간만 투자하면 구할 수 있다.

④ 준비 전략

맞춤형 전형을 선택하고, 대학별 입시 전형을 분석했다면 이제 가장 중요한 '어떻게 합격할 수 있을까?'라는 질문에 대한 해답인 '준비 전략'을 세워야 한다. 성적을 올리는 학습 계획도 중요하지만 비교과 등 본인의 입시 전반에 영향을 미치는 다양한 요인을 감안해 계획을 세우고, 실천해야 한다.

⑤ 지원 전략

실제 수시와 정시에 지원하는 전략이 필요하다. 대입 합격을 좌우하는 중요한 결정인 만큼 주요 입시 기관의 배치표와 모의 지원표를 참고해 결정하자. 또한 외부 자료에만 의존할 것이 아니라 본인 스스로 대학과 대교협, 교육청 등 다양한 기관에서 내놓은 다양한 정보를 활용해야 한다.

⑥ 검토 및 보완

계획에는 반드시 보완 및 점검 시간이 필요하다. 특히 수험생의 성적, 비교과 취득, 대학별 입시 전형 변화 등을 감안해 주기적으로 체크해야 한다.

(1) 1단계 정보 수집: 모든 자료를 체계적으로 정리하자

우리는 지금 정보화 시대에 살고 있다. 정보화 사회에서 성공의 열쇠는 누가 얼마나 정보를 잘 수집하고, 분석하고, 활용하느냐다. 아무리 뛰어난 입시 전문가라 할지라도 수험생과 관련된 정보들이 없다면 제대로 조언해줄 수 없다. 수험생은 자신과 관련된 다양한 자료를 미리 정리해두어야 한다. 가장 기본적인 자료는 학교생활기록부, 학년별 모의고사 성적표, 진로검사를 비롯한 다양한 검사 자료, 그리고 외부 활동 및 수상 경력, 공인어학성적을 비롯한 특기 실적, 부모의 직업, 종교, 기타 특별전형 해당 여부 등이다.

고교에 입학한 후부터 문방구에서 파는 3공 바인더를 활용해 각종 정보를 모아두는 것이 좋다. 학교생활기록부는 교과 성적과 교내 활동 내역, 독서 활동 등을 볼 수 있는 가장 중요한 자료이자 학생부종합전형에서 가장 중요하게 활용되는 자료다. 학기별로 학교에서 학생부 사본을 발급받아 성적 및 비교과 실적 변화 등을 체크하자. 또한 모의고사 성적표를 제대로 관리하지 않는 학생들이 많은데, 고1 때부터 성적표를 모두 정리하는 것만으로도 자신의 성적 추이를 파악할 수 있다. 모의고사 성적표는 전국 단위로 과목별 성적 변화 추이를 알 수 있고, 현재의 성적대에서 정시모집 기준으로 지원 가능한 대학과 학과를 파악하는 중요한 자료가 되며, 수시모집에서는 수능 최저학력기준을 충족하는지 여부를 가늠하는 자료가 된다.

또한 진로적성검사 결과와 같이 직간접적으로 성적과 연관되지 않은 자료를 소홀히 생각해 관리하지 않는 학생이 많은데, 수험생과 관련된 다양한 자료는 보관하는 것이 좋다. 예를 들어 진로적성검사 결과지는 적성을 파악할 수 있는 중요한 자료이자 수시와 정시에서 지원할 학과를 결정하는 기준이 될 수 있다. 종교 활동 등 상대적으로 놓치기 쉬운 정보도 항상 정리하는 습관을 들여야 한다. 동국대를 비롯해 종교 기반이 있는 사립대학에서는 종교지도자 추천 전형을 실시한다. 동국대는 2020학년도 수시모집에서 불교추천인재로 108명을 선발할 예정이다.

다만 종교 추천 전형은 종교에 따라 추천 자격 제한이 있으니 주의해야 한다. 최근 감소세에 있긴 하지만 토플, 토익, 텝스를 비롯한 공인 어학성적은 어학특기자 전형에 지원할 수 있는 자격을 판단하는 중요한 자료다. 부모의 직업이 군인 및 경찰, 소방관, 해외 선교사 등 특수 직종이라면 대학별로 실시하는 특별 전형에 지원할 수 있으니 반드시 체크하도록 하자. 또한 농어촌 전형 및 특성화고 졸업자를 대상으로 하는 전형 등 다양한 특별전형이 있으니 가장 먼저 기초 정보를 수집해 특별전형에 해당하는지 여부를 확인해야 한다.

⑵ 2단계 역량 분석: 자신의 잠재력과 가능성을 파악하자

역량은 '어떤 일을 해낼 수 있는 힘'이다. 현재의 입시 제도 하에서는 '성적'만큼 학생 자신의 종합 '역량'도 중요하다. 대다수 수험생이 입시를 준비하면서 '성적'만으로 자신의 수준을 평가하는데, 성적 중심의 평가는 수시모집의 학생부교과전형이나 정시모집에서만 유효한 방식이다. 수시모집에는 학생부종합전형, 특기자 전형, 논술전형 등이 있으니 종합적으로 학생의 역량을 평가해야 한다. 특별한 비교과 실적, 특별전형 해당 여부, 대학별 고사 수준, 성적 향상 가능성 등은 숫자로 판단할 수 없는 중요 항목이다. 수험생의 역량을 제대로 객관적으로 판단하는 것 자체가 입시의 성패를 좌우하는 가장 중요한 요인이다. 역량을 분석할 때는 교과 성적 분석, 모의고사 성적 분석, 비교과 분석, 대학별 고사 수준 분석, 진로 계획 등을 중점적으로 해야 한다.

① 학생부교과 성적: 내게 유리한 대학을 찾아라

대입에서 가장 기본적인 학생부교과 성적은 크게는 모집 시기별로 반영 비율이 차이 나며, 대학과 전형별로 반영 비율, 반영 지표, 가중치, 반영 과목, 등급별 점수가 크게 차이 난다. 이처럼 큰 차이가 있으니 주요 교과 평균 등급을 산출해 전체적인 성적과 학기별 성적 추이를 파악하도록 하자.

대학에서 학생부교과 성적을 반영할 경우 일반적으로 인문계열은 국어, 영어, 수학, 사회 교과를 주로 반영하며 자연계열은 국어, 영어, 수학, 과학 교과를 주로 반영한다. 계열별 평균 등급으로 지원 가능한 대학 라인을 대략 살펴볼 수 있지만, 실제 대학의 교과 성적 반영 방법은 제각각이므로 결코 절대적인 기준이 될 수 없다.

또한 학생부종합전형에 지원하는 학생이라면 지원하는 학과와 관련된 과목의 성적 수준 및 성적 변화를 파악해야 한다. 예를 들어 국문학과에 지원하는 학생이라면 국어와 한문 성적을 중점적으로 봐야 한다.

학생부교과 성적은 수작업으로 산출할 수도 있지만 시간이 걸리는 만큼 대학이 홈페이지에 공개하는 계산 프로그램을 활용하거나 입시 사이트를 활용해 파악하는 것이 효과적이다. 특히 진학사나 유웨이, 메가스터디, 이투스 등 주요 입시 기관 및 사설 학원에서 운영하는 사이트에 교과 및 모의고사 성적을 입력하면 여러 조건에 따라 성적을 자동으로 산출해주므로 이를 이용하는 것이 효과적이다.

실제 학생의 교과 등급 산출 예시

교과	단위수 반영(학년별 반영비율)		
	100	20:40:40	30:30:40
국,영,사	2.00	2.03	1.98
국,영,수	2.55	2.54	2.52
국,영,수,사	2.35	2.34	2.32
국,영,수,사,과	2.48	2.47	2.45

위 표는 A학생의 교과 성적을 반영 교과와 학년별 반영 비율을 달리해 평균 등급을 산출해본 것이다. 이 학생은 수학과 과학 성적이 좋지 않은 문과 학생으로 교과 성적 산출 방법에 따라 평균 등급의 편차가 매우 크게 나타났다. 1.98등급~2.55등급까지 약 0.5등급 정도의 차이가 난다. A학생은 국,영,사 교과 반영 대학에 지원해야 유리하다는 것을 알 수 있다. 수험생들이 실수하는 부분이 바로 대학을 우선시하는 것과 대학별 환산점수를 중심으로 판단하는 것이다. 무턱대고 대학을 우선시할 것이 아니라 대학별 교과 성적 반영 방법을 확인하고 자신이 지원하고픈 대학과 비슷한 수준의 여러 대학들을 비교해본 다음 유리한 대학을 선택해야 한다. 대학별 환산점수로는 자신의 성적이 유리하게 반영되는지를 알 수 없으므로 반영 교과를 미리 살펴야 한다.

● 대학들의 석차 등급 환산점수 비교

수시와 정시에서 대학들이 가장 많이 활용하는 학생부교과 성적 반영 방식은 과목별로 등급을 매기는 방식이다. 대학들은 자체 등급으로 점수를 환산해 교과 성적을 최종 산출한다. 그래서 수험생은 대학별 등급 점수를 꼭 확인해야 한다. 전형별로 석차 등급 기준 점수를 달리하는 경우도 있으니 주의해야 하며, 자신의 성적대와 지원자 평균 성적대를 비교해 논술이나 면접, 수능 성적으로 만회할 수 있는지 꼭 확인해야 한다.

아래 표를 보면 A, C, D 대학은 5등급까지 감점이 거의 없어 교과 성적이 다소 부족한 학생도 지원할 만하지만 B, E 대학은 교과 성적 등급 간 격차가 크기 때문에 학생부교과 성적이 우수한 학생이 확실히 유리하다.

석차등급	1	2	3	4	5	6	7	8	9
A대학	10	9.9	9.8	9.7	9.6	9	8	7	6
B대학	10	9	8	7	6	5	4	3	2
C대학	10	9.96	9.92	9.88	9.84	9.80	9.60	8.00	4.00
D대학	10	9.8	9.6	9.4	9	8	7	6	5
E대학	20	18	16	14	12	10	8	6	4

② 모의고사 성적 분석: 반드시 재수생을 감안해 내 수준을 파악하자

모의고사는 수능을 대비한 시험으로 평가원 주관의 모의평가, 시도 교육청 주관의 전국연합학력평가, 사설 기관에서 실시하는 모의고사로 구분할 수 있다. 전국연합학력평가만 연 4차례 실시하고 사설 모의고사

에는 응시하지 않는 학교도 많다. 심지어 1학년은 전국연합학력평가에도 응시하지 않는 학교도 있다. 모의고사는 응시 대상 및 학년에 따라 중요도가 다르지만 공통적으로 전국 단위에서 자신의 실력을 객관적으로 파악하고, 취약점을 보완할 기회다. 매 시험별로 백분위를 기준으로 누적 관리하고, 취약 영역, 영역별 조합, 성적별 지원 가능 대학 등을 검토해야 한다.

수능 출제 기관인 한국교육과정평가원이 실시하는 모의평가는 고3 및 N수생만 응시할 수 있고, 시도 교육청 주관의 전국연합학력평가는 재학생만 응시가 가능하다. 평소 전국연합학력평가에서는 성적이 잘 나오다가 모의평가나 수능에서 성적이 하락하는 수험생이 많은 이유는 바로 재수생 때문이다. 1년에 12~15만 명 사이의 재수생과 반수생이 6월과 9월 모의평가, 수능에 응시하고 있다. 재학생끼리의 경쟁인 전국연합학력평가 성적을 분석할 때 반드시 재수생은 응시하지 않았다는 점을 감안해야 하는 이유다.

3월이나 6월, 9월, 11월 등 중요 시험 시기에 네이버나 다음 등 포털 사이트의 검색 순위 1위에 오르기도 하는 것이 바로 '등급 컷'과 '배치표'다. 대다수의 수험생이 11월 수능이 아닌 일반적인 모의고사를 보고 나면 단순히 등급 컷과 과목별 등급만 확인하고 넘어간다. 하지만 매 시험 결과는 대학 입시를 준비하는 과정에서 가장 기초가 되는 자료인 만큼 평소 누적해 성적을 분석할 필요가 있다.

모의고사 성적은 원점수, 등급, 백분위, 표준점수 등 여러 평가 기준이 있지만 원점수나 표준점수는 시험 난이도에 따라 크게 달라지므로 백분위를 활용해 전국 단위에서 위치를 파악하는 게 좋다. 또한 성적을 분석할 때는 응시자 수가 많은 전국연합학력평가, 모의평가를 기준으로 삼는 것이 좋다.

A군의 모의고사 성적 분석

다음의 모의고사 성적표를 참고하도록 하자. 문과인 A군은 국어와 수학이 우수한 반면 영어와 사회탐구영역 성적이 저조하다. 우선 이 시험은 재수생이 응시하지 않는 모의고사이므로 백분위 평균에서 약 2점 정도를 빼고, 자신의 수준을 파악해야 한다. 현재의 백분위 점수대로는 수도권 주요 대학을 목표로 준비하되 영어와 사회탐구 성적을 향상시켜야 한다. 정시에서 4개 영역을 반영하는 대학을 고려할 수도 있지만 대학에 따라 3개 영역을 반영하는 대학에 지원할 수 있으며, 특히 인문계는 영어의 반영 비율이 높은 경우가 많다. 만일 수시모집에 지원한다면 2개 영역 2등급 정도의 수능 최저학력기준을 적용하는 대학을 중심으로 지원하되 성적이 하락할 가능성을 염두에 두고 수능 최저학력기준 미적용 대학이나 2개 영역 등급 합이 4~5 사이인 대학들도 지원을 고려하는 것이 좋다.

모의고사 성적표 예시

구분	한국사	국어	수학(나형)	영어	세계사	경제
표준점수		119	132		59	57
백분위		89	90		82	80
등급	2	2	2	3	3	3

● 전국연합학력평가 성적표에서 꼭 확인해야 할 사항들

전국연합학력평가 성적표에는 원점수, 표준점수, 백분위, 등급 등 성적 자료뿐만 아니라 과목별로 영역에 따른 배점과 득점, 전국 평균 등의 자료가 있다. 매 시험별로 과목별 백분위와 등급 등 기본적인 성적 추이를 확인하고, 오답의 원인과 시험에서 실수한 부분을 확인해야 한다.

성적표에 표기된 각종 자료를 잘 활용하면 과목별로 취약한 세부 영역을 쉽게 파악할 수 있다. 또한 정답률이 높은 문제인데, 수험생이 오답을 한 경우는 실수했을 가능성이 높으므로 실수의 원인을 체크하고, 오답노트를 만들어 최우선적으로 복습해야 한다.

③ 비교과 분석: 평소 체계적인 관리가 학생부종합전형 합격을 부른다

학교생활기록부는 교사가 학생의 학업 성취도 및 인성을 종합적으로 관찰 및 평가해 작성하는 가장 중요한 기록물이다. 학교생활기록부로 수험생의 학업 성적뿐 아니라 다양한 활동을 평가할 수 있다. 학생부의 비교과 영역은 학생부종합전형이나 특별전형에서 의미 있게 반영되나 일반적으로 정시 일반전형이나 수시 논술전형에서는 반영하지 않는다.

최근 급격히 확대된 학생부종합전형을 대비하려면 학기별로 학생부의 교과와 비교과 활동을 점검하고, 보완해야 한다. 평소 구체적인 목표를 갖고 체계적으로 관리한다면 학생부종합전형에서 반드시 좋은 결과를 거둘 수 있다.

학생부의 비교과 영역에는 출결 사항, 수상 경력, 자격증 및 인증취득 사항, 자율활동 특기 사항, 동아리 활동 특기 사항, 봉사활동 특기사항, 진로활동 특기 사항, 봉사활동 실적, 독서활동 상황, 행동특성 및 종합의견이 포함된다.

④ 대학별 고사 분석: 내게 맞는 유형을 찾아 대학별 맞춤으로 준비하자

대학별 고사는 대학에서 자체적으로 실시하는 시험으로 논술, 구술면접, 적성고사 등이 있다. 주로 논술과 적성고사는 수시모집에서만 실시하고, 구술면접은 수시모집 학생부종합전형과 학생부교과전형 등 다양한 전형에서 실시한다. 대학별 고사를 실시하는 전형에서는 학생부교과 성적보다 대학별 고사 성적이 합격을 좌우한다. 주로 논술고사는 상위권 대학이 많이 실시하며, 적성고사는 중위권 대학이 실시한다.

수시모집에서 논술과 면접, 적성고사를 실시하는 전형에 지원하려면 무엇보다 대학별 고사 유형에 맞춰 자신의 실력을 확인해야 한다. 현실적으로 대학교의 모의 논술이나 모의 적성, 모의 전형이 아니면 자신의 실력을 확인하기 어렵지만, 논술이나 적성고사는 사설 모의고사를 활용해 도움을 받을 수 있다. 최근에는 논술 첨삭 서비스가 많아졌고, 인터넷으로 바로 모의 적성고사를 치를 수 있는 사이트도 많아졌다. 자신의 실력을 지레짐작해 지원하지 말고, 조금이라도 더 객관적으로 파악해야 한다.

● 모의고사 등급으로 기본적인 지식수준 추정

학생부의 관련 교과 성적이나 모의고사의 관련 과목 성적으로 논술에 필요한 기본 지식을 대략 추정할 수 있다. 최근 논술은 '글쓰기'를 잘하는 학생에게 유리한 유형이 아니라 '교과 지식'과 '사고력'이 우수한 학생에게 유리한 유형이 되었다. 수능 최저학력기준을 적용하지 않는 대학이 늘어나고 있지만 경쟁률이 40대 1 이상으로 매우 높은 편이기 때문에 '논신'으로 불릴 만한, 정말 논술을 잘하는 학생만 합격하는 경우가 많다.

인문계열은 국어와 사회탐구의 선택 과목 중 일반사회(경제, 법과 정치, 사회문화)나 윤리(생활과 윤리, 윤리와 사상) 관련 과목의 모의고사 등급이 최소 3등급 이내일 때 논술을 준비하는 것이 좋다. 자연계열은 수학과 과학 과목의 모의고사 등급이 최소 3등급 이내일 때 논술을 준비하는 것이 좋다. 자연계열의 논술은 수학 또는 수학＋과학 형태이므로 교과 지식이 매우 중요하다. 적성고사는 대학에 따라 차이가 있지만 주로 언어와 수리 능력을 측정하므로 모의고사 등급이 3~4등급 선일 때 준비하는 것이 좋다.

● 대학별 고사 유형 모의 테스트

상위권은 주로 논술전형, 학생부교과전형, 학생부종합전형 사이에서 선택한다. 교과와 비교과 실적에 따라 전형이 달라지기도 하지만, 논술 실력도 파악해 전형을 선택하는 것이 좋다.

논술은 기출문제를 작성해 학교나 학원 선생님에게 직접 평가를 받아보거나 인터넷의 첨삭 사이트를 활용하면 된다. 대성학원 등에서 제공하는 사설 논술 모의고사를 이용해보는 것도 좋은 방법이다. 최근에는 대학에서도 논술 모의고사를 실시하는 경우가 많으니 희망 대학에서 실시하는 시험에 응시해서 결과를 보고 지원 여부를 결정하자.

적성고사는 대학별 기출문제를 다운받아 정해진 시간 내에 풀어보거나 인강 사이트에서 제공하는 온라인 적성 모의고사에 응시해서 결과를 참고하는 것이 좋다. 실제 시험과 동일한 제한 시간 안에 풀고 70~80퍼센트 이상의 정답률을 보인다면 지원을 고려해보자. 적성고사에 응시할 경우 영어 시험 출제 여부도 매우 중요한 포인트다.

면접고사는 주로 학생부종합전형이나 학생부교과전형에서 실시한다. 대학에 따라 면접 유형에 차이가 있으니 사전에 자신이 희망하는 대학의 유형에 맞춰 간접 경험을 해야 한다. 수험생 스스로 객관적 판단을 하기 이려우므로 학교 선생님 혹은 학원 선생님과 모의 면접 테스트를 해보는 것이 좋다. 디지털카메라나 휴대전화로 면접 장면을 촬영해 고칠 점을 찾아 보완하도록 하자.

● 대학별 출제 경향을 살펴 내게 유리한 유형을 선택하자

여러 유형의 대학별 고사를 모두 준비하는 학생이 있는데, 이러면 결국 입시에서 실패한다. 가장 자신 있는 유형을 선택해 집중하는 편이 합격가능성을 조금이나마 더 올리는 방법이다. 또한 같은 유형이라 하더라도 대학에 따라 크게 다르다. 무턱대고 논술이나 적성고사를 준비하기보다 대학교 출제 유형을 살펴 조금이라도 자신에게 유리한 대학을 찾아야 한다.

2019학년도 수시모집을 기준으로 자연계 논술 유형을 살펴보면 서강대는 수리논술만 출제하지만 성균관대는 수학 2문제와 과학 1문제를 출제한다. 이처럼 같은 논술고사라 하더라도 대학에 따라 큰 차이가 있다. 또한 대학에 따라 인문과 사회 계열로 세분화해 논술고사를 출제하기도 한다. 따라서 대학별 고사 유형을 선택했다면 희망 대학별로 출제 경향을 살펴 유리한 쪽을 선택해 집중적으로 학습하는 것이 좋다.

(3) 3단계 입시 분석 : 전문가가 되려 하지 말고, 정보를 제대로 활용하자

수험생이나 학부모가 실수하는 부분 중 하나가 본인이 직접 입시 전문가가 되려고 하는 것이다. 물론 전문가가 된다면 당연히 입시 준비를 잘할 수 있겠지만 수험생이나 학부모가 그렇게까지 할 필요는 없다. 대교협, 대학, 교육청, 언론, 입시 기관에서 나오는 정보만 제대로 활용해도 입시 준비에 아무 지장이 없다. 정보의 '수집'도 중요하지만 더 중요한 것이 바로 '활용'이라는 점을 기억하자.

● 입시 정보를 찾을 때 꼭 필요한 사이트들

입시 정보를 찾을 때 유용한 사이트에는 서울진로진학정보센터 www.jinhak.or.kr를 비롯한 시도 교육청의 진로진학센터 홈페이지, 대교협이 운영하는 대입정보 포털사이트www.adiga.go.kr, 전문대학입학 정보www.ipsi.kcce.or.kr, 조선일보가 운영하는 교육전문미디어www. edu.chosun.com를 비롯한 언론사 교육 정보, 진학사www.jinhak.com 나 유웨이www.uway.com, 입시투데이www.ipsitoday.com 같은 입시 사이트, 희망 대학의 입학처, '오르비'나 '수만휘' 같은 커뮤니티 등이 있다. 그리고 각종 언론 기사에서 거의 입시 정보 대부분을 수집할 수 있으니 참고하도록 하자.

● 각 시기별로 꼭 챙겨야 할 주요 입시 정보들

입시 분석은 입시 정책 및 제도 변화, 지원 연도의 주요 사항, 희망 대학별 전형 계획, 수시 및 정시모집 요강, 대학별 입시 결과 등을 확인하는 식으로 순차적으로 진행해야 한다. 대입 3년 예고제가 정착되면서 대학이 전형 계획을 일찍 발표하므로 수험생이 입시를 대비하기가 보다 수월해졌다. 대신 그만큼 대학별로 바뀐 입시를 미리 준비해야 한다.

우선 대학교육협의회에서 대입 전형 시행 계획 및 모집 시기별 주요 사항을 발표하는데, 그 해의 입시 흐름을 파악할 수 있는 중요한 자료다. 대교협에서 먼저 발표하고 나면 대학은 입학처 홈페이지에 그 해의 주요 입시 전형 계획안을 발표한다. 구체적인 정보를 대부분 얻을 수 있으나 대학에 따라 간략하게만 발표하는 경우도 있다.

대학별로 전형 계획안을 발표하고 나서 수시와 정시 원서접수 전에 모집요강을 발표한다. 이때 입시 전형 계획안에서 바뀌는 내용이 있으니 꼭 참고해야 한다. 그리고 최근의 입시 결과, 경쟁률, 합격자 성적, 예비합격자 현황, 추가합격자 현황을 공개하는 대학이 많으니 필요한 정보를 다운받아서 정리해두도록 하자. 또한 대학이나 대교협, 교육청에서 설명회도 자주 개최하니 참석해서 정보를 모으는 것도 방법이다.

⑷ 4단계 준비 전략 수립 및 실행: 전형별 우선순위를 고려해 계획을 실천하자

입시 정보를 분석하고 내 장점을 극대화할 방향을 설정했다면 효율을 높일 장기 학업 계획을 수립해서 단계별로 집중하는 전략을 수행해야 한다. 또한 계획이 달라질 수 있으니 아직 확정되지 않은 입시 정보에도 관심을 유지해야 한다. 이때 이미 선택한 전형에 따라 실행할 우선순위를 정한다. 예를 들어 수시 학생부종합전형에 지원하는 학생이라면 학생부교과 성적을 우수하게 관리하면서 학생부 비교과 실적을 취득하고 관리하는 것이 제일 중요하다. 또한 자기소개서와 면접 대비를 평소 꾸준히 하면서 수시 불합격을 대비해 정시 준비도 해야 한다.

학습 계획을 세울 때는 향상 가능성뿐만 아니라 하락 가능성도 염두에 두어야 한다. 학원과 인터넷 강의 등 학습 방법뿐 아니라 주요 시기별 학습 분량, 목표 점수와 등급 등 구체적인 내용을 작성해야 한다. 또한 시기별로 계획 실행 여부를 확인해 체크해야 한다.

(5) 5단계 지원 전략: 모의 지원 및 온라인 배치표를 시기에 맞게 활용하자

경찰대를 비롯한 특수 대학을 제외하면 일반적으로 수시에 6회의 지원 기회가 있고, 정시에서는 각 군별로 1회씩 총 3회의 지원 기회가 있다. 수시모집에서는 대학에 따라 전형별로 중복 지원을 허용하기도 하나 모두 지원 횟수로 합산된다. 정시에 비해 지원 횟수가 많은 수시에서는 2배수의 지원 희망 대학 리스트를 작성해 실제 지원 대학과 학과를 결정하는 것이 효과적이다. 수능 최저학력기준, 대학별 고사 일정도 감안해야 한다. 학생부교과전형은 수시 배치표 및 모의 지원, 합격 예측 서비스 등을 활용하면 효과적이지만 학생부종합전형이나 논술전형에 지원한다면 실제 도움을 받기 어렵기 때문에 굳이 이용하지 않아도 된다.

정시모집은 각 군별로 3배수의 지원 대학 리스트를 정리해두고, 실제 지원 대학과 학과를 결정하는 것이 좋다. 각 대학별 입시 결과와 시중 입시 기관의 배치표 및 모의 지원을 활용하고, 학교에서 한 상담 결과를 모두 정리해두도록 하자. 대학 입시 설명회나 박람회에서 대학교의 실질 입시 결과와 지원 가능한 점수대를 확인할 수도 있다. 수능성적만으로 선발한다고 해도 수능 성적뿐 아니라 수능 반영 비율이 적용된 대학별 환산점수를 모두 확인하는 것이 좋다. 수능 반영 비율에 따라 같은 점수라도 대학별 환산점수가 달라지기 때문이다. 수능 중심으로 선발하는 정시모집에서는 주요 입시 기관의 온라인 배치표와 모의

지원을 활용하는 것이 효과적인데, 입시 기관마다 배치 점수가 달라 혼란스러울 수 있다. 이때에는 모의 지원 이용자 수가 많은 업체 세 곳 이상의 평균점수를 구해 그것을 기준으로 지원을 결정하는 것이 좋다.

⑹ 6단계 검토 및 보완: 주요 시기별로 실천 여부를 검토하고, 계획을 보완하자

학년별, 학기별, 수시와 정시모집 시기별로 자신의 현재 역량이나 성적에 변화가 있을 수 있으므로 반드시 검토해야 한다. 또한 계획의 실천 여부를 체크하면서 계획이 현실이 될 수 있도록 보완해야 한다. 또한 입시 제도나 대학별 전형, 전형 방식이 바뀔 수 있으므로 입시 계획을 주의 깊게 관찰하면서 검토하고 보완해야 한다.

학년이 올라가면서 내신성적이나 비교과, 모의고사 성적에 변화를 보이는 경우가 많다. 또한 희망 진로가 '의사 → IT 컨설턴트 → 의학 전문 기자' 등으로 달라지는 경우가 대다수다. 따라서 계획은 세우되 반드시 주요 시기별로 (주로 방학을 활용해서) 현재까지의 실천 내용을 점검하고, 달라진 목표나 성적, 비교과 실적을 점검해 향후 실천 계획을 세워야 한다.

특히 학교생활기록부를 학기별로 검토하면서 자신의 교과 성적뿐만 아니라 비교과 실적도 종합적으로 검토할 필요가 있다. 현실적으로 고3 때에는 학생부 관리가 어려운 만큼 고1, 2학년 때에 동아리 및 봉사 등 활동 내역 및 독서활동 등을 보완해야 한다.

2) 목표 대학을 정하는 SMART 원칙과 성공하는 학부모의 입시 전략

우리 애가 모의고사가 5등급인데, 인 서울은 안 되나요?

내신 5 등급인데 정말 교사가 될 수 있는 방법이 없나요?

워낙 공부를 안 해서 그렇지, 막상 하면 잘할 수 있어요.

적어도 10년 이상 전국 각지로 입시 설명회나 진학 상담을 하러 다니면서 수많은 학생과 학부모를 만났는데 그들마다 목표는 제각각이었다. 어떤 부모님은 학생의 성적대에 비해 너무 낮은 목표를 생각하고 있었고, 어떤 부모님은 현실에 비해 너무 높은 목표를 생각하고 있었다. 때로는 높아도 너무 높아서 도저히 얘기를 들어줄 수 없는 경우도 있다. 특히 학부모의 학벌이 높을수록 자녀의 성적과는 상관없이 기대치는 높아만 간다. 재수와 삼수 등 실패를 거듭해도 기대치는 낮아지는 법이 없다. 고3이 되었는데도 '로또' 당첨을 기대하듯이, 혹시나 하는 생각에 수시와 정시에서 과감히 '묻지 마식 상향 지원'을 한다.

도대체 무엇이 문제일까. 올바른 목표는 어떻게 세워야 할까?

대학 입시를 준비하는 수험생에게는 구체적이고 명확한 목표가 있어야 한다. 그래야 학생부교과, 비교과, 대학별 고사, 수능 등 여러 가지 전형 중에서 가장 가능성 있는 자료 준비에 집중할 수 있다. 흔히 목표 대학과 학과를 찾아야 한다고 얘기하면 많은 학생과 학부모가 '가고 싶은 대학' 또는 '더 좋은 대학과 학과'를 말하는데, 이는 잘못된 목표다. 대학 입시는 정해진 기간 내에 수많은 수험생이 경쟁해서 최종적으로 합격자를 선발하는 방식이다. 그러므로 구체적이고 실현 가능한 목표를 설정해야 한다.

(1) 올바른 목표 설정을 위한 SMART 원칙

목표 대학과 학과 설정을 하는 기본적인 원칙은 잘 알려진 SMART 방식이다.

Specific: 구체적이고
Measurable: 측정이 가능하며
Attainable: 달성 가능한 수준의
Realistic: 현실적이고 타당한 목표를
Time based: 시간제한을 두고 설정하라

진학하고 싶은 목표 대학과 학과는 구체적이어야 한다. '명문대에 가겠다'는 추상적인 말보다는 '서울대 경영학과에 지원하겠다'는 구체적인 목표가 있어야 한다. 그리고 목표는 반드시 객관적인 기준으로 평가할 수 있어야 한다. 즉 학생부교과와 수능에서 구체적으로 받아야 할 목표 점수가 있어야 한다. 학기별로 혹은 시험별로 구체적인 성적 향상치를 정하고, 평가하는 것도 좋은 방법이다. 그리고 목표는 반드시 실현 가능한 수준이어야 한다. 예를 들어 내신과 모의고사 성적이 모두

5등급 수준인 학생이 의대 진학을 꿈꾼다면 지나치게 비현실적인 목표를 잡은 것이다. 물론 기적 같은 성공 스토리를 만들어내는 학생도 있지만 대다수 수험생의 성적은 크게 달라지지 않는다. 따라서 입시를 앞둔 수험생이라면 이제 객관적인 실력과 현실적인 입시 결과 등을 감안해 현실적이고, 타당한 목표를 세워야 한다. 마지막으로 목표 달성까지 가는 구체적인 기한을 정해야 한다. 주요 시험별로 목표를 정하고, 달성 여부를 계속해서 체크해나가는 것이 좋은데, 예를 들어 6월 모의평가에서 수학 2등급을 달성하겠다는 식으로 구체적인 기한이 있어야 한다.

조기 목표 설계가 꼭 필요한 이유

대학 입시는 단거리가 아닌 마라톤이라 할 수 있다. 또한 전형이 다양한 만큼 자신의 장점을 살릴 수 있는 구체적인 목표가 있어야 선택과 집중이 가능하다. 장기간에 걸친 구체적인 계획을 세우고 실천한다면 성적이 향상되므로 자신감이 생기고 동기부여가 된다. 현재 성적이 좋지 않더라도 구체적으로 해야 할 학습 계획이 보이기 때문이다. 또한 슬럼프에도 당황하지 않고, 목표를 떠올리며 학습에 매진할 수 있다. 목표 대학과 학과가 뚜렷한 학생이 대학 입시에서 성공하는 이유기 바로 거기에 있다.

그리고 자신이 앞으로 다닐 대학과 학과에 대한 정보를 파악하고 결정하면서 미래를 구체적으로 설계할 수 있다. 단순히 대학과 학과 소개만 알면 되는 것이 아니라 이 학과를 졸업한 후에 무엇을 할 것인지, 즉 자신의 미래 직업에 대한 정보도 같이 파악하는 것이 좋다. 현재 인기를 끌고 있는 전공에 연연하지 말고 미래 수요를 예측해 좀 더 수요가 많은 전공을 택하는 것도 고려해야 한다.

마지막으로 목표 대학과 학과를 결정하고 나면 현재의 성적대에서 지원 가능한 곳과 앞으로 이루어야 할 영역별 성적 향상 목표치를 설정할 수 있다. 즉 앞으로 해야 할 일을 구체적으로 알게 되는 것이다. 예를 들어 정시모집 대학에 지원하려면 현재의 모의고사 성적에서 수학과 영어를 어느 정도 향상시켜야 하는지 알 수 있고, 매 시험별로 성적 향상 목표를 세우고 도전할 수 있다.

목표 대학과 학과, 어떻게 정할까?

목표 대학은 현재 성적으로 지원 가능한 대학이 아니라 가고 싶은 대학과 학과를 선정하는 것이다. 그렇다고 무조건 희망만을 기준으로 설정해서는 안 된다. 현실적으로 자신이 올릴 수 있는 성적 범위 내에서 목표 대학과 학과를 선택해야 한다. 재수를 염두에 두고 있더라도 막연한 성적 상승을 기대하기보다 평균적인 점수 상승 폭을 염두에 두고 결정해야 한다. 목표 대학과 학과를 정한 다음에는 희망과 목표를 감안해 현실과의 격차를 줄여나가는 전략을 세워야 한다. 목표는 주어진 시간 내에 자신의 역량을 기반으로 최선을 다해 맞춤형 준비를 한다면 합격 가능한 수준으로 세워야 한다. 지나치게 높거나 낮아도 문제가 된다.

현실에 비해 목표를 너무 높게 세웠다가 스스로 불가능에 가깝다는 것을 알고서 포기하는 수험생이 많다. 그래서 목표 대학과 학과의 수준을 높게 잡았다가 수시와 정시에 원서를 접수할 때가 되면 지나치게 현실적으로 낮춰서 지원한다.

목표 대학과 학과는 전형 시기에 따라 별도로 설정하는 것이 좋다. 특정 대학과 학과만 우선시하기보다 전형의 특성과 현재 수험생의 학생부교과, 비교과, 대학별 고사, 모의고사 성적 등을 합산해 통합 계획을 세워야 한다.

● 1단계: 모의고사 성적을 기준으로 정시에 지원 가능한 대학과 학과를 찾아보자

수시의 선발 규모가 정시보다 훨씬 크지만, 수시에는 다양한 전형이 있어 학생부교과 성적이나 수능 최저학력기준만으로는 합격을 예측하기 어렵다. 가장 객관적인 기준은 현재의 모의고사 성적으로 정시에 지원 가능한 대학과 학과를 찾아보는 것이다. 메가스터디 등 인터넷 강의 사이트와 진학사, 유웨이 등 입시 기관이 모의고사별 배치표를 서비스하고 있다.

업체에 따라 유료로 결제해야 하는 경우도 있다. 주의할 것은 모의고사성적을 누적 관리해서 최근 2회의 모의고사 성적으로 지원 가능한 대학과 학과를 파악하라는 것이다. 그래도 각 업체별로 동일 대학의 동일모집 단위라도 배치 점수가 크게 차이가 난다. 업체마다 배치 기준이 달라 어쩔 수 없으니 3개 이상의 업체 정보를 활용해 평균점을 구해서 활용하도록 하자. 가장 객관적으로 전국 단위에서 자신의 위치를 파악하면서 자신에게 유리한 전형과 목표 대학과 학과 수준을 정리하도록

하자.

● 2단계: 현재의 학생부교과, 비교과, 대학별 고사, 모의고사 성적을 감안해 수시모집에서 지원할 대학을 정리하자

수시모집에서 제일 중요한 것은 자신에게 맞는 전형을 찾는 것이다. 학생부교과 성적이 우수하다면 학생부교과전형, 비교과 실적이 우수하고 교과 성적이 좋다면 학생부종합전형을 우선적으로 고려해야 한다.

또한 논술에 자신 있고 수능 최저학력기준을 충족할 수 있다면 논술전형을 고려한다. 고른 기회 전형이나 기타 여러 특별전형에 해당된다면 특별전형을 우선적으로 고려할 필요가 있다. 전형 방법과 수능 최저학력기준, 대학별 고사 유형, 서류평가, 대학별 고사 일정을 종합해 우선순위를 결정해야 한다. 학생부교과전형 이외의 전형에서는 학생부교과 성적보다 대학별 고사, 비교과, 수능 최저학력기준을 중점적으로 고려해야 한다.

● 3단계: 1단계와 2단계의 지원 대학 리스트를 참고해 모집 시기별로 최종 목표 대학과 학과를 결정하자

최종적으로 모집 시기별로 목표 대학과 학과를 정해야 한다. 1단계와 2단계에서 작성한 대학 리스트를 참고해 목록을 작성해보자. 대학과 학과별로 지원 성향을 상향, 적정, 안정으로 구분해 구체적으로 작성하는 것이 좋다. 1단계에서 작성한 정시 지원 가능 대학과 학과 리스트를 각 군별로 2순위까지 압축해서 작성하자. 주요 대학들이 가, 나군에서

주로 선발하는 만큼 다군에 지원 대학과 학과가 없다면 빈칸으로 두자.

수시는 2단계에서 총 18개의 대학과 학과를 후보로 삼았으니 자신의 지원 성향을 감안해 6순위까지 신중하게 선택하도록 하자. 희망 학과를 선정하는 것을 어려워하는 학생이 많은데, 먼저 대학의 학과 홈페이지에서 세부 전공같은 학과 정보와 졸업 후 진로를 파악하는 것이 좋다. 모집 단위 및 학과명이 비슷해도 대학마다 세부 전공이 다양하므로, 미리 정보를 검색하는 것이 좋다. 특히 자연계열 학생이라면 더욱더 학과 선택을 신중히 해야 한다. 평소 자신의 진로와 적성을 철저히 고민하지 않는다면 결국 점수에 맞춰 학과를 선택하기 쉽다. 이는 곧 재수나 반수 같은 결과를 부른다. 또한 졸업 후에 자신이 갖고 싶은 직업에 대한 정보를 진로 검사와 직업 정보 사이트 등을 활용해 모으자. 다양한 정보를 기초로 결정하는 것이 좋다. 학년이나 시기에 따라 목표 대학과 학과는 달라질 수 있다. 이때 단순히 유명세를 이유로 변경해서는 안 되고, 진로 계획 변동에 따른 선택이어야 한다.

목표 대학과 학과 선정 시 주의사항

- 수시와 정시, 모집 시기별로 목표 대학과 학과를 구체적으로 정하자.
- 모의고사 성적을 기준으로 정시에 지원 가능한 대학과 학과를 먼저 살펴보자.
- 수시 학생부종합전형이나 논술전형은 전형별 유·불리를 판단하자.
- 현실적으로 합격이 가능한 수준의 대학과 학과를 고려하자.
- 정시에 지원할 경우 반드시 재수생을 감안해 지원 가능한 대학 라인을 잡자.
- 가장 잘 본 시험이 아니라 최근 모의고사의 평균 점수로 판단하자.
- 대학 우선과 학과 우선 중 자신의 지원 성향을 결정하자.
- 재수와 반수 등 다양한 변수를 고려해 결정하자.
- 교직이수, 전과, 복수전공 등 해당 대학의 세부 사항을 먼저 확인하자.
- 대학별 설치 학과를 살펴보고, 비슷한 수준의 다른 대학들도 고려하자.

3) 상위 1퍼센트 학부모의 입시 전략

대치동에서는 고액 과외로 하니까 성적이 오르죠?

선생님. 제가 SKY는 꽉 잡고 있어요. 벌써 설명회만 수십 번 다녔어요.

학교에서는 정말 아무 것도 몰라요. 수능만 잘 보면 된대요.

요즘 학부모 사이에 회자되는 자녀의 대입 성공 4대 요인은 조부모의 경제력, 엄마의 정보력, 아빠의 무관심, 둘째의 희생이다. 흔히 명문대에 합격하는 조건 중 엄마의 정보력을 가장 중요하다고 얘기한다.

입시에서 학생의 성적 못지않게 중요한 것이 바로 학부모의 정보력과 입시 전략이기 때문이다. 특히 입시제도 전반에 변화가 많은 시기일수록 더욱더 학부모의 역할이 중요하다. 학부모에게는 요즘 입시가 부담되는 것이 현실이지만, 그대로 자녀에게 모든 것을 믿고 맡기다가 실패하는 것보다 지금부터라도 적극적인 관심을 갖고 준비하는 것이 좋다.

고교 다양화 정책으로 외고, 과고, 자율고(자율형 사립고, 자율형 공립고)뿐 아니라 혁신학교, 중점학교 등 고교 유형이 매우 다양해졌다. 어떤 고등학교를 진학하느냐에 따라 대학 입시 결과가 크게 달라진다. 고등학교 유형에 따라 주로 공략할 입시 전형이 대략 정해지는 만큼 자녀의 특성에 맞는 고교에 진학시켜야 대학 입시에서 좋은 결과를 거둘 수 있다. 예를 들어 외고나 국제고, 전국 단위 자사고에 지원한다면 수시모집 중 학생부종합전형과 논술전형, 특기자 전형 그리고 정시모집을 집중적으로 준비한다. 반면에 일반 인문계고에 진학한다면 주로 수시 모집 중 학생부교과전형과 학생부종합전형, 논술전형을 준비한다. 학생에 따라 차이는 있지만, 큰 틀에서 고교 유형별로 유리한 전형이 있다. 따라서 고교를 선택할 때부터 대입을 염두에 둔 선택을 해야 하며, 우선순위를 미리 정하고 집중하는 것이 좋다.

나는 어떤 유형의 학부모일까?

각양각색이라는 말처럼 누구나 개성이 있다. 학부모 또한 예외가 아니다. 같은 수험생을 둔 학부모라도 평소 가치관과 교육 철학에 따라 저마다 대입을 준비하는 방법이 제각각이다. 내 유형은 어떨까? 아래 내용을 통해 간단하게 확인해보도록 하자. 가장 문제가 되는 것은 극단적인 유형이다.

① **전문가형**: 입시뿐 아니라 학원가 정보 등 다양한 정보를 전문가 수준으로 파악하고 있는 유형이다. 입시전문가조차 놀랄 정도로 특정 대학에 대해서는 전문가 수준으로 정보를 알고 있는 학부모 유형이다. 자녀의 적성과 성적도 잘 파악하고 있어 혼자서도 좋은 결과를 만들어 낼 수 있다.

② **이론가형**: 각종 학부모 교육, 입시 설명회를 통해 이론은 잘 배웠지만, 정작 자신의 자녀에게는 제대로 활용하지 못하는 유형이다. 전문

가의 조언이나 학교 선생님들의 경험을 잘 활용해야 한다.

③ **사교육 의존형**: 학원이나 과외 등 사교육을 맹신하고, 의존하는 유형이다. 자녀에게 많은 사교육비를 투자하면서 스스로 위안을 얻거나 자녀에게 그룹 과외, 족집게 과외 등을 시켜 단기에 성적 향상을 꾀한다.

필요에 맞게 사교육을 활용하면 좋지만, 지나치게 의존할 경우 아이의 자기주도학습 능력을 떨어뜨릴 수 있다.

④ **공교육 의존형**: 학교 활동과 공교육 프로그램을 주로 활용하는 유형이다. 학교에 다양한 프로그램이 많은 경우 좋은 결과를 얻을 수 있다.

최근에는 교육청이나 학교에서 논술 프로그램이나 입시 컨설팅, 진로캠프 등 다양한 프로그램을 운영한다. 하지만 학교에 따라 정시와 수시 비중이 다르고, 운영 프로그램의 질과 양에서 차이가 많다.

⑤ **자유방목형**: 학생의 의견을 존중하며, 명문대보다 학생 스스로 길을 찾아서 선택하기를 바라는 유형이다. 학생이 원한다면 여러 가지 도움을 주고자 한다. 학생에게 선택권을 주는 것은 좋지만, 학생이 아직 자제력과 판단력이 부족한 미성년이라는 점을 감안해야 한다. 입시를 준비하는 과정에서 학생과 갈등을 겪지는 않지만, 입시 결과가 좋지 않을 경우 후회할 가능성이 높다.

⑥ **스파르타형**: 입시 기간에는 학부모가 철저한 관리를 해야 한다고

믿는 유형이다. 등하교와 학원 선택, 스케줄 관리 등 모든 면에서 통제해야 마음이 편한 유형이다. 부모의 의지가 뚜렷한 만큼 학생과의 갈등이 커질 가능성이 높다.

각각의 유형은 그만큼 장점과 단점이 혼재한다. 예를 들어 자유방목형 부모는 입시를 준비하는 과정에서 학생과의 갈등이 적다는 점은 긍정적이다. 하지만 입시에 실패했을 경우 학생이 부모의 무관심을 원망할 가능성이 높다. 그리고 한국의 고등학생 대다수는 스스로 인생을 설계할 만큼 진로 의식이 높지도 않다. 대학 입시가 인생의 큰 관문인 만큼 학생과 적절한 소통과 합의를 해서 해결책을 찾아가는 노력이 필요하다.

객관적으로 내 아이를 파악하고 있다면 이미 당신은 상위 3퍼센트

대학 입시의 기본은 바로 수험생의 역량을 객관적으로 파악하는 것이다. 그러나 흔히 학부모가 놓치기 쉬운 부분도 자녀를 객관적으로 파악하는 것이다. 자신의 자녀이기에 객관적 자료보다 주관적 판단, 감정적 판단에 의존하는 경우가 많다. 예를 들어 평소 모의고사 성적이 잘 나오다가 성적이 급락하면, 대체적으로 단순 실수일 뿐 실력이 하락했다고 생각하지 않는다. 하지만 재학생만 보는 모의고사와 달리 6월과 9월 모의평가, 수능시험 등 재수생이 대거 응시하는 시험에서는 얼마든지 성적이 하락할 수 있다.

자녀의 수준을 지나치게 낮게 평가해서도 안 된다. 흔히 말하는 '수시납치'는 학생의 성적이 갑작스럽게 올라서 나타나기도 하지만, 학생의 성적을 전국 단위에서 객관적으로 파악하지 않고, 지나치게 낮게 평가해 하향 지원을 유도하기 때문에 나타나는 경우가 많다.

중요한 것은 입시에 임하는 전체 경쟁자를 감안해 냉정하고 객관적으로 자녀의 학력 수준을 파악하는 것이다. 부모는 학원, 학교 선생님 등 여러 사람과 상의하고 학교 시험 및 모의고사 성적을 보며 자녀를 객관적으로 파악할 수 있어야 한다. 또한 학교생활기록부의 비교과, 진로 적성검사 자료는 물론 자녀의 특성, 소질과 관련한 자료를 항상 모아두고, 객관적으로 평가할 수 있어야 한다. 자녀에 대한 객관적 평가가 결국 자녀만을 위한 맞춤형 입시 전략의 기본이 된다.

자녀 양육 일지를 만든 예린이 엄마

예린이 엄마는 지인의 소개로 상담했다. 보통 상담을 하기 전에 간단하게 참고 자료를 받는다. 예린이 엄마는 부모의 시각에서 바라본 예린이의 입시 준비 현황, 학업 성적, 공부 습관, 진로에 대한 의견을 A4 3장에 걸쳐 일목요연하게 정리했다. 더욱 놀라운 것은 고교 3년 동안 자녀 양육 일지를 매주마다 기록해둔 점이었다. 일회성 상담에서 제대로 파악하기 어려운 개인 공부 습관까지 세심히 적혀 있어서 그 자료만 봐도 충분히 예린이의 많은 점을 파악할 수 있었다. 냉철하게 제3자의 시각에서 관찰한 자료는 결국 예린이가 성균관대에 합격하는 밑거름이 되었다.

장기적인 비전을 같이 세우고, 실패를 두려워하지 말자

수험생이 단기적인 성적에 주로 신경을 쓴다면, 학부모는 대학과 학과뿐 아니라 졸업 후 진로를 설계하는 등 장기적인 계획을 세워야 한다. 수험생들은 모의고사와 내신 시험을 합치면 학년별로 최소 여덟 번 이상 시험을 치른다. 시험을 볼 때마다 성적에만 집착하는 학생들이 있는데, 부모가 성적에 집착할수록 자녀의 공부 스트레스는 더욱더 심해지게 마련이다. 또한 성적 때문에 갈등이 생기면 결국 성적도 하락하는 경우가 많다. 대학 입시는 최소 3년 이상 해야 하는 마라톤과 다름없다.

장기 목표와 자신만의 교육 철학과 비전을 갖고 자녀를 지도해야 한다. 자녀에게 올바른 목표 의식을 심어주고, 때로는 흔들리는 자녀의 마음을 붙잡고, 지켜주는 부모가 되어야 한다.

재수는 필수, 삼수는 선택이라는 말이 있듯이 대입 경쟁에서 실수는 누구나 할 수 있다. 장기적인 관점에서 보면 1, 2년 정도는 투자할 만한 가치가 있다. 자녀가 자신의 한계에 머물러 안정적인 선택만을 하기보다 단계별로 한계를 극복할 수 있도록 격려하고 응원해주자. 수험생이 슬럼프나 입시 실패를 겪으면 의기소침해지기 쉽다. 그럴수록 성공스토리를 같이 얘기하면서 실패에 대한 두려움을 없애주자. 시험 성적이 나왔을 때 성적의 향상과 하락도 중요하지만, 그 과정에서 학생이 얼마나 노력했는지를 먼저 생각해보자. 결과도 중요하지만 과정을 복기하면서 자녀는 더욱더 발전한다.

고3일 때 내신과 수능이 모두 평균 4등급이었지만, 재수와 삼수를 하면서 결국 교대에 합격시킨 의지의 한국인이 바로 방배동 세원이 엄마다. 세원이는 재수종합학원을 다니다가 학원 상담 외에 별도로 재수와 삼수를 감안한 전략을 짜고 싶다며 상담을 신청했다. 학생 부교과나 수능 모두 인 서울도 어려운 성적이지만, 학부모와 학생 모두 사수를 각오하면서까지 교대 진학을 희망했다. 처음에는 만류했지만 학생과 학부모의 의지를 알고 같이 입시를 준비했다. 모의고사를 보고 매번 성적 분석과 실수 체크를 하며 앞으로의 학습 방향을 지속적으로 조언했다. 결국 2년에 걸친 노력 끝에 마침내 정시에서 교대에 합격했다.

입시 정보를 수집하고, 분석해 자녀에게 맞는 전형을 선택하자

대학 입시에 변화가 많고 전형이 다양한 요즘, 입시 정보의 중요성은 나날이 커지고 있다. 대학교육협의회나 대학교 홈페이지, 입시 정보 사이트, 언론 기사, 입시 설명회 등에서 적극적으로 입시 정보를 얻고, 분석해야 한다. 고1 때부터 미리 대입 설명회 등을 다니면서 차근차근 준비하다 보면 입시 트렌드를 이해할 수 있다. 특히 희망하는 대학과 관련해서는 해마다 달라지는 전형 변화, 입시 결과를 파악하고 합격생 후기, 대학교 입시 설명회 등에서 다양한 정보를 수집해서 자녀와 공유하는 것이 좋다. 인터넷에 떠도는 잘못된 정보나 풍문에 속지 말고, 학생과 학부모가 올바른 입시 정보를 습득해야 한다.

대학 입시는 모집 시기별로 정시모집과 수시모집이 있고, 그에 따라 다양한 전형이 있으므로 자녀의 성적(비교과)과 재학 중인 학교의 진학 실적, 전형별 선발 규모, 전형의 변화 등을 감안해 유리한 전형을 찾아야 한다. 단순히 내신성적이 주변 친구에 비해 좋게 나왔다고 해서 학생부교과전형을 선택하는 것은 좋지 않다. 학생부교과전형을 실시하는 수도권 대학의 실제 합격 컷은 예상보다 높기 때문이다. 또한 선발 인원이 대폭 축소된 적성고사 전형을 불필요하게 고집하는 것도 마찬가지다. 선발 인원이 대폭 줄었기에 경쟁률이나 합격 컷이 예년에 비해 올라갈 가능성이 높다. 또한 어학특기자 전형 등 대폭 축소되고 있는 전형을 불필요하게 준비하는 것도 마찬가지로 위험하다. 단순히 내신의 불리함을 극복할 수 있다는 이유로 선택할 것이 아니라 학생에게 맞는 전형을 선택해야 한다.

이처럼 달라지는 입시 흐름을 이해하고, 자녀에게 유리한 전형을 찾는다면 좋은 결과를 얻을 것이다.

수시 지원 없이 정시에 인 서울 한 미선이

미선이는 서울 일반고 출신으로 내신과 모의고사 성적이 평균 3.5 등급 선이며, 특별한 비교과도 없고, 논술을 비롯한 대학별 고사 준비도 제대로 되어 있지 않았다. 대다수 수험생과 학부모는 그래도 수시에 지원하지만, 미선이 엄마는 미선이가 수시에 지원했다가는 수능준비에 소홀할 수 있고, 별다른 강점이 없어 합격이 어렵다고 판단해 정시만을 철저히 준비하기로 했다. 과목별로 현재 미선이의 부족한 면을 학교 선생님과 학원 선생님의 도움을 얻어 파악하고, 그에 맞는 학습 계획을 짜서 관리를 받았다. 전문 학습 컨설턴트의 도움까지 받으면서 수능 준비에 매진한 결과 마침내 인 서울 할 수 있었다.

교과 성적 관리 못지않게 교내 활동도 중요하다

최근 학생부종합전형이 급격히 확대되면서 자녀의 교내 활동에 관심을 갖는 학부모가 늘어났다. 예전 입학사정관 전형은 각종 교외 스펙, 해외 봉사 활동 등 사교육으로 준비할 수 있는 것이 많았지만, 학생부종합전형은 철저하게 학교 활동을 중심으로 평가한다.

자녀의 교과 성적 관리도 중요하지만, 비교과도 신경 써서 학교 및 공교육에서 실시하는 다양한 프로그램에 적극적으로 참여하도록 해보자. 학교 홈페이지에서 연간 학사 일정 및 학교별 특성화 프로그램 내용을 확인하자. 특히 자녀의 진로와 연계된 동아리 활동은 필수다. 학교별 동아리 활동 내용은 학교알리미 사이트에서 프로파일을 다운받아 확인하거나 학교에 문의해서 쉽게 파악할 수 있다. 최근 영자신문반, 과학탐구 동아리 같은 인기 동아리는 경쟁이 매우 치열해 신청자를 모두 수용하지 못하는 경우가 많다. 학생의 특성에 맞는 동아리가 없다면 여러 학생을 모아 동아리를 개설해 운영할 수도 있다. 또한 소논문 작성과 같은 특성화 프로그램이 있다면 반드시 활용하도록 하자.

자녀가 학교 수업 및 동아리 활동 등 교내외의 다양한 활동에 적극적으로 잘 참여할 수 있도록 도와주자. 입시를 준비하는 데 많은 도움이 될

뿐만 아니라 다양한 활동에서 자신의 적성과 흥미를 찾고 진로를 설계할 수 있어 효과적이다. 평소 학교 수업뿐 아니라 여러 실적을 체계적으로 잘 관리한 학생은 학생부종합전형에서 좋은 결과를 얻을 수밖에 없다.

족집게 강사를 맹신할 것이 아니라 사교육을 똑똑하게 활용하자

명문대 합격의 필수조건이 족집게 과외라고 생각하는 학부모가 많다. 학원, 과외와 같은 사교육은 꼭 필요한 만큼만 활용하자. 자녀와 함께 구체적인 필요, 활용 기간, 성적 향상 목표 등 꼼꼼하게 기준을 정하자. 흔히 강사의 출신 대학 같은 유명세를 우선적으로 보는데, 제일 중요한 것은 자녀의 수준에 맞는 강의인지 알아보는 것이다. 아무리 명강사라 하더라도 자녀에게 학습 의욕이 없거나 자녀의 학력 수준에 맞지 않는 어려운 수업이라면 쓸모가 없다. 또한 지나치게 많은 학원 강의와 과외를 받는 등 사교육에 의존하다 보면 정작 가장 중요한 학교 수업을 소홀히 할 수 있다. EBS 수능 강의와 강남구청 인터넷 강의 등에도 사교육에서 내로라하는 강사가 많이 등장한다. 전체적인 학습 계획을 먼저 짜고, 시기별 과목별 우선순위를 정해 균형 잡힌 학습을 할 수 있도록 지도해주자.

대학도 중요하지만 자녀의 적성에 맞는 학과를 고려하자

부모는 대학 간판을, 자녀는 학과를 더 중요하게 생각해서 갈등이 생기는 경우가 있다. 대학의 인지도도 중요하지만, 자녀의 적성에 맞는 학과도 중요하다. 실제로 간판만을 보고 대학에 입학한 후에 자퇴하거나 반수를 하는 학생이 많다. 더구나 요즘에는 서울대를 비롯한 명문 대를 나와도 취업을 못하는 이들이 너무나도 많다. 기업도 대학의 간판보다 역량을 보고 선발하는 경우가 많아지고 있다. 특히 대학이 집중적으로 육성하는 특성화 학과나 채용 조건형 계약 학과의 정보를 잘 살펴보자.

자녀의 적성에 맞는 학과라면 과감히 진학을 고려해볼 필요가 있다. 대학교 입학처나 학과 사무실에 학과별 커리큘럼, 장학금 및 혜택 등 다양한 정보를 물어보고, 신중하게 결정하도록 하자.

학부모가 꼭 알아야 할 공부에 대한 오해와 진실 7가지

오해 1. 내신과 수능은 별개의 시험이다?

기본적으로 시험별 출제 범위와 성격의 차이가 있다. 하지만 수능이 쉬워지고, 점차 고교 교육과정 중심으로 출제함에 따라 학교 내신으로 수능의 기본 개념을 준비할 수 있다. 특히 수능처럼 사고력을 평가하는 시험에서는 각 교과에 대한 개념이 기본이라는 점을 감안해야 한다. 즉 학교 진도에 맞춰 교과별 기본 개념을 완벽히 이해하고, 시험을 본 후 다시 한 번 복습하는 것이 수능시험을 대비하는 첫걸음이다.

오해 2. 학교 수업보다 스타 강사의 인강이 더 중요하다?

최근 인강으로 공부하는 학생이 많다. 하지만 인강도 학교 수업, 학원 강의, 과외처럼 결국 하나의 수단에 불과하다. 스타 강사라면 수업 준비와 수업 방식, 교재 등 여러 가지가 우수한 것도 사실이지만, 자신의 수준에 맞는 공부를 하는 것이 더 중요하다. 스타 강사는 상위권 중심으로 강의하기 때문에 중하위권 수험생이라면 학교 수업부터 제대로 소화할 필요가 있다.

오해 3. 4당5락은 진리다?

수험생이라면 자주 듣는 말이 바로 4당5락이다. 그러나 절대 수면 시간을 확보하는 것이야말로 수능 대비에서 기본이다. 4당5락은 체력적으로 뒷받침이 되고, 제한적인 수면을 취해도 깨어 있는 시간에 몰입이 잘되는 극소수의 학생에게 해당되는 말이다. 대부분 수면이 부족하면 학교 공부가 소홀해진다. 수업 중 졸거나 체력이 저하돼 오히려 장기적인 수능 대비가 근본부터 어려워진다. 개인에 따라 기본적 차이는 존재하나 수험생은 5~6시간 동안 양질의 수면을 취할 필요가 있다.

오해 4. 공부엔 왕도가 없다?

공부에는 왕도가 없는 것이 사실일지 모른다. 하지만 수능시험은 국가 단위의 평가 시험이다. 명확하게 제시한 출제 경향과 다년간 쌓인 기출문제와 유사한 유형으로 출제된다. 따라서 수능시험의 특징을 이해하고, 기출문제를 철저히 분석해 빈출 유형을 파악하고 그에 따른 올바른 학습법을 체득한다면 누구나 좋은 결과를 얻을 수 있다.

오해 5. 문제만 많이 풀면 된다?

중하위권 성적대의 학생들이 가장 많이 저지르는 실수가 문제집만

무식하게 풀어대는, 이른바 '양치기'다. 이런 방식은 당장 공부를 많이 한 것 같은 착각을 줄지는 모르지만 근본적으로 수능형 공부에 대한 정답은 아니다. 수능 출제 매뉴얼을 보고 출제 방식을 이해하는 것이 가장 바람직하다. 즉 수능은 암기로 해결하거나 시중의 문제집과 동일하게 출제되는 시험이 아니다. 가장 중요한 것은 자주 출제되는 개념을 철저히 이해하고 다양한 유형을 응용 연습하는 것이다.

오해 6. 머리가 나쁘면 공부를 못한다?

흔히 하는 오해 중 하나가 바로 머리가 나쁘면 해도 안 된다는 편견이다. 주변에 머리가 좋고, 성적이 좋은 친구들을 보면서 자연스레 이런 편견을 갖게 된다. 고승덕 변호사는 하루 17시간을 공부했고, 밥 먹는 시간을 아끼기 위해 일부러 비빔밥을 먹었다고 한다. 그는 머리가 좋은 것이 아니라 머리가 안 좋기 때문에 남들보다 더 많은 시간을 공부했다고 한다.

오해 7. 학습법을 알아야 공부를 잘한다?

최근 학습법 열풍이 불면서 학습법 서적이나 명문대에 합격한 수험생의 수기를 찾는 학생이 많다. 물론 학습법은 필요하지만, 학습법 자체를 또 공부하는 것은 지양해야 한다. 특히 학생 개개인별 학습 수준이나 공부 습관, 환경이 다르기 때문에 선배의 학습법을 맹신하는 것은 매우 위험하다. 시중 학습법 서적이나 수기는 반드시 참고 자료로만 활용하도록 하자.

4) 나의 자기주도 입시 수준은 어느 정도일까?

요즘 입시가 복잡해서 입시도 정말 공부해야 하는 것 같아요.

성적이 중위권인데, 대체 입시는 어떻게 준비해야 하나요?

선배들 얘기를 들어보니 미리미리 준비하라는데, 어떻게 해야 하죠?

현재 대학입시 구조에서는 우수한 '성적'도 중요하지만 전형별, 대학별로 천차만별인 입시 전형의 특성상 자신에게 맞는 '입시 전략'도 합격을 좌우하는 중요한 요소로 자리 잡았다. 특히 앞으로 2021학년도 입시와 2022학년도 입시 등 입시의 변화가 많은 시기이기 때문에 더욱 더 중요해졌다.

최근에는 수도권을 넘어 대구, 광주, 부산 등 대도시를 비롯해 군단위 지방학생들이 입시전문가의 지도를 받는 경우가 확실히 늘어났다. 또한 교육청이나 지방자치단체에서 학부모를 대상으로 입시 지도 및 학습 지도 방법을 교육해주고 있다. 뿐만 아니라 사설 기관에서 전문 컨설턴트 과정을 운영하기도 한다. 수험생이 명문대에 합격하려면 학부모가 입시 전문가가 되어야 한다는 얘기도 많이 들리고 있다. 하지만 말을 물가에 데려갈 수는 있지만 물을 먹일 수 없듯이 결국 가장 중요한 것은 수험생 스스로 얼마나 적극적으로 입시를 준비하느냐다. 대다수 수험생과 학부모가 접하기 쉬운 오류를 한번 점검해보고 입시를 준비하도록 하자.

(1) 수험생들과 학부모가 저지르기 쉬운 오류

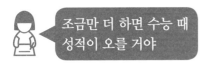

조금만 더 하면 수능 때 성적이 오를 거야

성적이 오를 것이라는 실낱같은 희망에 수시를 포기하고, 정시에 올인 하는 수험생과 학부모가 간혹 있다. 사실 성적이 오르면 얼마나 좋은 일인가! 하지만 현실은 결코 호락호락하지 않다. 6월 모의평가와 9월 모의평가 때부터 등장하는 재수생의 위력은 고3 수험생이 느끼기에는 난공불락의 요새와도 같을 것이다. 특히 영어 절대평가로 인해 국어 등 다른 과목의 난이도가 상승하면서 더 어려워졌다. 정시 선발 규모 축소로 인해 정시에만 올인 하는 경우 수능 당일 느끼는 부담감이 매우 크다. 평소 실력보다 시험 당일의 운과 실수가 점수를 좌우한다. 막연한 기대로 수시를 상향 지원했는데 수능에서 성적이 떨어진다면 정시에서 처절한 실패를 맛본다. 정시는 철저히 수능 위주의 입시이며, 합격과 불합격이 1~2점이 아니라 소숫점 단위로 갈린다. 영어 절대 평가로 인해 2018학년도 정시모집에서는 주요 대학들 모두 입시 합격선이 높아 많은 학부모들과 수험생이 혼란을 겪었다.

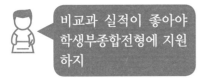

비교과 실적이 좋아야 학생부종합전형에 지원하지

학생부종합전형이 매년 확대되면서 이제는 많은 수험생들이 적극적으로 지원을 고려하게 된다. 사실 주요 대학의 학생부종합전형에 지원하려면 교과 성적과 더불어 비교과 실적도 우수해야 한다. 고려대학교 2019학년도 수시모집처럼 학생부종합전형에서도 수능 최저학력기준을 적용하기도 한다. 학생부종합전형에 지원하면서도 수능 준비까지 해야 하는 부담이 늘었다. 하지만 중하위권 대학에 학생부종합전형으로 합격한 수험생의 사례를 보면 비교과 실적이 평범한 경우도 많다. 대학 수준을 감안해 학생부종합전형에 지원할 것인지 결정하자. 학생부종합전형에 지원하는 모든 학생들이 아주 뛰어난 스펙을 갖고 있는 것은 아니다. 지원 학과와 관련된 교과 성적이 우수하다면 수시 6회의 기회 중 2~3회를 이용해 적극적으로 학생부종합전형에 지원해 보자.

논술 아무나 하는 게 아니지. 그냥 정시로 가자 성적이 우수한 최상위권 학생 중에도 논술에 자신감이 부족해서 오로지 수능만 준비하는 학생이 있다. 수십 대 1을 넘는 높은 경쟁률을 보이는 전형이며, 인기학과의 경우에는 때로는 수백 대 1을 기록하기도 한다.

물론 자신의 유형을 잘 살펴 집중하는 것도 좋은 방법이지만 문제는 바로 영어 절대평가와 예년에 비해 줄어든 정시모집의 선발 규모이다. 이로 인해 정시 합격선은 상승하게 된다.

최근 논술 난이도가 상당히 떨어진 만큼 수능 이후에 실시하는 논술전형에 1~2개 정도 과감히 지원해두고, 수능을 치르고 나서 응시 여부를 결정하는 것이 좋다. 수능 이후에 적어도 며칠 혹은 몇 주까지 시간이 있기 때문에 치르기로 했다면 최선을 다해 도전하는 것이 좋다. 특히 자연계열은 수학과 과학 지식을 많이 묻기 때문에 평소 모의고사 등급이 1~2등급 이내인 우수한 학생이라면 단기간만 준비해도 합격할 가능성이 높다.

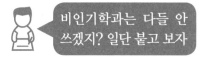

비인기학과는 다들 안 쓰겠지? 일단 붙고 보자

학과별 선호도는 최근 경제 상황, 취업 현황, 미래 전망 등에 따라 매년 다르게 나타난다. 학생부종합전형에서 사학, 사회복지 등 학과는 주요 대학에서도 높은 경쟁률을 보이는 경우가 많다. 흔히 종교나 철학, 물리, 지리 등 비인기 학과는 합격선이 낮을 것이라고 예상한다. 하지만 실제 수시와 정시에서 주요 대학의 경우를 보면 비인기 학과에 추가 합격자 수가 적고, 인기 학과에는 추가 합격이 많아 실제 합격선이 역전되는 경우가 흔하다. 대학들이 경쟁력을 강화한다고 비인기 학과의 인원을 감축하고 있어서 더욱더 그렇다. 심지어 예비 1번도 추가 합격되지 않을 때도 있다. 반면에 중하위권 대학은 비인기 학과일수록 경쟁률이 낮고 추가 합격이 많다. 대학과 전형별 특성을 이해하고 지원해야 한다.

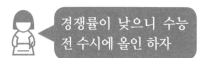

경쟁률이 낮으니 수능 전 수시에 올인 하자

주요 대학의 수능 전 전형은 수능 후에 실시하는 전형에 비해 경쟁률이 많이 낮은 편이다. 그래서 경쟁률만 보고 수능 전에 실시하는 수시에 올인 하는 학생이 있는데, 수시 원서 접수와 전형 기간이 수능 마무리 학습 기간과 겹치는 점을 염두에 두어야 한다. 따라서 수능 전 수시에 올인 하다가 불합격하면 정시도 연쇄적으로 실패할 가능성이 매우 높다. 특히 수능 전에 실시하는 수시 전형은 결시율이 매우 낮아 실질 경쟁률이 높다. 모의고사 성적이 너무 저조해서 정시로는 정말 힘든 경우라면 수능 전 수시에 올인 하더라도 안정적 지원을 최소 1~2개교 이상은 해야 한다.

나보단 낫겠지, 상담 받은 대로 다 쓰자

학교뿐만 아니라 전문 입시 기관 혹은 대학에서 상담을 받았다고 하더라도 특정 상담만 맹신하는 것은 매우 위험하다. 상담 자료는 과거의 데이터이며, 지원 성향을 비롯해 막판 눈치작전 등 다양한 요소를 감안해야 한다. 아무리 믿을 수 있는 전문가라 하더라도 1회 상담으로 자신의 미래를 좌우하는 중요한 결정을 맡기는 것은 위험하다. 여러 경우를 고려해 2~3회에 걸쳐 반복 상담을 받아 더 좋은 선택을 하도록 해야 한다. 특히 동일 자료를 가지고도 상담자에 따라 지원 가능 대학과 학과가 다를 수 있으니 주의해야 한다. 상담자의 역량뿐만 아니라 상담에 활용되는 자료의 양과 질도 반드시 감안해야 한다.

수시 배치표에서 합격 가능하다니 써보자

수시 배치표는 참고 자료로만 활용해야 하는데, 주요 교과 평균 등급으로 만든 배치표를 맹신하는 수험생이나 학부모가 꽤 많다. 배치표는 사설 기관별로 같은 대학 같은 학과인데도 최대 1등급 이상 차이가 나기도 한다. 특히 학생부종합전형이나 논술전형 등 대학별 고사와 서류를 반영하는 전형에서는 수시 배치표가 의미 없다. 학생부교과전형에서만 배치표를 참고 자료로 활용할 수 있으며, 이 경우에도 절대적인 기준이 될 수 없다.

(2) 나의 입시 준비 수준은 어느 정도일까?

수험생이라면 누구나 가고 싶은 대학과 학과가 있을 것이다. 그러한 꿈을 이루는 과정이 바로 대학 입시다. 이를 위해 수능시험, 그리고 모의고사, 중간고사와 기말고사 등 거의 한 달에 한 번꼴로 시험을 치른다. 거의 매달 시험을 치르고, 성적표를 확인하다 보면 어느새 수능시험이 코앞인 경우가 많다. 수험생은 다른 사람들보다 시간의 흐름을 훨씬 빠르게 느낀다. 당장 오늘 공부해야 할 것이 있고, 학교 수업이나 과제도 준비해야 하고, EBS 교재도 풀어야 하는 등 눈앞에 해야 할 일이 태산처럼 쌓여 있게 마련이다. 가끔씩 성적이 떨어지거나 오르기라도 하면 평정심도 깨지고, 무더운 여름에는 슬럼프도 찾아온다. 사실상 고3 수험생이 시험 대비 공부를 하면서 제대로 입시를 준비하기란 매우 벅차다. 이제부터 자신의 입시 준비 정도를 한번 체크해보도록 하자. 아래 체크리스트를 참고해 현재 자신이 어느 정도로 입시를 준비하고 있는지, 혹시 앞으로 입시 준비 과정에서 보완해야 할 점은 무엇인지를 확인해보도록 하자.

자기주도적인 입시 준비를 위한 체크리스트

번호	내용	예 (YES)	아니오 (NO)
1	학교생활기록부, 모의고사 성적표 등을 보관하고 있다		
2	희망 대학과 전공에 대해 정보를 잘 모으고 있다		
3	나에게 유리한 전형을 찾아 준비하고 있다		
4	입시설명회 등에 자주 참가하고 있다		
5	성적과 적성에 맞는 목표 대학과 학과를 정했다		
6	학생부의 교과와 비교과 실적을 분석해 활용한다		
7	모의고사 성적을 매 시험마다 비교 분석하고 있다		
8	목표대학의 입시결과와 경쟁률 등을 파악하고 있다		
9	주요 입시사이트에서 입시정보를 파악하고 있다		
10	논술이나 적성고사를 장기간 준비하고 있다		

Yes로 체크한 항목이 7개 이상

일반적인 수험생 수준을 뛰어넘는 학생이며, 자신의 학업 역량을 기본으로 우수하게 입시를 준비하는 학생이다. 이 정도로 잘 준비한 학생은 평소 성적에 비해 대학 입시 결과가 좋은 경우가 많다. 이른바 '입시 대박'을 터트리는 학생 유형이다. 수험생 사이에서 흔히 '정보통'으로 알려진 학생이 많다. 평소 하던 대로만 꾸준히 준비하면 입시에서 원하는 결과를 거둘 가능성이 매우 높다.

Yes로 체크한 항목이 4~6개 사이

일반적인 수준으로 입시 준비에 신경을 쓰는 학생들이다. 나름대로 목표 대학도 찾아보고, 시간이 날 때 인터넷에서 정보도 찾아보지만, 구체적인 입시 전략은 없고 단편적인 정보만 찾아보는 경우가 많다. 파편적인 정보는 나름 잘 알고 있지만 제대로 된 준비 전략을 세우지 못해 고민하는 수험생이 여기에 해당된다. 앞으로 조금만 더 입시 정보 수집과 활용에 신경 쓰면 좋은 결과를 거둘 수 있다.

Yes로 체크한 항목이 3개 미만

대체로 입시에 관심이 없는 중하위권 수험생들이다. 당장 눈앞의 시험성적부터 향상시켜야 하기 때문에 입시 준비에 별로 신경을 쓰지 않는다. 간혹 성적은 비교적 우수하지만 입시에 대해 잘 모르고, 정시 위주로 준비하는 학생도 여기에 해당된다. 막연히 열심히 하는 것만으로는 결코 입시에서 좋은 결과를 거둘 수 없다. 성적이 다소 떨어져도 자신의 강점을 잘 살릴 수 있는 전형을 찾아야 한다. 이제부터라도 입시 설명회나 입시 사이트에서 정보를 계속 모아야 한다.

(3) 학부모의 입시 준비 수준은 어느 정도일까?

처음으로 자녀의 대입을 준비하는 학부모라면 누구나 난관에 봉착한다. 입시 전형은 매년 달라지고, 학교나 학원에 가서 상담을 해도 매번 다른 이야기를 듣고, 뉴스에서는 입시 전략이 중요하다는데 정작 도움받을 사람은 별로 없다. 자녀의 성적이 중하위권이라면 학교나 학원에서 상담받기도 때로는 무안하다.

뉴스나 입소문으로 퍼지는 '대치동 엄마' 이야기, 이제는 '입시 전문가'가 되어야 한다는 조언, 자녀가 입시 스트레스로 시달릴 때 속 시원하게 도와주고 싶은 바람 등 여러 가지 상황이 학부모에게 '슈퍼맨'이 되라고 주문하고 있는 듯하다.

자녀가 혼자 잘 준비하고 있다면 정말 좋지만, 대부분의 수험생은 당장 시험 공부하기에도 바쁘다. 특히 시험 성적이 중요시되는 분위기에서 자신의 적성과 소질에 맞는 직업을 찾아보는 것은 언감생심이다. 대입을 준비하는 수험생 학부모라면 기본적으로 체크해야 할 사항을 한번 정리해보자.

수험생 학부모를 위한 입시 준비 체크리스트

번호	내용	예 (YES)	아니오 (NO)
1	자녀의 진학지도용 자료(학생부, 성적표) 등을 관리하자		
2	학원, 대학, 교육청 주관의 입시설명회에 자주 다니자		
3	자녀의 성적대에 맞는 대학입시 정보를 수집하자		
4	대학입학처, 입시사이트, 대교협 등에서 자료를 모으자		
5	언론사의 교육 섹션을 정기적으로 읽고, 스크랩하자		
6	학사일정 및 시험일정, 입시일정을 알아두자		
7	자녀에게 필요한 사교육은 목적에 맞게 잘 활용하자		
8	자녀의 적성과 미래에 유망한 직업들을 검토하자		
9	성적뿐만 아니라 자녀의 비교과 등도 관심을 갖자		
10	수험생 자녀의 체력 및 스트레스 관리에 주의하자		

Yes로 체크한 항목이 7개 이상

학부모 사이에서 '입시 전문가'로 소문날 수준의 열성적인 부모라 할 수 있다. 언제 어디서 어떤 정보를 얻는지를 줄줄 꿰고 있는 수준이다. 학교 선생님이나 학원 선생님보다 특정 대학의 입시 결과와 트렌드를 더 잘 알 수도 있다. 초중학교 때부터 특목고 입시를 준비하면서 일찍부터 입시 정보의 중요성을 깨달은 부모가 여기 많이 속한다. 첫째의 입시 경험으로 둘째 아이부터 부모가 적극적인 조력자로 활동하는 경우가 많다. 다만 자녀를 주관적인 시각으로 볼 것이 아니라 성적과 소질, 역량을 전국 단위에서 파악할 필요가 있다. 또한 자신의 입시 정보력을 지나치게 과신해 학교나 다른 상담자의 조언을 흘려들을 수 있으니 객관적인 정보라도 다시 한 번 검토해볼 필요가 있다. 지금처럼 입시를 잘 준비한다면 자녀가 성적보다 좋은 대학에 진학할 가능성이 매우 높다.

Yes로 체크한 항목이 4~6개 사이

그래도 자녀의 입시를 신경 써서 준비하는 학부모다. 입시 전문가만큼 정보와 통찰력이 뛰어나지는 않지만 꾸준히 정보를 모으고, 자녀를 관리하다 보면 좋은 결과를 거둘 수 있다. 여러 가지 경로를 통해 다양한 정보를 모을 수 있지만 제일 중요한 것은 자녀의 수준에 맞는 대학 입시 정보다. 대학 수준에 따라 필요한 정보가 다르기 때문이다. 학교나 학원 혹은 입시 전문가와 상의해 자녀의 수준에 맞는 목표 대학과 학과를 정하고, 계획을 세우고, 준비하면 효과적이다. 자녀의 성적 관리 못지않게 자녀에게 맞는 전형을 선정해 학습 부담을 덜어주는 것도 중요하다.

Yes로 체크한 항목이 3개 미만

대입 준비는 자녀에게 맡기는 유형이거나 아예 자녀의 대입 준비에 신경을 쓰지 못하는 학부모 유형이다. 대입의 승패는 결국 '성적'에 달려있다고 생각해 입시 정보보다 자녀의 성적 관리에만 집중하는 경우도 많다. 특히 예체능계열을 준비하는 수험생 학부모나 지방 학부모들이 여기에 많이 해당된다. 자녀 혼자 잘해서 좋은 결과를 내는 경우는 드물다. 이제부터라도 학부모가 자녀의 대입에 관심을 갖고, 지속적인 정보를 수집하고 분석해야 한다. 1년 동안만 학부모가 고생하면 자녀의 인생을 좌우하는 대입에서 훨씬 더 좋은 결과를 얻을 수 있다. 주위의 선배 학부모나 경험자, 학교나 학원에서 주기적으로 조언을 얻는 것이 좋다.

5) 내신성적은 우수, 모의고사 성적이 저조 ⇒ 학생부교과전형

주요 대학의 학생부교과전형이 축소된다는데, 사실인가요?

학생부교과전형은 수능 최저기준에 따라 입시 결과가 크게 달라지나요?

서울 소재 대학에 학생부교과전형으로 지원하려면 성적이 어느 정도여야 하나요?

대입 전형 간소화 정책으로 수시모집은 학생부교과전형, 학생부종합전형, 논술전형, 실기(특기)전형으로 분류되었다. 교과 성적이 우수한 학생이라면 학생부교과전형을 우선적으로 고려해야 한다. 학생부교과전형은 전체 대입 정원 중 3분의 1 이상을 선발하는 가장 규모가 큰 전형이자 수시모집에서 절반 이상을 차지하는 전형이기도 하다.

학생부교과전형은 특목고나 자율고에 비해 상대적으로 우수한 내신 성적을 확보할 수 있는 일반고 학생이 주로 지원한다. 최상위권 대학 중에는 선발 대학이 적고, 중위권 이하의 대학에서 많이 선발하는 방식이다. 그동안 모의고사 성적과 6월과 9월에 실시하는 평가원 주관의 모의평가 결과를 참고해 지원 여부를 결정해야 한다. 학생부교과전형은 예년의 입시 결과를 참고해 지원하면 합격 가능성이 매우 높다. 수능 최저학력기준 적용 여부와 과목별 반영 방법, 면접고사 실시 여부에 따라 경쟁률과 입시결과의 차이가 크게 나타나기도 한다.

교과 성적만 집중 관리해 홍익대에 합격한 보람이

예전에 합격시킨 학생의 부모 소개로 고교 2학년 때부터 지도를 맡게 되었다. 학교의 진학 실적과 여건, 학생의 모의고사 성적과 교과 성적, 비교과 등을 종합적으로 살펴보니 학생부교과전형을 최우선으로 준비하는 것이 유리했다. 교과 100 전형과 교과＋면접을 실시하는 대학들을 지원하기로 했고, 최우선으로 교과 성적을 최대한 관리하기로 했다.

전교 최상위권도 모의고사 2~3등급 수준일 정도로 교육 환경이 열악한 지역이므로 수능 중심으로 선발하는 정시모집에서는 결코 좋은 결과를 얻기 어려웠기 때문이다.

학기별로 목표 점수와 등급을 정해 지속적으로 관리했는데, 중간고사와 기말고사 3주 전부터 미리 계획을 짜고, 보완 및 점검을 해나갔다. 중간 중간 전국연합학력평가 결과를 참고하면서 대학이나 학과 라인을 잡아나갔다. 평균 2~3등급 수준의 모의고사 결과를 보고 나서 수시에서 승부를 내야 한다는 목표 의식이 보람에게 점차 커지기 시작했다. 교과 성적은 2.2등급을 시작으로 3학년 1학기에는 1.5등급까지 매 학기마다 상승했다. 구체적인 목표를 달성하는 현실적 방법이 우수한 내신성적 확보였으므로 보람이 또한 학교 수업에 집중하면서 성적을 올렸다. 모의고사 성적을 보면 정시는 가능성이 낮아 수능 최저학력기준에 맞추고 대학 입학 후 전공 공부에 맞는 국어와 영어, 사회탐구 2과목에 집중하는 전략을 취했다. 목표 등급은 국어 3등급, 영어 1등급, 사회탐구 2등급으로 설정해 결코 무리한 수준은 아니었다. 목표 대학 및 학과를 체험하고자 대학교를 탐방하고 학과와 관련된 도서를 학기별로 2권씩 읽으면서 대학 입학 후까지 대비했다. 그리고 동아리 활동이나 봉사 활동 등 이른바 스펙을 쌓는 활동은 최소화하면서 오로지 내신 및 수능 특정 영역만 집중적으로 파고들었다.

또 학생부교과전형이지만 면접을 실시하는 대학들이 많아 기본적인 시사 상식, 면접 기출문제 등 면접 훈련을 월 1회씩 진행했다. 면접 기본자세부터 익히면서 주요 면접 기출문제를 정복해나갔다.

1년 이상 장기 훈련을 하며 학교 모의 면접 체험에서 좋은 평가를 받는 등 점차 발전하는 모습을 보였다. 3학년이 되면서부터 본격적으로 희망 대학과 취업에 유리한 학과, 미래 유망 직업을 같이 찾아보았다. 취업이 힘든 요즘 상황을 감안해 행정학과 및 경영학과를 중심으로 서울 주요 대학 수시에 지원한 결과 홍익대에 합격하는 좋은 결과를 거두었다. 이처럼 각자 자신의 환경에 따라 유리한 전형을 찾아 집중하는 것이 입시 성공의 지름길이다.

(1) 학생부교과전형 지원 시 체크포인트

학생부교과전형은 논술이나 적성고사에 대한 부담이 없고, 비교과 실적이 부족하거나 없어도 합격할 수 있기 때문에 선호도가 높다. 특히 수능 최저학력기준을 적용하지 않는 주요 대학의 입시 결과를 보면 합격 기준이 매우 높게 형성된다.

학생부교과전형은 교과 성적만 보거나 교과 성적과 면접을 합산해 선발한다. 따라서 학생부교과전형에 지원할 학생은 크게 학생부교과 성적, 수능 최저학력기준, 면접 실시 여부와 면접 준비를 기준으로 지원 가능한 대학들을 찾아보는 것이 중요하다. 또한 대학별로 교과 성적 반영 방법이 다르니 대학별로 내신성적을 계산해보고, 유리한 대학을 선택해야 한다. 반영 교과와 학년별 반영 비율, 반영 과목수, 가중치, 반영 지표를 면밀히 체크해야 한다.

주의할 것은 전형이 단순하고 최저학력기준이 없는 대학은 경쟁률이 높게 나타나며 인기 학과와 비인기 학과 간의 성적 격차가 크지 않다는 점이다. 또한 주요 대학 합격선은 논술전형이나 다른 전형에 비해 높게 나타난다. 또 성적이 우수한 학생들은 중복 합격되는 경우가 많다.

한양대, 경희대, 서울시립대, 한국외대, 중앙대, 이화여대 등 주요 대학에 지원하는 학생이라면 한양대에서 입시 결과를 공개하고 있으니 참고해 지원하는 것이 좋다. 주요 대학에 지원 가능한 성적대는 1.2~1.6등급 이내로 예상할 수 있다.

수능 최저학력기준을 적용하는 대학이라면 6월과 9월 모의평가 결과를 기준으로 최저학력기준 충족 여부를 가늠해 지원을 결정해야 한다. 앞으로 남은 기간 동안 성적을 향상시키는 것이 쉽지 않으므로 냉정하게 자신의 실력을 분석해야 한다.

마지막으로 면접을 실시하는 대학에서는 면접에서 합격, 불합격이 결정되는 경우가 많으니 지원 대학의 출제 경향을 살펴 면밀히 준비해야 한다.

학생부교과전형 지원 시 꼭 체크해야 할 10가지 핵심 포인트

- 학생부교과 성적의 반영 방법을 살펴 유리한 대학에 지원하자.

- 수능 최저학력기준 유무에 따라 합격선이 크게 달라진다.

- 학생부교과 100퍼센트는 대학 수준에 비해 합격선이 높게 형성된다.

- 다단계 전형에서는 1단계 선발 배수에 따라 합격선이 달라진다.

- 대학에 따라 면접을 실시하거나 비교과를 반영한다.

- 면접을 실시할 경우 면접 성적에 따라 합격, 불합격이 결정된다.

- 교과 우수자 중에 중복 합격자가 많으니 예년 추가 합격 결과를 참고하자.

- 수능 최저학력기준을 충족하려면 수능 대비를 철저히 해야 한다.

- 학생부교과전형은 수시 배치표 및 입시 결과를 참고해 지원해야 한다.

- 대학 수준에 따라 비인기 학과의 입시 결과가 크게 달라진다.

2019학년도 수시모집 학생부 100% 반영 주요 대학

대학	전형명	전형방법	수능 최저학력기준 적용
가톨릭대	학생부교과전형	학생부 100 (교과 100)	적용
광운대	교과성적우수자	학생부 100	없음
단국대	학생부교과우수자	교과 100	적용
덕성여대	학생부 100	학생부 100	적용
동덕여대	학생부교과우수자	학생부(교과) 100	적용
명지대	학생부교과	학생부(교과) 100	없음
상명대	학생부교과우수자	학생부(교과) 100	적용
서울과학기술대	학생부교과우수자	학생부(교과) 100	적용
서울시립대	학생부교과	학생부(교과) 100	적용
서울여대	교과우수자	학생부(교과) 100	적용
성신여대	교과우수자	학생부 100	없음
세종대	학생부우수자	학생부(교과) 100	없음
숙명여대	학업우수자	학생부(교과) 100	적용
숭실대	학생부교과	학생부(교과) 100	적용
아주대	학업우수자	학생부 100	없음
인천대	교과성적우수자	학생부(교과) 100	적용
인하대	학생부교과	학생부(교과) 100	적용
중앙대	학생부교과	학생부교과 70 + 비교과 30	적용
한국외대(서울)	학생부교과	학생부(교과) 100	적용
한양대	학생부교과	학생부(교과) 100	없음
홍익대	학생부교과	학생부(교과) 100	적용

2020학년도 수시모집 학생부 100% 반영 주요 대학

대학	전형명	전형방법	수능최저학력기준 적용
가톨릭대	학생부교과전형	학생부 100 (교과 100)	적용
광운대	교과성적우수자	학생부 100	없음
단국대	학생부교과우수자	교과 100	적용
덕성여대	학생부 100	학생부 100	적용
동덕여대	학생부교과우수자	학생부(교과) 100	적용
명지대	학생부교과	학생부(교과) 100	없음
상명대	학생부교과우수자	학생부(교과) 100	적용
서울과학기술대	학생부교과우수자	학생부(교과) 100	적용
서울시립대	학생부교과	학생부(교과) 100	적용
서울여대	교과우수자	학생부(교과) 100	적용
성신여대	교과우수자	학생부 100	적용
세종대	학생부우수자	학생부(교과) 100	없음
숙명여대	학업우수자	학생부(교과) 100	적용
숭실대	학생부우수자	학생부(교과) 100	적용
아주대	학업우수자	학생부 100	없음
인천대	교과성적우수자	학생부(교과) 100	적용
인하대	학생부교과	학생부(교과) 100	적용
중앙대	학생부교과	학생부교과 70 + 비교과 30	적용
한국외대(서울)	학생부교과	학생부(교과) 100	없음
한양대	학생부교과	학생부(교과) 100	없음
홍익대	학생부교과	학생부(교과) 100	적용

학생부만으로 선발하는 주요 대학에 지원할 때 중요한 것은 수능 최저학력기준 적용 여부다. 비슷한 수준의 대학이라 해도 수능 최저학력기준을 적용하지 않으면 실질적인 입시 합격선이 매우 높게 형성된다. 전국 단위에서 내신 관리를 잘한 학생들이 수시에서 합격하려고 올인하는 성향이 높은 전형이기 때문이다.

주요 대학 중에는 학생부 100퍼센트로 선발하는 인원이 적고, 중하위권 대학으로 가면 학생부 100퍼센트로 많이 선발한다. 학생부교과 성적만으로 선발하는 대학이 있고 출결 및 봉사활동을 반영하는 대학이 있는데, 출결과 봉사활동에서 수험생 간 차이는 무의미한 수준이다. 한양대와 중앙대, 한국외대 등 주요 명문대의 학생부교과전형에 합격하길 희망한다면 교과 성적이 1.1~1.3등급 사이는 되어야 한다.

재수생을 비롯한 N수생까지 지원이 가능하거나, 고교 유형에 대한 제한이 없을수록, 반영 교과와 반영 과목의 수가 적을수록 합격자 성적이 상승한다. 그리고 수능 최저학력기준의 높고 낮음에 따라 경쟁률 및 합격선 자체가 변화하는 경우가 많은 전형이니 지원 시 참고해야 한다.

2019학년도 수시모집 학생부교과전형 면접 실시 주요 대학

대학	전형명	전형방법	수능최저학력 기준 적용
고려대	학교추천 I	1단계(3배수 내외): 학생부(교과) 100 2단계: 면접 100	적용
국민대	교과성적우수자	1단계(5배수): 학생부(교과) 100 2단계: 학생부교과 70 + 면접 30	없음
명지대	학생부교과면접	1단계(5배수): 학생부(교과) 100 2단계: 1단계 70 + 면접 30	없음
이화여대	고교추천	학생부(교과) 80 + 면접 20	없음
인천대	INU교과	1단계(4배수): 학생부(교과) 100 2단계: 1단계 70 + 면접 30	없음

2020학년도 수시모집 학생부교과전형 면접 실시 주요 대학

대학	전형명	전형방법	수능최저학력 기준 적용
고려대	학교추천 I	1단계(3배수 내외): 학생부(교과) 100 2단계: 면접 100	적용
국민대	교과성적우수자	1단계(5배수): 학생부(교과) 100 2단계: 학생부교과 70 + 면접 30	없음
명지대	학생부교과면접	1단계(5배수): 학생부(교과) 100 2단계: 1단계 70 + 면접 30	없음
이화여대	고교추천	학생부(교과) 80 + 면접 20	없음
인천대	INU교과	1단계(4배수): 학생부(교과) 100 2단계: 1단계 70 + 면접 30	없음

학생부교과전형에서 면접을 실시하는 대학에 지원할 경우에는 1단계 통과 가능성, 1단계 선발 배수, 면접 유형과 면접 비율에 주의해야 한다. 또한 전형별로 지원 자격이 있는지 반드시 확인해서 해당하는지도 알아봐야 한다. 고려대와 이화여대처럼 추천전형일 경우 대학별로 추천 인원의 제한이 있다는 점도 감안해야 한다. 또한 대다수 대학이 다단계 전형으로 실시하는 만큼 1단계 선발 가능성을 가늠해봐야 한다. 1단계 선발 인원이 3배수일 때와 5~6배수일 때를 비교해보면 1단계 합격자 성적에서 큰 차이가 난다. 따라서 내신성적이 약간 부족하다면 1단계 선발 인원이 많은 대학이나 학과에 지원하는 편이 유리하다. 1단계 통과 후에는 지원자끼리 성적 차이가 크지 않으므로 면접에서 합격 여부가 가려진다. 따라서 대학별 면접 유형을 미리 파악해 철저히 준비해야 한다. 대입 간소화 정책에 따라 대학별로 실시하는 면접 유형이 많이 바뀌었으니 반드시 지원 대학의 출제 유형을 살펴야 한다. 그리고 수능 최저학력기준을 적용하는지 여부는 반드시 확인하고 감안해야 한다.

학생부교과 성적 기준 수시모집 지원권 대학 리스트

교과 등급	인문계	자연계
1~1.3등급	서울대,연세대,고려대,성균관대,한양대,서강대 등	서울대, 의학계열, 연세대, 고려대
1.2~1.7등급	이화여대,중앙대,한국외대,서울시립대,경희대, 전국 교대 등	성균관대,한양대,서강대,이화여대,중앙대,서울시립대, 전국 교대 등
1.5~2.0등급	건국대,동국대,홍익대,숙명여대,숭실대,국민대,세종대,단국대 등	건국대,동국대,홍익대,인하대,아주대,숙명여대,숭실대,국민대,세종대,단국대 등
1.8~3.0등급	인 서울 대학 및 지방 거점 국립대	인 서울 대학 및 지방 거점 국립대
2.7~4.0등급	경기도권 대학 및 지방 군소 국립대 및 지방 주요 사립대	경기도권 대학 및 지방 거점 국립대, 군소 국립대 및 지방 주요 사립대
4.0~이하	지방 사립대 및 전문대	지방 사립대 및 전문대

비교과 반영 및 수능 최저학력기준 적용 유무에 따라 대학별 실제 지원가능한 성적대는 변화하므로 위의 내용은 단순 참고자료로 활용해야 한다.

6) 비교과 실적 우수 ⇒ 학생부종합전형

학생부종합전형은 대체 스펙을 어느 정도로 쌓아야 인 서울
이 가능한가요?

고1 때 내신을 망치면 학생부종합전형 지원은 아예 불가능한가요?

학생부종합전형에 지원하는데, 자기소개서를 어떻게 써야 하나요?

학생부종합전형은 교육부의 적극적인 지원으로 해마다 확대되고 있
다. 학생부종합전형은 정시처럼 성적 중심의 줄 세우기식 선발이 아니
라 학생부와 자기소개서, 면접을 통해 대학의 건학 이념과 모집 단위
별 특성에 맞는 합격자를 선발하는 전형이다. 공인어학성적, 외부수
상 실적은 반영되지 않으며, 학생부의 교과 성적과 교내의 다양한 활
동 실적이 중요하게 반영된다. 기존 입학사정관 전형과 같이 서류평가
와 면접에 입학사정관이 참여해 평가하는 방식이며, 사교육을 유발하
는 과도한 스펙을 반영하지 않고, 고교 재학 중의 실적을 중심으로 평
가한다.

학생부종합전형은 학생부의 교과와 비교과, 자기소개서, 추천서, 면
접을 종합해 선발한다. 하지만 세부 선발 방식은 대학마다 차이가 있
다. 서류평가를 해서 1단계에서 일부 인원을 선발한 후 면접고사로 최
종 합격자를 선발하는 방식이 보편적이지만 대학에 따라 교과 성적과
서류를 일괄 합산해 최종 합격자를 선발하기도 한다. 또한 최근 일부
주요 대학들이 면접을 폐지하고, 서류평가만으로 선발하는 경우가 늘

어났다. 대다수 대학은 학생부종합전형에서 수능 최저학력기준을 적용하지 않지만 일부 대학은 적용한다.

(1) 대학별 학생부종합전형 선발 방식 및 특징

학생부종합전형은 비교과 실적만 우수하면 될까?

학생부종합전형은 지원자의 교과와 비교과를 모두 평가해 선발하는 방식이다. 대학에 따라 비교과만을 평가하기도 하지만 비교과 실적에 기본적인 교과 성적이 포함된다. 흔히 잠재력과 열정만 있다면 지원해도 된다는 잘못된 생각을 하는데, 객관적인 평가를 받아 통과한 학생들이 상대적으로 우수한 실적을 보유하고 있다. 또 아무리 비교과 실적이 우수해도 지원 학과와 관련된 교과 성적이 매우 저조하다면 좋은 평가를 받을 수 없다. 또한 학생부종합전형에서 수능 최저학력기준을 적용하지 않는 대학이 많지만 주요 명문대는 수능 최저학력기준을 적용하기도 하니 주의해야 한다. 면접을 실시하지 않고, 서류평가만으로 학생을 선발하는 대학도 있다. 서강대학교 일반전형의 경우 면접이 없고, 수능 최저학력기준을 적용하기에 경쟁률이 매우 높게 나타난다. 다단계 전형을 실시하는 대학에 지원할 때는 1단계 선발 배수를 고려해야한다. 학생부종합전형의 경쟁률이 그리 높은 편이 아니기 때문에 1단계 선발 배수가 많을수록 통과 가능성이 높다. 수능 최저학력기준을 적용하는 대학은 비슷한 수준의 다른 대학에 비해 경쟁률이 약간 낮을 수있다.

2019학년도 수시모집 학생부종합전형 주요 대학(수능 최저학력기준 적용)

대학	전형명	전형방법	수능 최저학력 기준 적용
고려대	일반전형	1단계(5배수 내외): 서류 100 2단계: 1단계 70 + 면접 30	적용
	학교추천II	1단계(5배수 내외): 서류 100 2단계: 1단계 50 + 면접 50	적용
서강대	일반형	서류 100	적용
서울교대	교직인성우수자	1단계(2배수): 서류 100 2단계: 1단계 50 + 면접 50	적용
서울대	지역균형선발	서류+면접 종합평가 100	적용
연세대	활동우수형	1단계: 서류 100 2단계: 서류 70 + 면접 30	적용
이화여대	미래인재	서류 100	적용
홍익대	학생부종합	서류 100	적용

2020학년도 수시모집 학생부종합전형 주요 대학(수능 최저학력기준 적용)

대학	전형명	전형방법	수능 최저학력 기준 적용
고려대	일반전형	1단계(5배수 내외): 서류 100 2단계: 1단계 70 + 면접 30	적용
	학교추천II	1단계(5배수 내외): 서류 100 2단계: 1단계 50 + 면접 50	적용
서울교대	교직인성우수자	1단계(2배수): 서류 100 2단계: 1단계 50 + 면접 50	적용
서울대	지역균형선발	서류평가 70 + 면접 30 (미대, 음대 제외)	적용
이화여대	미래인재	서류 100	적용
홍익대	학교생활우수자	서류 100	적용

2019학년도 수시모집 학생부종합전형 주요 대학(수능 최저학력기준 미적용)

대학	전형명	전형방법	수능 최저학력기준 적용
가톨릭대	잠재능력우수자	1단계(3배수): 서류 100 2단계: 1단계 70 + 면접 30	미적용
건국대	KU자기추천	1단계(3배수): 서류 100 2단계: 면접 60 + 1단계 40	미적용
	KU학교추천	서류 60 + 학생부교과 40	미적용
경희대	네오르네상스	1단계(3배수): 서류 100 2단계: 1단계 70 + 면접 30	미적용
	고교연계	학생부(교과) 50 + 서류종합평가 50	미적용
광운대	광운참빛인재	1단계(3배수): 서류 100 2단계: 1단계 70 + 면접 30	미적용
국민대	국민프런티어	1단계(3배수): 서류 100 2단계: 1단계 70 + 면접 30	미적용
단국대(죽전)	DKU인재	서류 100	미적용
덕성여대	덕성인재	서류 100	미적용
동국대	Do Dream	1단계(3배수): 서류종합평가 100 2단계: 1단계 70 + 면접 30	미적용
동덕여대	동덕창의리더	1단계(3배수): 서류 100 2단계: 1단계 50 + 면접 50	미적용
명지대	학생부종합	1단계(3배수): 서류 100 2단계: 1단계 70 + 면접 30	미적용
상명대	상명인재	1단계(3배수): 서류 100 2단계: 1단계 60 + 면접 40	미적용
서강대	자기주도형	서류 100	미적용

서울대	일반전형	1단계(2배수): 서류 100 2단계: 1단계 50 + 면접 및 구술고사 50	미적용
서울 시립대	학생부종합	1단계: 서류 100 2단계: 서류 60 + 면접 40	미적용
성균관대	성균인재	서류 100 (일부모집단위 별도)	미적용
성신여대	학교생활 우수자	1단계(3배수): 서류 100 2단계: 1단계 60 + 면접 40	미적용
세종대	창의인재	1단계(3배수): 서류 100 2단계: 1단계 70 + 면접 30	미적용
숙명여대	숙명인재	1단계(3배수): 서류 100 2단계: 1단계 40 + 면접 60	미적용
숭실대	SSU미래인재	1단계(3배수): 서류 100 2단계: 서류 70 + 면접 30	미적용
연세대	면접형	1단계(3배수): 학생부(교과) 50 + 학 생부(비교과) 50 2단계: 서류 40 + 면접 60	미적용
인하대	인하미래인재	1단계(3배수 내외): 서류 100 2단계: 1단계 70 + 면접 30	미적용
중앙대	다빈치형인재	1단계(3~4배수 내외): 서류 100 2단계: 서류 70 + 면접 30	미적용
	탐구형인재	1단계(3~4배수 내외): 서류 100 2단계: 서류 70 + 면접 30	미적용
한국외대	학생부종합	1단계(2~3배수): 서류 100 2단계: 서류 70 + 면접 30	미적용
한양대	일반전형	학생부종합평가 100	미적용

2020학년도 수시모집 학생부종합전형 주요 대학(수능 최저학력기준 미적용)

대학	전형명	전형방법	수능 최저학력 기준 적용
가톨릭대	잠재능력 우수자	1단계(3배수): 서류 100 2단계: 1단계 70 + 면접 30	미적용
건국대	KU자기추천	1단계(3배수): 서류 100 2단계: 면접 70 + 1단계 30	미적용
	KU학교추천	서류 70 + 학생부교과 30	미적용
경희대	네오르네상스	1단계(3배수): 서류 100 2단계: 1단계 70 + 면접 30	미적용
	고교연계	학생부(교과) 30 + 서류평가 70	미적용
광운대	광운참빛인재	1단계(3배수): 서류 100 2단계: 1단계 70 + 면접 30	미적용
국민대	국민프런티어	1단계(3배수): 서류 100 2단계: 1단계 70 + 면접 30	미적용
단국대 (죽전)	DKU인재	서류 100	미적용
덕성여대	덕성인재	1단계(4배수): 서류평가 100 2단계: 1단계 60 + 면접 40	미적용
동국대	Do Dream	1단계(3배수): 서류종합평가 100 2단계: 1단계 70 + 면접 30	미적용
동덕여대	동덕창의리더	1단계(3배수): 서류 100 2단계: 1단계 50 + 면접 50	미적용
명지대	명지인재	1단계(3배수): 서류 100 2단계: 1단계 70 + 면접 30	미적용
상명대	상명인재	1단계(3배수): 서류 100 2단계: 1단계 60 + 면접 40	미적용
서강대	종합형	서류 100	미적용

서강대	학업형	서류 100	미적용
서울대	일반전형	1단계(2배수): 서류 100 2단계: 1단계 50 + 면접 및 구술고사 50	미적용
서울 시립대	학생부종합	1단계: 서류 100 2단계: 서류 50 + 면접 50	미적용
성균관대	학종(계열모집)	서류 100	미적용
	학종(학과모집)	서류 100	미적용
성신여대	학교생활 우수자	1단계(3배수): 서류 100 2단계: 1단계 60 + 면접 40	미적용
세종대	창의인재	1단계(3배수): 서류 100 2단계: 1단계 70 + 면접 30	미적용
숙명여대	숙명인재1 (서류형)	서류 100	미적용
숭실대	SSU미래인재	1단계(3배수): 서류 100 2단계: 서류 70 + 면접 30	미적용
연세대	면접형	1단계(3배수): 학생부(교과) 40 + 서류평가 60 2단계: 1단계 40 + 면접 60	미적용
인하대	인하미래인재	1단계(3배수 내외): 서류 100 2단계: 1단계 70 + 면접 30	미적용
중앙대	다빈치형인재	서류 100	미적용
	탐구형인재	서류 100	미적용
한국외대	학생부종합	1단계(2~3배수): 서류 100 2단계: 서류 70 + 면접 30	미적용
한양대	일반전형	학생부종합평가 100	미적용

대다수의 대학은 학생부종합전형에서 수능 최저학력기준을 적용하지 않는다. 서류평가와 면접으로 학생의 잠재력과 역량을 평가해 대학이 원하는 인재를 충분히 선발할 수 있기 때문이다.

면접을 실시하는 전형과 서류평가만 하는 전형으로 크게 구분할 수 있는데, 교과 성적과 비교과 실적이 매우 우수한 학생이라면 서류평가만으로도 인정받을 수 있다. 하지만 교과 성적이나 비교과가 약간 부족한 학생이라면 1단계에서 2~3배수 정도를 선발하는 다단계 방식에 지원하는 것이 유리하다. 또한 자기소개서와 추천서를 요구하는 대학이 있으니 서류는 평소 체계적으로 준비해야 한다. 면접이나 자기소개서를 준비할 때는 대학별 평가 기준을 참고해야 한다. 학생부종합전형 평가 세부 기준이 다르기 때문이다.

(2) 학생부종합전형 어떻게 준비해야 효과적일까?

모집 단위와 연계된 교과의 우수한 성적은 기본

학생부종합전형은 잠재력과 열정만으로 합격생을 선발하는 전형이 아니다. 잠재력과 열정은 누구에게나 있다. 그것을 객관적으로 평가하려면 신뢰할 만한 실적이 필요하다. 가장 기본이 되는 것은 학생의 자질인데, 학교생활기록부의 교과 성적을 최우선으로 판단한다. 전 교과에서 우수한 성적을 보이는 것도 중요하지만, 특히 지원하는 모집 단위와 연계된 교과에서 우수성을 보여줘야 한다.

공과대학에 지원하면서 특별한 이유 없이 수학과 과학 성적이 저조하다면 어느 대학도 원하지 않을 것이다. 교과 성적은 학생이 학교생활을 얼마나 성실하게 했는지, 잠재 능력이 있는지를 판단하는 기본 자료다. 학생부종합전형에 지원하는 학생이라면 앞으로 남은 내신 관리에 힘써 최대한 우수한 성적을 확보해야 한다.

구체적이고 장기적인 진로 계획

학생부종합전형에서 중요하게 여기는 것은 교과 성적 이외에도 '학생의 관심과 흥미, 학과 선택의 동기와 열정, 잠재력' 등이다. 따라서 자기소개서를 비롯한 서류평가에서 강점을 드러내려면 구체적인 진로 계획이 있어야 한다. 그러려면 우선 자신의 정체성부터 제대로 파악해야 한다. 전문적이고 객관적인 진로 검사를 해서 성격, 흥미, 능력, 잠재력을 파악해야 한다. 그런 다음 자신이 갖고 싶은 직업, 배우고 싶은 학문에 대한 다양한 정보를 습득하면서 자신만의 진로를 찾는 것이 좋다. 닮고 싶은 롤모델을 설정해 도전하는 것도 좋은 방법이다.

학과와 연계된 교내 활동을 꾸준히

흔히 스펙이라 말하는 실적 쌓기에 몰입하는 학생이 간혹 있는데, 양보다 중요한 것이 바로 활동의 질이다. 문어발식으로 잡다하게 비교과 실적을 쌓기보다는 희망하는 학과와 연계된 교내 활동을 꾸준히 하는 것이 좋다. 자신의 진로와 적성을 파악한 다음 그 꿈을 이루고자 도전하는 과정에서 체험한 비교과가 좋은 평가를 받게 마련이다. 평소 목표를 세워 봉사 활동과 같은 기본적인 외부 활동과 진로와 연계된 교내 활동을 관리하는 것이 좋다. 또한 틈틈이 활동 내역을 정리하고, 실적을 관리하는 것이 좋다.

(3) 학생부종합전형 어떻게 지원해야 합격할 수 있을까?

수험생이라면 늦어도 6월 모의평가 이후에는 수시 지원을 결정하고, 최종 준비를 해야 한다. 6월 모의평가와 3학년 1학기까지의 학생부교과와 비교과, 대학별 고사 등을 살펴 수시에 지원할 6개 대학과 학과의 라인을 설정해야 한다. 학생부종합전형은 대학마다 전형 방법에서 세부적인 차이가 있기는 하나 큰 흐름은 교과와 비교과를 중요시하고, 대학에 따라 면접을 실시한다는 점이다. 특히 상위권 대학뿐 아니라 중하위권 대학에서도 학생부종합전형으로 많은 인원을 선발하는 만큼 학생들의 관심이 필요하다.

학생부를 철저히 분석하고, 보완하자

학생부 사본을 발급받아 그동안의 교과와 비교과 성적을 확인하고 분석해야 한다. 교과는 우수한 교과, 학년별 성적 추이, 취약 과목, 주요 교과별 성적을 확인해야 한다. 비교과는 교내 수상 실적, 자율 활동, 동아리 활동, 봉사활동, 진로활동, 독서활동, 행동특성 및 종합의견을 중점적으로 살펴봐야 한다.

6월과 9월 모의평가를 참고해 지원 대학과 전형, 학과를 선택하자

교과와 비교과를 분석하고, 6월과 9월 모의평가 결과를 토대로 지원 대학과 전형을 선택하도록 하자. 6월과 9월 모의평가 성적은 최저 지원대학과 학과를 정하는 기준으로 활용하도록 하자. 대학별 전형 방법, 수능 최저학력기준, 면접 유형, 면접고사 일정을 참고해 자신에게 유리한 대학을 선택하도록 하자.

자기소개서 및 기타 제출 서류를 직접 작성하자

대다수 대학이 자기소개서를 매우 중요한 자료로 활용한다. 대교협 공통양식을 주로 활용하며 대학에 따라 개별 문항을 추가한다. 자기소개서 작성 전에 논술 개요를 작성하듯 문항별로 키워드와 주제문을 먼저 뽑고, 작성하면 효과적이다. 또한 첫 문장에서 평가자의 관심을 이끌어낼 수 있도록 핵심 내용을 담아야 한다. 문장은 간결하게 쓰고, 최소 3회 이상 퇴고를 거쳐 완성하도록 하자.

학생부종합전형 면접은 어떻게 준비해야 할까?

학생부종합전형에서 서류평가로만 선발하는 경우도 있으나 대다수 대학은 면접고사를 실시한다. 면접고사를 실시하는 경우에는 면접고사에서 당락이 결정되는 만큼 철저히 준비해야 한다. 특히 교육부 방침에 따라 문제 풀이 중심의 심층 면접은 축소될 전망이므로 대학별 출제경향 변화도 알아봐야 한다. 많은 대학이 학생부종합전형 면접을 인성 면접으로 실시하는데, 수험생의 가치관과 인성을 파악하거나 전공 적합성을 평가한다. 대학별로 면접 유형은 비슷하나 세부 사항은 차이가 많으니 꼭 지원 대학의 출제 유형에 맞추어 준비해야 한다.

● 학교별 출제 유형을 파악하라

올해 새로 학생부종합전형을 실시하거나 전년도와 다른 유형으로 면접고사를 실시하는 학교도 있다. 가장 먼저 대학교 홈페이지나 입학처에 문의해 학교별 출제 유형을 철저히 파악해야 한다. 논술고사는 대학들이 기출문제 및 모의문제, 해설 등을 홈페이지에 공개하는 데 비해 면접고사는 공개를 안 하는 대학이 많으니 직접 문의해 최대한 정보를 얻는 것이 좋다.

● 학교생활기록부, 자기소개서를 철저히 숙지하라

학생부종합전형에서 면접 질문은 주로 자기소개서 및 학교생활기록부를 중심으로 출제한다. 자신이 제출한 서류나 학교생활기록부의 주요 내용을 제대로 답변하지 못하면 좋은 평가를 받을 수 없다. 주요 활동 실적에 대한 활동 기간, 활동 내용, 느끼고 배운 점 등을 별도로 정리해 두는 것이 좋다. 또한 자기소개서와 생활기록부의 내용을 숙지해 면접관의 검증성 질문에 명확하게 답변할 수 있어야 한다.

● 교과서 및 주요 시사 이슈로 면접 대비를 하라

대기실에서 면접 문항이 담긴 질문지와 준비 시간을 주고 면접을 실시하는 대학도 있다. 가치관 및 인성 평가, 전공 적합성을 평가하려고 교과서 속의 지문이나 주요 시사 이슈에 관한 질문을 던질 수도 있다. 문과라면 사회탐구 과목의 교과서 주요 개념을 정리해두는 것이 좋고, 이과라면 수학과 과학 교과서의 주요 개념을 확실히 이해해 둘 필요가 있다. 또한 최근 2개년 동안의 주요 시사 이슈를 점검하는 것이 좋은데, 시사 이슈를 암기하려 하지 말고, 계열과 관련된 소재를 읽어보는 것이 좋다. 시사 이슈의 쟁점과 해법, 관련된 교과 지식을 연계해 정리해야 한다.

● 예상 문제를 만들어 모의 면접 테스트를 하라

실제 면접장에서 지나치게 긴장해 평소보다 제대로 답변하지 못하는 학생이 많다. 평소에 교실에서 카메라를 활용해 모의 면접 테스트를 자주 해보는 것이 도움이 된다. 친구들과 예상 문제와 평가표를 만들고, 교대로 모의 면접 테스트를 하면 효과적이다. 낯선 상황에 적응하는 능력과 추가 질문에 대한 대처 능력을 키울 수 있다.

● 올바른 면접 태도를 익혀라

면접에서 가장 중요한 것은 학생다운 태도다. 모의 면접 테스트 촬영 영상을 보며 평소 자신의 태도, 예의, 말투, 손짓 등의 제스처, 시선 처리 등을 체크하고 보완하는 것이 효과적이다. 또한 가장 기본이 되는 올바른 답변 요령을 익혀야 한다. 면접관의 사소한 질문이라도 최대한 공손하게 답변해야 한다. 그리고 모든 면접에서 발언은 두괄식으로 조리 있게 논리적으로 해야 한다. 지나치게 짧은 답변이나 성의 없는 답변은 불합격의 지름길이니 반드시 피하도록 하자.

자주 묻는 질문 유형들

- 우리 학교 및 학과에 지원한 동기는 무엇인가?
- 교내 활동(동아리, 임원, 봉사 등)에서 가장 기억에 남는 경험과 그 과정에서 느낀 점을 말해보시오.
- 대학 입학 후의 학업 계획과 본인의 진로 계획을 말해보시오.
- 자기소개를 해보시오(취미, 특기, 장점과 단점, 롤 모델 등).
- 자기주도학습을 하려고 노력한 경험을 말해보시오.
- 학교 생활 중 배려, 나눔, 협력을 실천한 사례를 구체적으로 설명해보시오.
- 교내 동아리 활동 경험을 설명해보시오.
- 봉사 활동을 통해 깨달은 점은 무엇인가?
- 가장 관심 있게 읽은 책은 무엇이며, 무엇을 배웠는가?
- 최근 가장 관심을 가졌던 사회 문제는 무엇인가?

7) 교과 성적 부족, 논술 우수 ⇒ 논술전형

내신이 3등급인데, 한양대 논술에 지원해도 될까요?

자연계 논술도 글을 잘 써야 유리하지 않나요?

혹시 수능이 잘 나올 수 있으니 수능 이후 논술전형에 집중해야겠죠?

필자가 입시 설명회나 입시 상담을 하다가 만난 학부모와 학생이 논술전형에 대해 질문한 내용이다. 논술전형이 이제 안정적으로 정착하고 있지만 여전히 어떻게 준비해야 할지 잘 모르는 학생과 학부모가 많다. 논술전형은 학생부교과 성적이나 비교과가 다소 부족해도 논술을 잘한다면 과감히 지원할 수 있는 전형이다. 학생부교과 성적 3등급 선에서도 주요 대학에 합격한 학생이 많다. 심지어 5~6등급이 합격하기도 한다. 논술고사는 대학에서 자체적으로 실시하는 시험이고, 대학에 따라 유형이 다르고, 객관적으로 자신의 실력을 파악하기 어렵기 때문에 논술전형에 지원하는 학생들은 다른 전형에 비해 상향 지원을 하는 경우가 많다. 그래서 대학에 따라 차이가 있으나 평균 20대 1에서 70대 1 사이의 높은 경쟁률을 보인다.

주요 대학들은 여전히 논술전형으로 많은 인원을 선발하고 있다. 논술전형은 논술고사만으로 선발하거나 논술과 학생부를 합산해 선발하고, 대학에 따라 수능 최저학력기준을 적용하기도 한다. 논술전형 지원 시에는 무엇보다 대학별 출제 유형, 수능 최저학력기준 여부, 논술고사 일정, 실질 경쟁률, 학생부 감점 등을 종합해 결정해야 한다.

논술전형에서 학생부를 반영할 경우 형식상으로 학생부 반영 비율이 높지만, 실질적으로는 논술고사 성적에 따라 합격이 좌우되는 경우가 많다. 내신성적 3~4등급 선에서 수능 최저학력기준을 충족할 수 있고, 논술에 자신 있다면 적극적으로 지원을 고려하자.

아래의 표는 서강대학교 2018학년도 논술고사 경쟁률 발표 자료이다. 최초 경쟁률은 모집단위에 따라 52대 1에서 132대 1까지 높은 경쟁률을 보였다. 하지만 수능 최저학력기준을 적용하고, 논술고사에 실제로 응시한 수험생들의 경쟁률인 실질경쟁률은 10.5대 1에서 34.7대 1로 많이 하락했다. 학과별로 경쟁률을 살펴보면 최근 인기를 끌고 있는 사회과학계열, 커뮤니케이션학, 화공생명공학, 기계공학 등이 모두 높은 경쟁률을 기록했다. 형식 경쟁률에 겁먹지 말고, 냉정하게 자신의 경쟁력을 살펴 자신 있다면 과감히 지원하도록 하자.

서강대 2018학년도 논술전형 경쟁률

계열	학부	모집단위	모집 인원	지원 인원	최초 경쟁률	수능 최저 학력 기준 충족 +시험 응시	최종 합격 인원	실질 경쟁률	충원율 (%)
인문 사회	국제인문학부	인문계	33	2,199	66.64:1	908	37	24.5:1	12
		영미문화계	15	895	59.67:2	373	22	16.9:1	47
	사회과학부	사회과학부	24	2,359	98.29:1	973	28	34.7:1	17
	경제학부	경제학	42	2,190	52.14:1	966	50	19.3:1	19
	경영학부	경영학	85	5,073	59.68:1	2,283	97	23.5:1	14
	커뮤니케이션 학부	커뮤니케이션학	15	1,271	84.73:1	501	75	33.4:2	0
인문사회 소개			214	13,987	65.36:1	6,004	249	24.1:1	16
자연	자연과학부	수학	13	1,039	79.92:1	251	18	13.9:1	38
		물리학	13	954	73.38:1	231	22	10.5:1	69
	공학부	전자공학	29	2,626	90.55:1	748	36	20.7:1	24
		컴퓨터공학	29	2,774	95.66:1	780	37	21:1	28
		화공생명공학	29	3,840	132.41:1	1212	40	30.3:1	38
		기계공학	21	2,308	109.90:1	668	26	25.6:1	24
자연 소개			134	13,541	101.05:1	3,890	179	21.7:1	34
총계			348	27,528	79.10:1	9,894	428	23.1:1	23

(1) 꼭 체크해야 할 주요 변화

2019학년도 입시와 2020학년도 입시, 2021학년도 입시는 많은 변화들이 있다. 논술전형의 경우도 고려대가 2018학년도부터 전격적으로 폐지했고, 주요 대학들이 2020학년도에는 논술전형 선발 비율을 소폭 축소했다. 또한 연세대의 경우 2019학년도와 2020학년도 모두 수시 논술전형에서 논술만으로 선발하는데 2020학년도에는 수능 최저학력기준을 폐지해 높은 경쟁률을 예고하고 있다. 이처럼 논술전형은 해마다 실시 대학들의 변화와 수능 최저학력기준, 실제 출제 유형 등의 변화가 있으므로 반드시 실제 모집요강을 꼼꼼히 살펴 지원해야 한다.

또한 교육과정 내에서 출제해야 하는 관계로 논술고사의 난이도가 점점 하락하고 있다. 많은 대학이 교과서와 EBS 교재를 활용해 출제하면서 제시문이 쉬워지고 있다. 하지만 논술 시험의 난이도는 여전히 수능보다 높으며 단기간 내에 완성할 수 있는 수준이 아니란 점에 주의해야 한다. 2014년 이후의 모의 논술과 수시 논술 기출문제를 중심으로 출제 경향을 살펴야 한다. 특히 자연계열은 수학과 과학 지식을 주로 묻는 본고사 형태의 논술을 출제하는 경우가 많아 교과 성적과 논술고사의 성적이 많이 연계된다.

또한 수능 최저학력기준에 따라 수험생의 지원 성향과 결시율에 큰 차이가 있다. 즉, 수능 최저학력기준이 없는 대학일수록 경쟁률이 높고, 결시율이 5퍼센트 이하로 매우 낮다. 반면 수능 최저학력기준을 적용하는 대학은 경쟁률이 높은 편이지만 결시율이 최대 50퍼센트에 이를 정도로 매우 높다. 논술고사 실시일이 수능 전이라면 경쟁률이 낮지만, 수능 이후라면 경쟁률이 높게 나타난다. 수능 성적에 따라 응시 여부를 결정할 수 있고, 수능 준비에 집중한 후에 응시하려는 학생이 많기 때문이다.

대학에서는 여전히 논술전형을 선호하고 있으므로 앞으로도 일정 비율을 유지할 가능성이 높은 것이 현실이다.

성균관대 2018학년도 수시 논술전형 합격자 내신 분포

논술우수 등록자 내신 분포
2018학년도 인문계 모집단위

	1등급대	2등급대	3등급대	4등급대 이하
인문과학계열	5.6%	38.2%	30.3%	25.8%
사회과학계열	16.2%	39.0%	24.8%	20.0%
경영학	7.8%	39.0%	31.2%	22.1%
특성화 학과	11.5%	31.9%	23.0%	33.6%
사범대	10.0%	20.0%	30.0%	40.0%
영상/의상	20.0%	25.0%	55.0%	

위의 자료는 성균관대에서 공개한 것으로 실제 등록자 기준이다. 모집단위에 따라 차이가 있으니 4등급대 이하의 학생들이 10.5%~55%까지 다양하게 분포하고 있음을 알 수 있다. 하지만 대학에 따라 교과 성적의 감점이 매우 큰 대학들이 있으므로 반드시 실제 모집요강을 확인해 감점을 검토하도록 하자.

논술우수 등록자 내신 분포

2018학년도 자연계 모집단위

	1등급대	2등급대	3등급대	4등급대 이하
자연과학계열	12.1%	39.4%	24.2%	24.2%
전자전기공학부	7.0%	47.4%	35.1%	10.5%
공학계열	11.9%	30.6%	31.6%	25.9%
특성화 학과	22.9%	35.4%	22.9%	18.8%
건설/건축	38.8%	22.4%	38.8%	
사범대	5.0%	55.0%	20.0%	20.0%

(2) 주요 대학 논술전형 어떻게 선발할까?

대입 논술전형은 수시모집에서 주로 상위권 대학들이 실시한다. 2019학년도에는 13,310명을 선발할 계획이며, 2020학년도에는 12,146명을 선발할 예정이다. 2019학년도를 기준으로 성신여대와 한국기술교대에서 논술전형을 신설해 총 33개교에서 선발할 계획이다.

논술고사를 실시하는 대학들은 주로 논술과 학생부를 일괄 합산해 선발하는 경우가 대다수인데 서울시립대만 유형이 다르다. 1단계에서 논술고사 성적만으로 4배수를 선발하고 2단계에서 논술고사와 학생부 교과 성적을 합산해 선발한다. 나머지 대학은 논술고사와 학생부를 합산해 선발하는 일괄합산 방식이다. 논술고사를 반영하는 비율은 최소 60퍼센트에서 최대 100퍼센트까지 대학별로 다양하다. 학생부 반영 비율은 최소 0퍼센트에서 최대 40퍼센트까지이며, 대학에 따라 비교과를 반영하는 경우가 있어 실질 반영 비율은 더욱 낮아진다. 그리고 대학에 따라 전형별로 학생부교과 성적 반영 방법을 달리하는데, 대다수 대학들은 논술전형에서 학생부 등급 간 점수 차이를 줄여서 내신이 불리한 학생들도 합격할 수 있는 구조로 되어 있다.

최근에는 논술전형에서도 수능 최저학력기준이 완화되거나 폐지하는 대학이 늘었다. 논술고사에 응시하는 학생이라면 크게 논술고사일, 최저학력기준, 결시율을 반영한 실질경쟁률, 전년도 충원합격 현황 등을 참고해 지원해야 한다.

논술고사일과 최저학력기준에 따라 대학별로 결시율이 크게 차이가 난다. 수험생 대다수가 수능 이후의 논술전형을 선호하는 경향이 높고, 수능 가채점 결과에 따라 수시 논술 응시 여부를 결정하는 경향이 많다.

2019학년도 수시 논술고사 실시 주요 대학

대학	전형명	전형방법	수능최저학력 기준 적용
가톨릭대	논술전형	논술 70 + 학생부(교과) 30	일부 적용
건국대	KU논술우수자전형	논술 60 + 학생부(교과) 40	없음
경희대	논술우수자	논술 70 + 학생부 30	적용
광운대	논술우수자	논술 60 + 학생부 40	없음
단국대(죽전)	논술우수자	논술 60 + 학생부(교과) 40	없음
덕성여대	논술전형	논술 80 + 학생부 20	적용
동국대	논술우수자	논술 60 + 학생부(교과) 20 + 출결 10 + 봉사 10	적용

서강대	논술전형	논술 80 + 학생부(교과) 10 + 학생부(비교과) 10	적용
서울과학기술대	논술위주	논술 70 + 학생부(교과) 18 + 학생부(출결 봉사) 12	없음
서울시립대	논술전형	1단계(4배수): 논술 100 2단계: 논술 60 + 학생부 40	없음
서울여대	논술우수자	논술 70 + 학생부(교과) 30	적용
성균관대	논술우수	논술 60 + 학생부 40	적용
성신여대	논술우수자	논술 70 + 학생부(교과) 27 + 학생부(출결) 3	적용
세종대	논술우수자	논술 60 + 학생부(교과) 40	적용
숙명여대	논술우수자	논술 60 + 학생부(교과) 40	적용
숭실대	논술우수자	논술 60 + 학생부(교과) 40	적용
아주대	논술우수자전형	논술 80 + 학생부(교과) 20	일부 적용
연세대	논술전형	논술 100	적용
이화여대	논술전형	논술 70 + 학생부(교과) 30	적용
인하대	논술우수자	논술 70 + 학생부(교과) 30	없음
중앙대	논술전형	논술 60 + 학생부(교과) 20 + 학생부(비교과) 20	적용

(3) 논술고사 대비 전략

장기간에 걸쳐 교과 학습과 병행해 논술을 준비하자

최근 논술고사가 점차 쉬워지고 있으나 여전히 논술은 장기간에 걸쳐 체계적으로 준비해야 한다. 6월 모의평가 이후에 부랴부랴 논술을 대비하는 것은 수능 마무리 학습을 망치는 지름길이다. 적어도 고2 겨울방학부터 장기간에 걸쳐 논술 대비를 해야 한다. 그리고 최근 논술은 사회탐구나 과학탐구, 수학 등 교과 지식과도 연계가 많이 된다. 논술 따로, 내신 따로, 수능 따로 식의 학습은 전체 학습 밸런스를 망치기 때문에 피해야 한다. 고등학교 1, 2학년은 인터넷 강의나 방과 후 프로그램을 이용해 기본 실력을 다지고, 3학년부터 대학별 실전 문제 풀이와 첨삭을 받으면서 논술을 준비하도록 하자.

대학별 논술 유형과 요구 사항을 파악하자

대학에 따라 논술의 세부 유형과 요구 사항이 달라서 비슷한 주제가 출제된다고 해도 답안 작성 방향이 크게 달라진다. 따라서 기출문제와 모의 논술을 참고해 자신이 지원한 대학에서 원하는 논술 접근 방식을 미리 알아두는 것이 좋다. 예를 들어 요약형은 단순히 제시문의 내용을 글자 수만 줄여서 쓰는 것이 아니라 제시문의 핵심을 서술해야 한다. 따라서 무엇보다 정확히 제시문을 분석해야 한다. 그러려면 제시문을 좀더 세밀하게 독해해야 하며, 제시문에 나타나는 논지의 흐름을 명확히 파악할 수 있어야 한다. 논술 문제별로 요구 사항에 번호를 매겨 답안을 작성하는 연습을 하면 효과적이다.

대학별 모의 논술과 기출문제를 철저히 분석하자

논술고사의 난이도가 낮아지고 있다. 수시에서 논술고사를 실시하는 전형에 지원하는 학생들이 사설 모의고사나 대학별 모의논술 등을 응시하지 않았다면 객관적으로 자신의 실력을 파악하기 어렵다. 이럴 경우에는 평소 응시하는 모의고사 성적으로 논술전형에 지원 여부를 가늠할 수 있다. 우선 논술을 실시하는 학생이라면 계열에 따라 과목을 달리해 평가해야 한다.

인문계열의 경우 국어 성적이 3등급 이내이면서 사회탐구의 선택과목 중 일반사회(경제, 법과 정치, 사회문화)나 윤리(생활과 윤리, 윤리와 사상) 관련 과목의 모의고사 등급이 최소 3등급 이내일 때 논술을 준비하는 것이 좋다. 특히 상경계열이나 경영계열에서 수리논술을 실시하는 대학들은 수학 모의고사 성적도 3등급 이내일 경우 지원을 고려하는 것이 좋다. 수학 성적이 4등급 이하일 경우에는 수리논술을 실시하는 대학은 피해야 한다.

자연계열의 경우 수학과 과학과목의 모의고사 등급이 최소 3등급 이내일 때 논술에 필요한 기본적인 지식이 있다고 판단할 수 있다. 자연계열의 논술은 수학 또는 수학+과학 등의 형태이므로 교과 지식이 매우 중요하다. 논술은 지원 희망 대학의 모의논술 응시가 가장 중요하다. 매년 4~6월 사이에 주로 이루어지므로 미리 일정을 파악해 접수하도록 하자. 모의논술 응시를 못했다면 기출문제를 작성해 학교나 학원 선생님에게 직접 평가를 받아보거나 인터넷상의 첨삭사이트를 활용하면 된다. 대성학원 등 사설 논술 모의고사를 이용해보는 것도 좋은 방법이다.

따라서 각 대학에서 실시한 모의 논술을 중심으로 출제 경향을 파악하고, 논술 기출문제를 분석해보자. 기출문제는 논제의 유형, 문제의 요구 사항, 출제자의 의도, 모범답안을 위주로 분석해야 한다. 대학에서 발표한 기출문제 해설과 모의 논술 해설 자료를 참고해 그 대학에서 요구하는 것을 제대로 파악하고, 그에 따른 논술 작성법을 익혀야 한다. 자신의 답안이 출제 의도에 맞는 글이었는지도 반드시 파악해야 한다. 출제 교수의 논술 특강을 학교 홈페이지에 올려두는 대학도 많으므로 반드시 참고하자.

논술 채점 기준을 이해하고, 대비하자

예시 답안 및 평가 의도, 논술 채점 기준을 공개하는 대학이 많다. 대학교 입학처 홈페이지에서 선행학습영향평가결과보고서를 다운받아 보거나 논술가이드북, 논술해설 등을 다운받아 보도록 하자. 최근 대다수 대학들이 기출문제 뿐만 아니라 모의논술, 해설과 모범답안, 합격자 결과 등 다양한 정보를 공개하고 있다. 다음의 중앙대 논술 채점 기준 요약표를 자세히 살펴보자. 다년간 논술을 시행하면서 평가의 객관성을 확보하고자 체계적인 채점 기준을 마련했다는 것을 알 수 있다. 기술 측면에서는 최대 5점 감점이 가능하고, 내용 측면에서 40점 만점으로 평가한다. 우선 감점과 가점 요인을 살펴야 한다. 기본적으로 각 문항별로 글자 수가 모자라거나 넘치게 작성한 경우 분량에 따라 최대 2점까지 감점당할 수 있다. 맞춤법과 원고지 사용법도 최대 3점까지 감점을 당하고, 가장 크게 감점을 당하는 요인은 제시문을 한 문장 이상 그대로 옮겨 적는 경우다. 기술 측면에서 최대 감점을 당하는 원인이니 반드시 주의하자.

내용 측면에서는 구체적으로 논지의 차이점을 제대로 파악했는지와 논리적으로 구성했는지 여부를 판단해 점수를 세분화해서 준다. 또한 참신한 구성이라면 추가 점수까지 주는 구조로 되어 있다. 대학마다 평가 기준이 조금씩 다르니 자신이 지원하는 대학의 채점 기준을 반드시 이해하고, 무심코 넘길 수 있는 감점 요인에 주의하자. 논술전형에서 합격자와 예비합격자의 차이는 1, 2점에 불과하다.

중앙대학교 2017학년도 수시 논술 인문 2번 문제 채점기준 요약표

기술적 측면 (−5점)	글자 수 위반(−2점)	±1~25자	1점 감점
		±26자 이상	2점 감점
	맞춤법과 원고지 사용법(−3점)	중대한 오류	최대 3점 감점
	제시문을 그대로 옮겨 쓴 경우(−5점)	한 문장 이상	최대 5점 감점
내용적 측면 (40점)	① 제시문 (라)의 '나'의 변화를 정확히 파악하여 설명했는지 평가(10점) : 5~10점	제시문 (라)의 '나'의 변화는 정확히 파악했으나 논리적으로 제시하지 못했을 경우	5~7점
		제시문 (라)의 '나'의 변화를 정확히 파악하고 논리적으로 제시했을 경우	8~10점
	② 제시문 (라)의 '나'의 변화를 제시문 (마)에서 맹자가 말한 두 가지 용기를 바탕으로 적절히 설명했는지 평가(10점) : 2~10점	제시문 (마)에서 맹자가 말하는 두 가지 용기에 대해 정확히 파악했으나, 제시문 (라)의 '나'의 변화에 적용하여 설명하지 않은 경우	2~5점
		제시문 (마)에서 맹자가 말하는 두 가지 용기에 대해 정확히 파악했으나, 제시문 (라)의 '나'의 변화에 한 가지 용기만 적용한 경우	6~8점
		제시문 (마)에서 맹자가 말하는 두 가지 용기에 대해 정확히 파악하고, 제시문 (라)의 '나'의 변화에 두 가지 용기를 모두 적절히 적용한 경우. 9~10점 부여	9~10점
	③ 제시문 (바)에서 시인이 실천한 용기를 정확히 파악하고 제시문 (마)에서 맹자가 말한 두 가지 용기 중 어느 것에 해당하는지 적절히 판단하여 설명하는지 평가(20점) : 2~20점	제시문 (바)에서 나타난 시인의 용기를 정확히 파악하지 못했을 경우	2~5점
		제시문(바)에서 나타난 시인의 용기를 정확히 파악했으나, 맹자의 의리지용에 해당한다고 설명하지 못했을 경우	6~15점
		제시문 (바)에서 나타난 시인의 용기를 정확히 파악하고, 맹자의 의리지용에 해당한다고 적절히 설명한 경우	16~20점

8) 내신 부족 ⇒ 적성 전형

저희 학교 선배가 6등급인데 합격했데요. 저도 원서 쓸래요.

고3 때 철들어서 공부하는데, 정시는 불안하니까 써보고 싶습니다.

내신이나 모의고사 성적이 너무 형편없어요. 혹시나 하고 한번 써

보면 안 되나요?

적성고사는 학업능력고사, 전공적성검사 등 다양한 이름으로 불린
다. 주로 중위권 대학에서 많이 실시하며, 대부분 수능 최저학력기준
을 적용하지 않는다. 적성고사도 수능형으로 문제를 출제하면서부터
단순히 IQ가 좋은 학생이 아니라 기본 교과 실력이 있는 학생이 유리
해졌다.

주로 중위권 대학에서 실시하는 적성고사 전형은 수능 최저학력기준
을 적용하지 않고, 객관식 시험이고, 수능에 비해 쉽게 출제되고, 내신
이 부족해도 지원이 가능하기에 중하위권 수험생이 '수시 대박'의 환상
에 빠져 많이 선호한다.

선발 규모가 적지만 내신성적 4~6등급인 학생이 중위권 대학에 진학
할 유일한 방법이기 때문에 평균 수십 대 일의 높은 경쟁률을 보인다.

(1) 수시 적성고사 전형의 7가지 특징

① 고려대(세종), 서경대 등 중위권 대학들이 주로 적성고사 전형을 실시한다

2019학년도 수시모집에서는 가천대·고려대(세종)·삼육대·서경대·성결대·수원대·을지대(성남, 대전)·한국산업기술대·한신대·홍익대(세종)·한성대·평택대 등 총 12개 대학에서 4,639명을 선발할 계획이다. 실제 정시로 이 대학에 지원하려면 2등급 후반에서 4등급 초반의 수능성적을 확보해야 한다.

② 대학에서 자체적으로 적성고사를 출제하며 객관식 시험이 많다

적성고사는 대학에서 자체적으로 실시하는 대학별 고사다. 따라서 시험 출제 및 채점을 대학에서 자체적으로 하며, 주로 객관식으로 출제한다. 객관식 시험이기에 중하위권 수험생의 선호도가 높다. 예전에는 오답을 쓰면 감점하기도 했으나 현재는 대다수 대학이 감점하지 않는다.

③ 난이도는 수능과 비교해 상대적으로 쉬운 편이며, EBS 교재를 활용하는 대학도 있다

적성고사는 최근 몇 년 사이에 출제 유형 및 난이도가 달라지고 있다. 최근에는 주로 고등학교 교과 과정을 반영해 출제하고 있으며, 수능의 약 80퍼센트 수준으로 난이도를 조정한 경우가 많다. 수능에 비해 상대적으로 쉽고, EBS 교재의 지문을 자주 활용한다.

④ 주로 국어와 수학 과목을 출제하며, 영어를 출제하는 대학도 있다

최근 적성고사는 주로 교과 적성형으로 출제하기 때문에 수능 준비와 적성고사 준비를 병행할 수 있다. 출제 과목은 대학에 따라 차이가 있는데 국어와 수학을 기본으로 하며, 영어를 출제하는 대학도 있다. 계열에 따라 출제 과목을 달리하기도 한다. 기본적으로 고교 교육 과정 내의 문제를 출제하므로 교과 지식이 우선이다.

⑤ 내신 실질 반영 비율이 낮은 편이며, 내신 3~6등급대인 학생이 주로 합격한다

적성고사 전형은 학생부 반영 비율이 60퍼센트 수준이다. 형식적인 비율만 보면 학생부교과 성적 반영 비율이 매우 높다. 하지만 학생부교과 성적의 실질 반영 비율을 감안하면 적성 1~2개 문제로 내신 1~2등급의 차이를 커버할 수 있다. 그만큼 적성고사 전형에서는 내신의 영향력이 크지 않으며, 3등급~6등급 사이인 수험생이 주로 지원하므로 실질적 차이도 그리 나지 않는다.

⑥ 일부 대학에서는 수능 최저학력기준을 적용하지만 대다수는 적용하지 않는다

적성고사 전형의 가장 큰 매력 중 하나는 바로 수능 최저학력기준을 적용하지 않는 대학이 많다는 점이다. 수능 성적과 상관없이 합격할 수 있으므로 선호도가 높다. 하지만 수능 최저학력기준이 없어서 높은 경쟁률을 기록한다는 점도 반드시 감안해야 한다.

⑦ **적성고사 전형을 준비하면 유리한 학생이 있다**

- 내신성적이 3~6등급대이면서 국어와 수학, 영어가 모의고사 성적기준 4등 이내인 학생
- 쉬운 문제를 빠르게 잘 풀 수 있는 학생
- 학생부교과와 비교과가 저조하지만 객관식 시험에 강한 학생
- 뒤늦게 대입 공부를 시작해 국어와 수학 등 특정 영역만 잘 나오는 학생
- 장기적으로 적성고사를 준비해 적성고사 실력이 뛰어난 학생

(2) 수시 적성고사 전형 지원 시 주의해야 할 사항

적성고사 전형 지원 전략은 각 대학별 출제 유형, 학생부교과 반영방법, 수능 최저학력기준, 적성고사 일정 등을 감안해 수립해야 한다. 적성고사 전형에 지원하는 수험생은 대부분 적성고사만을 준비하거나 학생부 위주 전형과 함께 준비한다. 적성고사를 실시하는 전형에 지원하려면 다음 사항을 주의해야 한다.

적성고사 전형으로 선발하는 인원이 적고, 이미 고 1, 2때부터 적성고사를 준비한 학생이 있다는 점, 학생부 성적이 저조한 학생이 대안으로 삼을 전형이 별로 없다는 점을 감안하면 적성고사 전형은 이미 높은 경쟁률을 예고하고 있다. 따라서 제대로 준비하지 않은 학생이 묻지 마식 지원을 하면 상당히 위험하다. 경쟁력을 냉정히 분석하고, 지원 여부를 결정해야 한다.

순서대로 자신의 적성고사 전형 지원 적합도를 체크해보자.

대학별 전형 방법과 수능 최저학력기준을 살펴 선택하자

2019학년도 수시모집을 기준으로 적성고사를 실시하는 대학 모두 학생부 성적과 적성고사 성적을 일괄 합산해 선발한다. 또한 일부 대학에서 수능 최저학력기준을 적용하고, 계열별로 수능 필수 응시 영역이 있으니 반드시 확인하도록 하자.

대학별 적성고사 출제 유형을 살펴 최종 선택하자

앞서 말한 바와 같이 최근 수능형 출제가 늘어나고 있으며, 대학 공통과 대학 계열별 시험으로 구분해 실시하기도 한다. 또한 주로 국어, 수학, 영어 과목을 중심으로 출제하는데, 대학에 따라 과목이 다르다. 따라서 자신에게 유리한 교과목 시험을 실시하는 대학을 중심으로 지원하는 게 좋다. 예를 들어 인문계열 학생이면서 수학에 자신이 없다면 고려대 (세종)캠퍼스를 최우선으로 고려하는 것이 좋고, 국어에 자신이 없다면 홍익대 (세종)캠퍼스를 최우선으로 고려하는 것이 좋다. 대학에 따라 과목별 출제 문항수 및 과목별 비중이 다르니 참고해 지원하도록 하자. 계열별로 문항 배점을 달리하거나 대학별로 내신 반영 방법도 차이 나므로 내신 감점 여부를 확인해야 한다.

2019학년도 적성고사 실시 주요 대학 시험 출제 과목

대학	시험유형	시간
가천대	국어 20문항, 수학 20문항, 영어 10문항	60분
고려대(세종)	인문계: 국어 20문항 ,영어 20문항 80분 자연계: 수학 20문항 ,영어 20문항	60분
삼육대	국어 30문항, 수학 30문항	60분
서경대	국어 20문항, 수학 20문항	60분
성결대	국어 25문항, 수학 25문항	60분
수원대	국어 30문항, 수학 30문항	60분
을지대	국어 20문항, 수학 20문항, 영어 20문항	60분
평택대	국어 25문항, 수학 25문항	60분
한국산업기술대	국어 30문항, 수학 30문항	70분
한성대	국어 30문항, 수학 30문항	60분
한신대	국어 30문항, 수학 30문항	60분
홍익대(세종)	수학 25문항, 영어 25문항	50분

4
chapter

수시와 정시를 성공적으로
대비하는 법

01 수시 합격을 위한 주요 시기별 핵심 포인트

고3 수험생은 연간 4차례 학교 시험과 4차례 전국연합학력평가, 2차례 평가원 모의평가 시험을 본다. 거의 매달 시험을 치르는 것이나 다름 없다. 따라서 교내 학사 일정 및 주요 입시 일정 등을 미리 확인해서 계획을 짜는 것이 좋다. 입시 일정을 살펴 미리 자신의 입시전략에 따른 준비를 체계적으로 해야 한다. 특히 특별법으로 설립된 대학은 입시 일정이 다르니 대학별로 전형 계획을 살펴 별도로 준비해야 한다. 정시에 비해 선발 규모가 세 배를 넘는 수시에서도 수능을 최저학력기준으로 적용하는 대학들이 많다. 그러므로 교육과정평가원에서 2차례 실시하는 수능모의평가는 수능과 가장 유사한 시험이므로 철저히 준비해야 한다. 대입 수험생에게 1년이란 시간은 생각보다 빨리 지나간다. 매월 주요입시 일정 및 꼭 해야 할 사항을 기록해두고 체크해나가는 것이 좋다.

시기	주요 입시일정	주요 사항
3월	3월 학력평가	정시 및 수시 지원가능 대학 검토
4월	4월 학력평가	정시 및 수시 지원가능 대학 검토 학생부 비교과 점검 및 관리
5월	1학기 중간고사	중간고사 준비 및 기말고사 성적 목표 설정
6월	6월 모의평가	정시 및 수시 지원가능 대학 파악 대학별 고사 본격적 준비
7월	7월 학력평가 1학기 기말고사	정시 및 수시 지원가능 대학 파악 3학년 1학기 내신성적 확인
8월		학생부교과 및 비교과 최종 점검 논술 및 면접 준비, 자기소개서 등 서류평가 준비
9월	9월 모의평가 수시 원서접수	수시 지원 대학 결정 및 수시 원서접수 대학별 고사 준비 및 수능 마무리 학습
10월	10월 학력평가	정시 지원가능 대학 검토 수시 대학별 고사 응시 및 수능 실전연습
11월	수능	수능 응시 및 수능 가채점 수시 대학별 고사 응시 및 정시 지원 준비

1) 주요 입시 일정에 따른 핵심 대비책

(1) 월별 체크 포인트

3월: 연간 학습 계획 수립 및 3월 학력평가 대비

3월에는 새해 첫 전국 단위 모의고사인 3월 전국연합학력평가를 치른다. 전년도 학력평가 기출문제를 실제 시험처럼 풀어보고, 자신의 취약부분을 파악해 보완한다. 3월 학평 결과를 참고해 전체적인 입시전략을 수립하고, 검토해야 한다. 다만 3월 학평 성적이 실제 수능 성적은 아닌 만큼 과목별로 부족한 점을 확인하고 보완해야 한다. 고3은 3, 4, 7, 10월에 학력평가가 있으며, 1~2학년은 3, 6, 9, 11월에 실시한다. 고3 및 재수생은 6월과 9월에 교육과정평가원이 주관하는 모의평가 시험을 본다.

3월에는 연간 학습계획을 수립하고, 학력평가를 철저히 대비해야 한다. 3월 학력평가 성적표를 확인해 정시에 지원 가능한 대학과 학과를 파악하고, 목표 대학과 학과에 진학하려면 필요한 각 모의고사별 학습 목표를 구체적으로 세워야 한다. 또한 학교의 연간 학사 일정표와 모의고사 일정표, 수시 및 정시 주요 일정을 미리 확인해야 한다.

4월: 중간고사 대비 및 대학별 모집요강 확인

학교에 따라 중간고사 기간이 다르지만 일반적으로 중간고사 대비 기간이다. 3학년 1학기가 내신성적에서 비중이 높은 편이고, 경쟁이 치열하므로 최소 3주간 대비해야 한다. 고3은 4월에 전국연합학력평가가 있지만 평소 실력으로 응시하고, 교내 중간고사 대비를 철저히 해야 한다. 중간고사는 과목별 출제 경향을 살핀다. 교과서와 교재 중심으로 복습한 다음 문제 풀이를 하도록 한다. 그리고 3, 4월 학력평가에서 나타난 취약 과목과 취약 단원을 찾아 중간고사 대비 전까지 보완 학습을 하도록 하자.

또한 대학별로 발표하는 모집요강을 확인해야 한다. 대학교 홈페이지나 입시투데이www.ipsitoday.com에 방문하면 쉽게 구할 수 있다.

이 시기에 전형별 세부 사항 및 변동 사항을 체크하도록 하자.

5월: 중간고사 응시, 6월 모의평가 대비 및 모의논술, 대입 설명회 등 참가

5월은 일정이 많다. 중간고사에 응시하고, 결과를 확인해야 한다. 과목별 성적을 참고해서 기말고사 과목별 목표 점수를 정하고, 대비해야 한다. 또한 대학별로 4월부터 모의 논술을 실시하므로 미리 일정을 살펴보고 응시하도록 하자.

시도 교육청 및 대학이 주최하는 대입 설명회에 참가해 전체적인 흐름과 지원 전략 등 정보를 얻도록 하자.

6월 초에는 교육과정평가원이 출제하는 6월 모의평가가 있으니 철저히 준비해야 한다. 기출문제 및 최근 수능 유형을 살펴보도록 하자.

또한 최근 쉬운 수능이 대세이므로 모의고사를 치르면서 자주 접하는 실수를 미리 체크해 줄여야 한다.

6월: 모의평가 응시 및 기말고사 대비

6월에는 고3 및 재수생이 응시하는 6월 모의평가가 있다. 6월 모의평가는 교육과정평가원에서 수험생의 학력을 측정하는 목적으로 실시하는 것이며, 새로운 유형의 문제가 출제될 수 있다. 재학생만 응시하는 학력평가와 달리 재수생이 대거 응시하므로 실제 수능과 유사한 규모에서 자신의 전국 단위 실력을 파악할 수 있다. 6월 모의평가 결과를 토대로 취약 영역을 보완해야 하며, 앞으로 남은 기간 동안 실행할 수능대비 계획을 세워야 한다. 6월 모의평가 결과로 정시에 지원 가능한 대학과 학과 수준을 파악하고, 수시에 지원한다면 수능 최저학력기준 충족 여부를 파악해야 한다. 수시 정보를 살펴 지원 대학과 전형, 학과를 구체적으로 설정해야 한다. 3학년 1학기 내신성적은 수시모집에서 중요하게 반영되므로 기말고사 대비를 철저히 한다. 또한 6월에는 경찰대와 사관학교 입시가 시작된다. 모집요강을 살펴, 1차 시험 날짜를 확인하고 준비하자.

7월: 학생부 성적 확인 및 수시 박람회, 입시설명회 참석

7월에는 1학기 기말고사가 끝나므로 학생부교과 성적을 확인할 수 있다. 학생부교과와 비교과, 6월 모의평가 성적을 종합해 수시에 지원할 대학과 학과를 결정해야 한다. 시도 교육청 및 입시 기관의 설명회와 대학이 실시하는 설명회에 모두 꼭 참석해서 전략을 세우자. 그리고 대교협에서 주관하는 수시 박람회가 7월 말에서 8월 사이에 개최되니 반드시 참석해서 대학별 입시 관계자 및 입학사정관에게 직접 상담받아보자.

많은 대학이 상담 부스를 설치하고, 수시 전형 상담을 해주고 있다. 논술과 적성 등 대학별 고사만 준비할 뿐 아니라 학생부종합전형을 대비한 자기소개서도 준비해야 한다.

정시 위주로 지원 전략을 짠 학생이라면 수능 마무리 학습 전략을 세우고, 주요 개념을 꼭 정리해야 한다.

8월: 수시 지원 최종 결정 및 9월 모의평가 대비

8월에는 각 학교의 상담 및 입시 기관의 배치 기준표, 입시 정보를 토대로 수시에 지원할 대학과 전형을 확정한다. 또한 고3의 경우 8월에 학교생활기록부를 살펴 누락된 부분이나 오탈자 등을 점검해야 한다. 논술이나 적성 등 대학별 고사에 지원하는 학생이라면 최종 마무리를 시작해야 한다. 인터넷 강의를 활용해 대학별 고사에 필요한 개념 학습을 하는 것이 좋다. 8월에는 대학이나 입시 기관에서 입시설명회를 많이 개최하므로 잘 활용하는 것이 좋다. 학교별로 선배의 합격 사례를 참고해 수시 지원 전략을 짠다. 9월 초에는 교육과정평가원이 실시하는 대수능모의평가가 있다. 실질적으로 수능과 가장 유사한 출제 경향을 보이고, 반수생도 대거 응시하므로 수능과 가장 유사한 시험이다. 철저히 준비하도록 하자.

9월: 수시 원서접수 및 9월 모의평가

9월에는 교육과정평가원이 실시하는 9월 모의평가가 있다. 9월 모의평가 가채점 결과로 정시에 지원 가능한 대학과 학과를 파악하고, 수시에 지원할 대학과 학과를 최종적으로 정해서 원서 접수를 해야 한다. 9월 모의평가 가채점 결과를 분석하고, 시험 당일 실수 등을 최종적으로 점검하고 보완하자. 실제 수능까지는 아직 많은 시간이 남아있다. 대학별 고사가 9월부터 시작되므로 수능 준비에 소홀해지지 않도록 미리 계획을 세워서 준비하는 게 좋다. 6월과 9월 모의평가에서 나타난 취약 과목과 취약 단원을 최종적으로 복습해야 한다. 수시 원서 접수 후에는 수시에 신경 쓰느라 수능 대비를 망치는 학생이 많다. 평소대로 수능을 계획적으로 대비해야 한다.

10월: 수시 대학별 고사 및 수능 마무리 학습

9월부터 수시 대학별 고사가 시작되므로 실전 연습을 해야 한다. 대학별 모의 논술, 모의 적성 등 출제 경향을 최종적으로 확인하고, 대학별 유형에 맞춰 마무리 학습을 해야 한다. 이때 논술이나 적성고사의 난이도에 따라 심리적 슬럼프를 겪을 수 있다. 대학별 고사 응시 이후 평소대로 수능을 대비한 학습에 집중하도록 해야 한다. 또한 그동안의 모의고사 및 최근 수능 기출문제를 풀며 과목별로 취약 유형을 정리해 반복적으로 복습해야 한다. 또한 수능 스케줄대로 모의고사 문제를 자주 풀어보는 연습을 해야 한다.

11월: 수능 응시 및 수시 논술, 정시 준비

11월에는 대입에서 가장 중요한 수능시험이 있다. 수능에 응시할 때 유의해야 할 사항을 확인하고, 미리 준비해야 한다. 수능까지 최적의 컨디션을 유지할 수 있도록 관리한다.

수능 당일에는 영역별 등급 컷을 확인하고, 가채점을 하자. 가채점 이후에 수능 이후 대학별 고사에 응시할 것인지를 정해야 한다. 수능 이후 논술고사를 실시하는 대학은 보통 30퍼센트 이상 결시율을 보이며, 대학에 따라 50퍼센트까지 결시율이 올라가기도 한다. 수능 최저 학력기준을 충족할 수 없는 수험생이 대거 결시하기 때문이다. 수능 이후에는 가채점 결과로 정시 지원 준비를 한다.

12월: 정시 지원 전략 및 정시 원서접수

수능 성적을 확인하고, 대학별 입시설명회를 들으며 정시 지원 전략을 짜야 한다. 입시 기관이 만든 배치표에만 의존할 것이 아니라 지원 대학의 입시설명회에 참석하는 것이 좋다. 또한 대학의 정시 박람회에 가서 희망 대학 입학 담당자와 상담해보는 것도 좋다. 입시 기관의 배치표가 저마다 달라 혼란스러울 수 있으니 대학 측의 입시 결과를 기준으로 상담을 받아본다. 정시는 대학별 수능과 학생부교과의 반영 방법, 가산점 등을 꼼꼼히 살펴 지원해야 한다. 이때 수시 미등록 충원이 진행되는데, 지난 입시결과와 충원합격 현황을 살펴 최근 2개년 동안 충원합격 범위 안에서 예비번호를 받은 학생이라면 수시 추가 합격을 기대해볼 수 있다.

(2) 6월, 9월 모의평가의 의미와 활용법

수능 출제 기관인 교육과정평가원에서 매년 두 차례 실시하는 대수능 모의평가는 수능과 가장 유사한 시험이기에 매우 중요하다. 각각 6월과 9월에 실시하는 모의평가는 재학생만 응시하는 전국연합학력평가와 달리 반수생과 재수생이 대다수 응시한다. 실제 수능과 가장 유사한 응시 인원이 모이므로 전국 단위에서 자신의 실력을 객관적으로 파악할 수 있는 중요한 시험이다.

6월 모의평가는 당해 수험생의 학력 수준을 파악하는 시험이며, 신유형이 자주 출제된다. 9월 모의평가는 6월 모의평가에서 나타난 결과를 반영해 실제 수능과 가장 유사한 문제를 출제한다. 특히 6월에 지나치게 쉽게 출제되었다면 난이도를 조절해 9월에는 다소 어렵게 출제될 수도 있다. 한국교육과정평가원의 6월 모의평가 시행 계획을 살펴보면 시험의 목적이 '수험생에게 학업 능력 진단과 보충, 새로운 문제 유형에 대한 적응 기회를 제공하며, 대학수학능력시험 응시 예정자의 학력 수준 파악을 통해 적정 난이도를 유지하기 위한 것'이라고 밝히고 있다.

이렇듯 6월 모의평가는 새로운 수능 출제 경향을 따르고, 신유형 출제 등으로 올해 수험생의 학력 수준을 파악하는 가장 중요한 '모의고사'라 할 수 있다. 다만 6월 모의평가의 출제 경향이 그대로 수능과 직결되지는 않고, 9월 모의평가에서 최종적으로 수능과 가장 유사한 출제 경향을 보인다.

6월과 9월에 실시하는 모의평가의 중요성

기준	세부 내용
경쟁상대	전년 대비 늘어난 고3 수험생뿐만 아니라 재수생 등이 대거 응시해 실제 수능 응시 집단과 가장 유사한 전국 단위에서 자신의 위치 파악이 가능하다.
출제기관	수능시험을 출제하는 교육과정평가원이 주관하는 마지막 시험이며, 수능시험과의 연관성이 가장 높다.
학습설계	수능과 가장 유사한 모의평가를 철저히 분석해 앞으로 남은 기간의 학습전략을 수립해 수능 성적 향상의 발판으로 삼아야 한다.
입시전략	6월과 9월 모의평가의 결과를 바탕으로 수시 지원과 정시 지원 여부를 종합해 입시전략을 점검하고, 모집시기별로 최적의 선택을 해야 한다.

수능출제기관(평가원)이 시행하는 첫 모의 수능

수능출제기관인 교육과정평가원이 출제하는 시험은 오직 6월과 9월의 모의평가와 수학능력시험뿐이다. 변화된 수능 출제 경향에 따른 모의문제가 출제되므로 이 모의평가를 통해 실제 수능시험에 철저히 대비해야 한다. 특히 쉬운 수능 출제가 예상되는 만큼 과목별로 변별력 있는 문제 유형을 잘 살펴야 한다.

● N수생이 포함된 첫 전국 단위 시험

본격적으로 재수생 이상의 N수생이 포함된 첫 전국 단위 모의고사다. 학력 평가는 재학생끼리의 경쟁이지만 6월 모의평가는 재수생이 대거 응시하는 시험이다. 실질적인 경쟁자가 모두 포함된 만큼 전국 단위에서 내 실력을 정확히 체크할 수 있다.

● 수시와 정시 지원의 판단 기준

6월 모의평가로 영역별 등급을 활용해 수시 지원을 할 때 수능 최저학력기준에 충족하는지 여부를 예측할 수 있다. 그리고 정시로 지원 가능한 대학과 학과를 검토해야 한다. 수시 지원 시 정시 지원 가능 대학과 학과를 참고해 지원 전략을 수립하기 때문이다.

● 취약 영역 분석으로 성적 역전의 발판

6월 모의평가 결과를 활용해 자신이 현재 어느 영역이 취약하며, 어떤 단원에 대한 학습이 부족한지를 파악해야 한다. 11월 수능까지는 아직 충분한 시간이 있으므로 최대한 취약 영역을 냉철하게 분석해 좀 더 효과적으로 점수를 올리도록 해야 한다.

● 입시 전략 검토(수시 및 정시 지원 가능선 파악)

6월 모의평가 결과, 학생부의 교과 및 비교과, 논술 및 면접 실력 등을 기준으로 수시모집 지원 전략을 수립해야 한다.

먼저 6월 모의평가 가채점 결과를 기준으로 정시모집에서 지원 가능한 대학과 학과의 수준을 살펴보아야 한다. 또한 대학의 수능 반영영역과 반영 비율 등을 꼼꼼히 살펴야 한다. 특히 수능 지정 영역 및 가산점 등을 잘 살펴야 한다. 6월 모의평가는 최종 '수능'이 아니므로 입시 기관의 배치표를 참고해 대략적인 수준을 파악하도록 하자. 입시 기관마다 배치점수가 다르니 여러 기관의 자료를 종합해 검토하는 것이 중요하다.

또한 수시 지원 전형이나 대학, 학과들의 예상 지원 리스트를 만들어 점검하는 것이 좋다. 수시에 확실히 지원할 계획이라면 올해 대학들이 발표한 수시모집 요강을 참고해 세부 사항을 확인하는 것이 좋다. 지원을 희망하는 대학의 전형, 모집 단위와 모집 인원, 전형 방식, 최저학력 기준, 지원 자격, 대학별 고사일, 원서 접수일 등을 한 장에 모두 정리해두면 효과적이다. 또한 각 대학에서 실시하는 입시설명회에 참여하거나 대학교 입학처에 궁금한 사항을 문의하도록 하자. 그리고 논술이나 면접, 적성평가 등 대학별 고사의 출제 경향이 전년과 다를 수 있으니 올해의 모의 논술, 모의 적성 문제, 면접 출제 경향 등을 확인하도록 하자. 그리고 대학별 고사나 자기소개서와 같은 서류평가 자료를 준비해야 한다.

모의평가 결과보다 학생부나 논술 실력이 우수한 편이라면 수시에 적극적으로 지원하는 전략을 세우자. 수시에 지원하기로 했다면 자신에게 유리한 전형을 파악하고, 준비해야 한다. 즉 자신의 학생부, 논술·면접, 비교과 등 전형 자료를 분석해 자신이 우수한 전형 자료를 가장 많이 반영하는 전형을 선택하도록 한다. 또한 희망 대학과 학과를 선정하고, 합격 가능성을 판단해 무모한 상향 지원이나 지나친 하향 지원은 피한다. 또한 논술이나 면접을 실시하는 전형이라면 여름방학을 활용해 대학별 출제 경향을 파악한 후 맞춤형으로 준비한다. 특히 지원 대학의 논제별 접근 방식과 채점 기준 등 세부적인 사항을 감안해 대비해야 한다. 공통 유형의 논술 대비는 무의미하며, 실제 대학별 시험시간에 맞추어 본격적인 실전 연습을 해야 할 시점이다.

● 학습 전략 점검(수능 영역 선택 및 집중)

6월 모의평가 결과를 참고해 수능 영역 및 과목에 선택과 집중을 할 필요가 있다. 수학과 탐구영역 중에서 과목을 선택할 시점이다. 특히 앞으로 남은 기간 동안 자신의 성적과 지원 대학에 맞춰 영역별 학습 비중을 조정해야 한다. 또한 지금까지의 모의고사 결과에서 나타난 취약 단원, 취약 과목에 대한 학습 계획을 다시 세우고 실천해야 한다. 6월 모의평가를 철저히 분석해 올해 수능 출제 경향을 숙지해야 한다. 입시전문 기관에서 제공하는 6월 모의평가 출제 경향 분석 자료를 활용하고, 그동안 본 모의고사에서 틀린 문제를 오답노트에 정리해 반복 학습하도록 하자. EBS를 비롯해 여러 인터넷 사이트에서 제공하는 온라인 오답노트를 활용하면 효과적이다. 또한 앞으로 남은 기간 동안 수면시간을 무리하게 줄이는 식의 계획을 세우지 말고 평소대로 적절한 수면 시간을 유지하는 등 컨디션을 잘 관리해야 한다.

마지막으로 앞으로 남은 기간 동안 학습 계획을 점검하고, 보완해야한다. 평가원에서 발표한 6월 모의평가 출제 경향 자료를 참고해 9월모의평가를 대비하도록 하자. 시험의 출제 경향을 이해하고, 거기에 맞춰 학습하는 것이 시험 대비의 기본이다. 앞으로 남은 기간 동안 우선순위를 정해 전략적으로 학습해야 한다. 잘하는 과목 중심으로 하는 것이 아니라 수시와 정시에서 중요한 과목을 중심으로 학습해야 한다. 그리고 슬럼프를 대비해 체력 관리 및 마인드컨트롤을 해야 할 시점이다.

⑶ 9월 대수능 모의평가의 의미와 모의평가 이후 해야 할 일

수능출제기관이 시행하는 마지막 시험

9월 모의평가는 수능 최종 테스트라는 점에서 매우 중요하다. 수시에 지원하기 전에 마지막으로 수시 최저학력기준을 충족할 수 있는지여부와 정시 지원 가능 대학과 학과를 파악할 수 있는 중요한 시험이다. 수시에 지원할 때 상향 및 적정, 하향 지원을 결정하는 기준이 된다. 하지만 제일 중요한 것은 9월 모의평가의 원점수가 아니라 모의평가를 어떻게 잘 활용해 실제 수능에서 더 좋은 점수를 받느냐다. 매 시험마다 시험의 의미가 있고, 중요성이 있지만 9월 모의평가는 수능 출제 기관인 교육과정평가원이 주관하는 마지막 시험이라는 점에서 특히 중요하다.

● 정시 지원 가능 대학과 학과 판단

가채점 결과를 바탕으로 정시에 지원 가능한 대학과 학과를 분석해야 한다. 이 자료를 토대로 수시 지원 대학과 학과를 정할 수 있다. 수시에서 지나치게 상향 지원하기보다 정시의 지원 가능 대학과 학과를 참고해 그 이상으로 지원 전략을 수립하는 것이 좋다. 그러나 모의평가 가채점 배치표는 업체마다 다르므로 대학의 예년 입시 결과까지 종합해 판단해야 한다.

● 수시 최저학력기준 예상

상위권 수험생은 수능 최저학력기준 충족 여부가 매우 중요하다. 9월 모의평가 가채점 결과를 바탕으로 현실적으로 가능한 대학과 학과, 전형을 선택해야 한다. 현실을 받아들이지 못하고, 낙관적으로 수능 결과를 예측하다가 자칫 결과가 좋지 않을 경우, 정시에서는 예상하지도 못한 대학과 학과에 지원해야 할지도 모른다.

● 수능까지 체계적인 학습 계획과 학습 습관 유지

6월이나 9월 모의평가는 중요한 시험이기는 하지만, 실제 수능시험은 아니다. 따라서 시험 결과에 일희일비할 것이 아니라 앞으로 남은 기간 동안 최선을 다해 대비하는 계기로 삼아야 한다. 특히 9월 모의평가의 결과에 따라 수시에 올인하는 학생도 많아지는데, 주의해야 한다. 수능까지 체계적인 학습 계획을 세우고, 평소와 같은 학습 습관을 유지하도록 노력해야 한다.

● 9월 모의평가는 수능이 아니다. 수능을 준비하라

9월 모의평가는 실제 수능과 제일 유사한 시험이며, 올해의 출제 경향을 살펴볼 수 있는 중요한 시험이다. 하지만 9월 모의평가 점수에만 연연하면서 가장 중요한 수능시험 대비를 소홀히 하는 실수를 해서는 안 된다. 즉 9월 모의평가는 자신이 지금까지 한 노력에 대한 객관적인 판단 기준으로 삼고, 9월 모의평가 이후 중점적으로 대비할 부분과 성적 향상 목표치를 정하도록 한다.

2) 수시 대박의 환상을 버리고, 맞춤형 전략을 수립하자

고3인데요, 주요 시기별로 수시 준비하는 방법 좀 알려주세요.
수시 배치표는 신빙성이 없다는데, 어떻게 원서를 써야 할까요?
문과인데, 비인기 학과를 써서라도 더 좋은 대학에 가야 할까요?

수시모집이 대입의 가장 큰 축으로 자리 잡으면서 다양한 전형과 선발 방식을 선보이고 있기 때문에 개인별 맞춤 전략이 중요해졌다. 최근 학생부종합전형 선발 규모가 크게 늘어나고, 어학특기자 전형과 적성고사 전형이 대폭 축소되는 등 변화가 많다. 수험생에게 올바른 수시 지원 전략이 필요한 이유다.

수시모집에 학생부교과, 비교과, 대학별 고사, 수능 최저학력기준, 특별전형 등 다양한 변수가 있으므로 맞춤형 지원 전략을 수립해야 좋은 결과를 얻을 수 있다. 막연하게 내신성적이나 희망 대학, 희망 학과만을 기준으로 수시에 지원한다면 소중한 6번의 기회를 모두 무의미하게 날릴 수 있다. 고3 수험생뿐 아니라 재수생, 지방 수험생도 적극적으로 지원하므로 경쟁률이 높다는 점을 감안하도록 하자.

정시에 비해 수시에서 '상향 도전'을 하는 수험생이 많은데, 경쟁력이 있는 전형이 아니라면 자신이 무의미한 허수가 될 수 있다는 점도 주의해야 한다.

(1) 3단계 수시 준비 전략

각 시기별로 수험생과 학부모가 협력해서 사전에 자료를 수집하고, 전형 및 대학과 학과를 결정해 학교 및 학원에서 전문가에게 상담을 받는 것이 효과적이다. 많은 수험생과 학부모가 3월 학력평가 결과와 학생부교과 성적만으로 대략적으로 수시를 생각하다가 6월 모의평가 결과가 만족스럽지 못하면 7월부터 갑자기 준비를 시작한다. 6월과 9월 모의평가 성적을 올리는 것도 중요하지만 거의 매달 시험을 치르는 수험생이라면 조금씩 체계적으로 수시를 준비하는 것이 더 효과적이다.

단계	세부사항	참고자료
1단계: 자료준비 (~6월)	자료 수집(모의고사 성적표, 학생부사본, 자기소개서 및 기타 서류) 수시모집요강 분석 및 입시설명회 참석	3월, 6월 모의고사 성적표
2단계: 수시지원 계획(7~8월)	전형 및 대학(학과) 검토 장래 진로 및 직업 설계 정시 지원가능 대학과 학과 검토 학교 및 학원 등에서 수시 상담	학교생활기록부 최종 확인 6월 모의평가 실채점 배치표
3단계: 대학별 고사 준비 (9~11월)	수시 최종 지원 대학별 고사 및 서류평가 준비 수능 마무리 학습	9월 모의평가 전년도 경쟁률 및 입시결과 자기소개서 표절 검색

■ **1단계: 자료 준비(~6월)**

전국 단위의 모의고사 성적도 중요하지만 수시에 지원할 것인지 여부를 먼저 결정하고, 필요한 자료를 모아야 한다. 학교생활기록부 사본 및 그동안의 모의고사 성적표, 자기소개서 초안, 그리고 특별전형 해당 여부를 판단하고 특기자 전형 지원에 필요한 자료를 수집해야 한다.

이러한 자료를 모두 모은 다음에 수시모집 요강을 보고 입시설명회에서 희망 대학에 대한 입시 정보를 분석해야 한다. 이 시기에는 각 대학이 수시모집 요강을 발표하고, 대학이나 시도 교육청에서 입시설명회를 한다. 희망하는 대학의 수시모집 요강을 대학교 입학처 홈페이지에서 다운받아서 철저히 분석할 필요가 있다. 또한 학생부종합전형에 지원하는 학생이라면 대학별로 모집요강을 살펴 필요한 서류를 준비해야 한다. 자기소개서의 경우에도 대교협 공통양식 외에 대학별로 요구하는 추가 문항을 넣어서 작성해야 할 수도 있다. 또한 지원하는 학과가 다를 경우 대학별로 자기소개서 내용을 보완해야 한다.

■ 2단계: 수시 지원 계획(7~8월)

6월 모의평가 성적 발표와 기말고사 이후인 7월부터 8월까지다. 6월 모의평가와 기말고사 결과에 흔들리지 않고, 수시와 정시 지원 대학 리스트를 작성해야 한다. 상당수 고3 수험생이 재수생이 응시하는 6월 모의평가를 보고 평소보다 떨어진 결과 때문에 수능에 부담을 느껴 갑작스럽게 수시를 선택한다.

이 시기에 6월 모의평가 실채점 결과와 학교생활기록부 최종본을 바탕으로 면밀히 수시 지원 전략을 수립해야 한다. 재수생이 대거 응시하는 6월 모의평가 결과를 기준으로 전국 단위에서 각 과목별로 자신의 객관적인 위치를 파악한다. 또한 실채점 결과를 기준으로 주요 입시 기관의 배치표를 참고해 각 군별로 정시에 지원 가능한 대학과 학과를 찾아봐야 한다. 수시에서 지원할 대학과 학과를 결정하는 것은 가장 객관적인 정시 지원 가능 대학과 학과를 기준으로 해야 하기 때문이다. 많은 수험생이 수시 따로, 정시 따로 식으로 생각한다. 즉 수시에 지원할 때는 내신과 비교과만 기준으로 하고 저조한 모의고사 성적은 감안하지 않는다. 이러다가 수시에 합격하면 좋지만, 불합격하면 정시에서 최악의 선택을 할 수밖에 없다. 따라서 수시에서 지원할 대학과 학과를 판단할 때는 모의고사 성적을 바탕으로 정시에서 지원 가능한 대학과 학과 가이드라인을 잡고 판단해야 한다.

이 시기에 학교와 학원 혹은 입시 전문가와 수시로 지원 상담을 한다. 보통 '대학 우선 vs 학과 우선', '학비', '통학', '향후 전망' 등 다양한 기준에 따라 상담을 하고, 각각 기준에 따라 상담 결과는 달라진다. 성적에 맞춰 대학과 학과를 선택할 수도 있겠지만 적성과 흥미를 살려 향후 취업까지 염두에 두고 학과를 선택하는 것이 좋다. 그리고 특정 상담을 맹신해 그대로 원서를 쓰는 것은 위험하므로 다양한 배치표를 활용해 수험생과 학부모가 최종 판단을 해야 한다.

■ 3단계: 대학별 고사 준비(9~11월)

수시모집에서 대학들이 자체적으로 실시하는 논술이나 면접, 적성고사 등 대학별 고사는 9월과 11월 사이에 대학별로 실시하게 된다. 또한 가장 중요한 모의고사인 9월 모의평가에 응시하고 수시 최종 원서 접수를 해야 한다.

9월 모의평가 이후에 수시 원서 접수를 하므로 9월 모의평가의 가채점 결과를 토대로 수능 최저학력기준 충족 여부를 예측해 지원해야 한다. 그러나 9월 모의평가는 어디까지나 수능을 대비한 모의고사이므로, 성적이 향상되고 있거나 실수를 많이 해서 점수가 조금 낮게 나온 것이라면 수능 목표치를 약간 높여 지원해도 좋다.

수시 원서 접수 기간이 짧으므로 대학별 원서 접수 마감 일정을 꼼꼼하게 살펴서 지원해야 한다. 같은 날짜라도 대학별로 마감 시간이 다를 수 있고, 고사 일정이 같을 수 있다. 또한 온라인으로 원서를 접수받는 대학이 많으므로 원서 접수에 필요한 사진 및 결제 수단을 준비하고 회원 가입을 미리 해두는 것이 좋다. 주요 입시 기관에서 만든 배치표와 모의 지원을 활용하고, 대학에서 발표하는 최근 3개년 경쟁률 및 입시 결과를 참고해 최종적으로 6곳을 결정해야 한다.

원서 접수 이후에는 최우선적으로 수능을 충실히 대비하면서 수시대학별 고사도 대비해야 한다. 수험생들이 가장 많이 저지르는 실수가 수시 원서 접수 이후 논술이나 면접에 올인 해서 수능 대비를 소홀히 하는 것이다. 또한 1단계 합격자 발표 및 수시 최종 합격자 발표 이후 수험생의 멘탈이 무너지는 경우도 많다.

원서 접수 전 경쟁률만 신경 쓰다가 최종 경쟁률을 보고 놀라서 미리 좌절하는 수험생도 있다. 인터넷으로 원서 접수를 하면서 많은 수험생이 눈치작전을 펼친다. 그러므로 마감 경쟁률은 예비 경쟁률보다 적어도 2~3배 이상 높게 형성된다는 점을 감안하자.

논술이나 면접 등 대학별 고사를 준비하고, 실제 대학에 가서 응시하고 나면 그날 시험의 난이도에 따라 짧으면 며칠, 길게는 몇 주를 허송세월하기도 한다. 최종 발표일 전까지 최선을 다해 수능을 대비하도록 하자.

(2) 수시 배치표와 모의 지원활용 시 주의사항

수시 지원 기준

구분	학생부교과	모의고사	대학별 고사	비교과
기준	3학년 1학기까지의 교과 성적	6월, 9월 모의평가와 학력평가 등	논술, 면접, 적성고사 실력	수상 실적, 어학시험, 봉사, 출결, 대외활동 경력, 특별전형 해당 여부 등
내용	학년별 반영비율과 대학별 반영교과, 대학별 학생부 반영 방식을 살펴 자신에게 유리한 대학을 선택해야 한다.	성적 변화 추이를 철저히 분석해야 하며, 영역별로 백분위와 표준점수를 비교 분석해 자신의 수능 성적으로 정시에 지원 가능한 대학과 학과를 파악하도록 한다.	주관적 판단에 의해 대학별 고사를 선택하게 되나 사설 모의고사 등을 활용해 객관적 기준으로 자신의 실력을 파악해야 한다.	우수한 비교과가 있다면 특기자 전형 등을 고려하는 것이 좋다. 봉사시간이나 출결에서 감점을 당하지 않도록 유의해야 한다.

정시모집과 달리 수시모집은 단순히 내신을 지원 기준으로 판단하는 경향이 있다. 정시는 수능, 수시는 내신이라는 이분법적인 사고에서 벗어나지 못한 탓이다. 그래서 수시모집에서 수험생이 저지르는 실수 중 제일 큰 것이 바로 수시 배치표를 맹신하는 것이다.

수능 성적 중심으로 선발하는 정시모집과 달리 수시모집은 대학별로 교과, 비교과, 대학별 고사 등 다양한 전형 자료를 활용한다. 그리고 일반전형과 특별전형 지원 자격, 수능 최저학력기준 등 다양한 변수가 존재한다. 학생부교과 성적도 대학과 전형, 모집 단위에 따라 반영교과와 지표, 학년별 반영 비율이 다르다.

전형이 다양하기 때문에 전형별로 합격선 자체가 크게 달라진다. 학생부교과전형은 대학별 고사 전형이나 특기자 전형, 특별전형에 비해 합격생의 교과 성적이 높다. 그러나 대학별 고사의 영향력이 큰 전형은 대학 수준에 비해 합격자의 교과 성적이 낮다. 논술을 비롯한 대학별 고사의 영향력이 크기 때문이다. 지원 자격이 제한적인 특별전형도 교과 성적이 일반전형에 비해 낮다.

이처럼 수시모집은 전형 자료와 전형 특성에 따라 합격선이 매우 다르기 때문에 수시 배치표는 대학과 학과 수준을 판단할 수 있는 참고 자료로만 활용하는 것이 좋다. 수시 배치표보다 더욱 중요한 자료는 바로 대학에서 자체적으로 발표하는 예년 입시 결과 자료다. 많은 대학에서 설명회를 하고 대학교 홈페이지를 통해 지난 입시 결과와 경쟁률을 발표한다. 전형별로 합격자의 평균 내신 등급이나 대학별 고사 성적 결과도 발표하고 있으니 꼭 참고해야 한다. 한양대학교는 홈페이지에 최근 입시 결과를 공개하고, 입시투데이 같은 사이트에서도 주요 대학의 입시 결과를 공개한다. 대학들이 발표한 최근 3개년 자료를 참고해보면 합격선 추이를 예상할 수 있다. 단 해마다 전형이 달라질 수 있으니 전형 방식과 최저학력기준을 참고해야 한다.

(3) 수시를 대비한 자녀 지도 노하우

고3 및 N수생을 둔 학부모는 입시에 많은 관심을 둔다. 학부모의 정보력이 입시에 미치는 영향이 매우 크기 때문이다. 해마다 입시철이 되면 입시 기관에서 주관하는 입시 설명회장에 들어가려고 수천 명이 줄서서 기다리는 모습이 언론을 통해 보도되고 입시 설명회를 도는 수험생과 학부모의 인터뷰가 줄을 잇는다. 각종 언론이나 입시설명회, 대학에서 쏟아져 나오는 입시 정보는 매우 많지만 입시를 처음 경험하는 학부모의 눈에는 모든 것이 낯설기만 하다. 특히 갈수록 중요해지는 수시 모집은 전형이 다양하기 때문에 더 복잡하게 느껴진다.

대체로 수험생과 학부모가 6월 모의평가 이후부터 각종 설명회에 참여하면서 수시 지원을 위한 정보를 모아 간다. 재수생도 응시한 전국 모의고사 성적을 바탕으로 정시에 지원 가능한 대학과 학과를 찾아보고 합격 가능성이 낮을 경우 수시를 중점적으로 고려하는 경우가 대다수다.

수험생과 학부모는 수시 지원에서 중요한 참고 자료인 6월 모의평가 결과와 학생부교과, 비교과, 모의논술 결과 등을 참고해 지원을 결정해야 한다. 특히 6월 모의평가 성적이 평소보다 잘 나오지 않은 학생이라면 성적 하락의 원인을 먼저 파악하고, 수시 지원 성향을 결정해야 한다. 마찬가지로 평소보다 6월 모의평가 성적이 잘 나온 학생이라면 수시에 적정 지원할 가이드라인을 잡아야 한다.

자녀와 함께 전형 선택 및 대학·학과 선정

자녀와 함께 학생부, 비교과, 모의고사 성적을 비교해 수시와 정시 중에서 우선순위를 정하고, 희망 대학과 전형, 학과 정보를 찾아보자. 대입 전형 간소화가 진행되고 있지만 여전히 세부 전형은 복잡하기에 자녀의 강점을 살리는 전형 선택이 필수다. 또한 필요하다면 입시 전문가와 학교 선생님, 학원 선생님과 상담해서 조언을 구하도록 하자.

수시 원서 접수 이후 평소의 학습 계획 유지

수시 원서 접수 몇 주 전부터 이후 최소 1~2주까지 수험생 대다수가 지원 대학과 학과를 결정하고, 입시 결과를 찾아보거나 상담을 하고, 경쟁률 등을 비교 분석하느라 시간을 많이 쓴다. 원서 접수 때부터 미리 정해서 수험생에게 적정 수준의 시간을 쓰게 하고, 평소대로 수능과 대학별 고사를 대비하도록 지원해야 한다.

관심과 격려는 아이들에게 에너지 충전

6월 모의평가 이후 입시를 준비하면서 학생과 학부모의 갈등이 생기는 경우가 많다. 비록 모의고사 성적이나 내신성적이 저조하더라도 앞으로 남은 시간 동안 입시 대비를 잘할 수 있도록 관심과 격려를 해주자.

앞으로 남은 기간 동안 최선을 다해 노력한다면 성적이 급상승할 수도 있다. 그 누구보다 힘든 수험생에게 부모의 응원은 힘든 여름을 이길 수 있는 에너지원이다.

무더운 여름을 이겨내기 위한 자녀의 체력 관리

무더운 여름을 슬기롭게 잘 버티고, 수능 마무리 학습을 효과적으로 할 수 있도록 자녀의 건강관리를 철저히 하자. 이 시기를 잘 버티고, 체력을 유지해야 수능에서 좋은 결과를 만들어낸다. 자녀의 수면 시간과 식사를 체크하면서 무더위를 이길 수 있도록 건강식품이나 보양식을 챙겨주도록 하자. 체력은 비록 눈에 보이지 않지만 입시에 미치는 영향이 막대하다.

직업과 진로에 대한 큰 그림 그리기

수험생에게 가장 큰 관심사는 대학과 학과겠지만, 학부모는 대학을 입학하고 나서 10년 후의 큰 미래를 그려봐야 한다. 당장의 인기 학과가 아니라 자녀의 특성에 맞는 직업을 선택할 수 있는 학과가 중요하기 때문이다. 특히 취업을 보장하는 채용조건형 계약학과를 비롯해 각 대학이 집중적으로 육성하는 특성화 학과의 정보를 찾아보도록 하자. 명문대라는 간판보다 자녀가 희망하는 직업과 진로를 설계할 수 있도록 조언과 정보를 모아보자.

3) 수시 집중 타임과 스케줄을 세워라

수시에 올인 했는데, 수능이 안 나와서 결국 떨어졌어요.

9월 시험을 망쳐서 수시를 하향 지원했는데, 합격했어요. 정시 못 쓰나요?

수시에 신경 쓸까 봐 아예 정시에 올인 해야 되나 고민이에요.

해마다 9월이 되면 가히 입시와의 전쟁을 치르는 듯하다. 아침부터 밤늦게까지 쏟아지는 문의 전화와 이메일 때문에 몸살을 앓는다. 평소 연락이 없던 지인도 자녀나 친인척의 입시 문제로 연락해 온다. 9월 모의평가를 마치고 수시 지원 상담을 하다 보면 항상 나오는 얘기가 있다. 바로 수시에 신경 쓰느라 집중력이 흩어져서 수능을 망칠 수 있다는 걱정이다. 그래서 나는 언제나 수험생에게 수시 집중 타임의 중요성을 알려주고, 학생 여건에 맞춰 스케줄을 짜준다.

수시 원서 접수 시즌(9월 초부터 9월 중순까지)이 되면 수험생과 학부모는 더할 나위 없이 예민해진다. 특히 학교 및 학급 내에서 경쟁 관계이거나 비슷한 성적대 학생의 접수 대학 및 학과, 9월 모의평가 성적, 학교 및 학원 상담 내용, 예전 선배의 합격 사례, 수험생과 학부모의 의견 충돌에 온 신경을 쓴다. 심지어 하루에도 몇 번씩 전화통화를 하면서 학부모와 학생을 설득해야 하는 경우도 있다. 수능이 100일 남짓한 시점에서 한 시간이라도 더 집중해서 수능에 대비하고, 수시 지원에 사용하는 시간을 최대한 절약해야 하기 때문이다.

⑴ 수시 집중 타임의 필요성

자기소개서 작성, 대학별 고사 준비 및 응시까지 수시와 관련한 모든 일정은 수능 마무리 학습 기간과 겹친다. 따라서 지금부터라도 수시에 투자할 수 있는 '집중 타임'을 정하고, 철저히 계획적으로 시간을 안배해야 한다. 다음 표를 한번 살펴보자. 수시에 지원한다면, 특히 수능 전에 대학별 고사를 실시하는 대학에 지원하는 학생이라면 수능 마무리 학습 기간과 수시 원서 접수 및 대학별 고사 응시 기간이 중복될 수밖에 없다.

	9월	10월	11월
입시 일정	9월 모의평가 수시 원서접수 자기소개서 작성 논술 및 면접 응시	10월 학력평가 대학별 고사 응시 (논술,면접,적성고사)	11월 수능 대학별 고사 응시 (논술,면접,적성고사)
수능 학습 계획	수능 영역별 실전 연습 및 복습 취약 단원별 복습 및 기출문제 풀이 오답노트 복습 및 단권화 정리		최종 실전 연습 자주 틀리는 유형 및 개념 최종 복습

'수시모집 올인 → 수시 불합격 → 수능 실패 → 정시 실패 → 재수'로 이어지는 악순환을 끊으려면 결국 수시에 집중할 시간을 제한하고, 그 시간에 최대한 집중하는 방법밖에 없다.

수능 전 수시 전형 vs 수능 후 수시 전형

예전에는 수시 원서 접수 기간이 수능 전과 수능 후로 구분되어 흔히 수시 1차와 수시 2차로 구분했다. 하지만 지금은 수시 원서 접수 기간이 통합되어 9월에 실시한다. 따라서 대학별 고사 실시 일정을 기준으로 수능 전과 수능 후로 구분해 대비하는 경우가 많다. 일반적으로 모의고사 성적이 저조한 학생이라면 수능 전에 실시하는 수시 전형에 집중한다. 상대적으로 모의고사 성적이 우수한 학생들은 주로 수능 후 전형에 지원한다.

나는 어떤 수시 전형에 적합할까?

● 수능 전 수시 전형 집중형

수능 전 수시 전형은 학생부교과 성적, 비교과 실적, 대학별 고사 중 특정 영역이 우수하지만 모의고사 성적이 취약한 학생이 집중적으로 노릴 만한 전형이다. 또한 시험 당일 실수가 많은 학생이라면 평소 모의고사 성적을 살펴 지원할 수도 있다. 그리고 논술에 강하지만 수능 최저학력기준을 충족하기 어려운 학생도 중점적으로 도전해야 한다. 특히 수능 최저학력기준을 적용하지 않는 대학은 수능 전에 합격자 발표를 하기도 한다. 수능 전에 합격한다면 수능 당일 아무런 부담 없이 수능을 치를 수 있다. 또한 수시에는 6회의 지원 기회가 있으므로 수능 최저학력기준을 적용하는 대학에 상향 지원할 수도 있다.

● 수능 후 수시 전형 집중형

최근 모의고사 성적이 상승 추세에 있어 상향 지원할 학생에게 적합하다. 수능 가채점 결과를 기준으로 대학별 고사 응시 여부를 결정할 수 있기 때문이다. 또한 수능 전에 대학별 고사에 응시하면 생길 부담감 및 시간 낭비를 최소화할 수 있기도 하다. 다만 상위권 수험생이 수능 후 수시 전형을 집중적으로 노리기 때문에 경쟁률이 높다. 그리고 수능을 망치면 상대적으로 부담감이 매우 커진다. 수능 후에 실시하는 수능 최저학력기준을 적용하지 않는 논술전형은 실제로 결시자가 매우 적어서 합격선이 상대적으로 올라간다.

수능 전과 수능 후, 각자에게 맞는 스케줄

수능 최저학력기준 충족 여부 및 큰 시험에서의 실수, 지원 성향에 따라 집중할 수시 전형은 다르다. 따라서 수능 전 수시 전형에 집중하는 학생과 수능 후 수시 전형에 집중하는 학생의 스케줄은 다를 수밖에 없지만 최종적으로 수시에 불합격할 가능성을 염두에 두고 효과적인 계획을 짜야 한다.

(2) 수시 지원 시 꼭 필요한 마인드 컨트롤

마의 3개월(8월에서 10월)을 잘 보내야 수시 또는 정시에서 좋은 결과를 얻을 수 있다. 이 시기는 수능에 집중하던 재수생조차 수시로 눈을 돌리는 시기다. 재학생이라면 처음 경험하는 입시이므로 긴장감이 매우 크고 혼란을 겪는다. 입시를 대하는 수험생의 마음가짐에 따라 전체적인 입시 결과가 크게 달라진다. 수험생뿐 아니라 학부모도 이 시기에는 자녀의 성격을 감안해 입시 이야기는 미리 시간을 정해 논의하고, 최대한 수험생이 평소 공부 습관을 유지할 수 있도록 주의해야 한다.

● 지나친 경쟁자 의식

원서 접수 시기가 되면 일부 교내 경쟁자가 지원하는 대학과 학과에 크게 신경을 쓰는 학생이 생긴다. 경쟁자가 상향 지원을 하면 본인도 덩달아 원래의 계획과 달리 상향 지원을 하려고 한다. 입시는 '친구 따라 강남 간다'는 식으로 준비해서는 결코 성공할 수 없다. 경쟁자를 신경 쓸 시간에 수능과 수시에 시간을 투자해야 한다.

● 수시 분위기 탈출

이때는 학교에서나, 학원에서나, 가정에서나, 온통 주제가 수시다. 어딜 가나 쏟아지는 질문은 '너는 어디에 원서 쓰니?', 'A대학 보단 B대학이 낫지 않아?' 같은 것이다. 친구나 가족, 친인척, 학원 선생님 등 여러 사람의 의견을 듣다 보면 점차 수능 준비에 소홀해지고, 자꾸만 수시 지원에 휘말리게 된다. 그래서 가급적 7월 정도에 수시에 지원할 대학과 학과 선정 및 서류평가 준비를 마무리하는 것이 좋다.

● 불안감 극복과 자신감 회복

6월 모의평가에서는 성적이 평소보다 올랐다가 9월 모의평가에서 성적이 하락하면 수능에 대한 부담감이 더욱 커진다. 모의고사의 성적 하락 원인을 객관적으로 분석해 실수가 많은 학생이라면 수능까지 최대한 실전 연습을 많이 해야 한다. 실수에 대한 불안감과 입시에 대한 불안감이 커지는 시기다. 그럴수록 더욱더 자신감을 회복하는 데 힘써야 한다.

● 수시 불합격 감안

수시에 올인 하는 학생은 수시에서 불합격하면 정시에서 최악의 상황에 처하게 된다. 그래서 1단계 합격자 발표, 최종 합격자 발표, 수능 가채점 결과에 따라 마음이 크게 흔들린다. 수시에 지원할 때는 불합격까지 감안해 B플랜을 세워야 한다. 모의고사 성적이 저조해 어쩔 수 없이 수시에서 승부를 내야 한다면 모의고사 성적을 기준으로 안정적인 지원을 2개 이상 할 필요가 있다.

4) 나만의 수시 지원 포트폴리오를 만들자

> 학교에서 수시 상향 지원은 안 된다고, 적정 지원하라는데요.
> 성적은 보통이지만, 꼭 선생님이 되고 싶습니다. 방법이 없나요?
> 수시는 그냥 밀져야 본전 아닌가요? 어차피 정시 또 남았잖아요.

재학생들은 7월과 8월 사이에 학교 및 학원에서 수시 지원 상담을 한다. 1학기 기말고사 일정 및 학교 내부 일정에 따라 상담 기간이 각각 다르다. 최근 일선 고교에서는 학년별로 목표 대학과 학과, 전형을 조사하고, 3학년 때 주요 시즌별로 구체적으로 지원할 대학의 포트폴리오를 만들도록 한다. 그만큼 수험생의 진학 지도에 관심을 갖고, 도움을 주고자 함이다.

그렇지만 평소에 대학과 학과만을 막연히 생각하고 있다가 실제로 지원할 대학과 학과, 전형을 찾아서 정리하려면 쉽지 않다. 또한 대학별 수시모집 요강을 참고해 전형명, 지원 자격, 모집 단위 및 모집 인원, 전형 방식, 수능 최저학력기준, 대학별 고사 일정을 모두 정리해야한다. 그리고 6월 모의평가 및 9월 모의평가 결과를 기준으로 정시에 지원 가능한 수준인지도 파악해야 한다. 이처럼 여러 가지를 종합해서 지원 대학 리스트를 만들어야 하고, 학교 및 학원 상담 결과를 참고해 다른 대학과 학과를 찾아야 할 수도 있다.

수시에서 일반 대학을 기준으로 하면 6번의 지원 기회가 있는데, 상향과 적정, 안정 지원을 각각 조합해서 지원 여부를 결정해야 한다. 자신이 지원하는 대학 및 학과에 대한 지원 적합성 판단을 먼저 해둬야 대학별 고사 일정이 겹치거나 경쟁률 및 입시 결과가 생각과 다를 때 다른 대학 및 학과로 변경하기가 쉽다.

(1) 나만의 수시 포트폴리오 만들기

평소 대학과 전형, 학과 등을 종합해 수시 포트폴리오를 만들어 관리할 필요가 있다. 수시 포트폴리오에 지원 대학 및 학과 리스트, 대학별 모집요강 중 주요 사항, 3개년 입시 결과, 주요 입시 기관의 배치점수, 자기소개서 및 기타 비교과 자료 등 주요 사항을 모두 포함하면 좋다.

문방구에서 파는 3공 바인더를 하나 사서 수시에 필요한 각종 자료를 정리해두고, 항목별로 포스트잇으로 구분해놓으면 두고두고 활용할 수 있어서 효과적이다. 포트폴리오란 원래 서류 가방, 자료 수집철, 자료 묶음을 의미한다. 자신의 이력 또는 실력을 알아볼 수 있게 이전 작품이나 관련 내용을 모아놓은 자료철이 그것이다.

입시에서 포트폴리오란 크게 두 가지 의미로 쓰인다. 첫째, 주로 예체능 계열에서 요구하는 것으로서 주요 작품 및 활동 내역을 자료철로 만들어 제출하는 것을 의미한다. 그리고 또 한 가지 의미는 자신이 지원할 대학과 학과에 대한 정보를 정리하고, 관련된 자료를 모아두는 것이다.

수시 포트폴리오 항목별 세부 사항

구분	세부자료	작성요령
학교생활 기록부	학교생활기록부 사본	학기별로 구분해 학생부 사본을 발급받아 업데이트하자. 자신의 활동 내용 중 주요 내용을 표시해두자.
	교과성적 분석자료	학교에서 학생별로 나눠주는 주요 영역별, 과목별 조합별 평균 등급 등 분석자료를 정리하자.
모의고사 성적표	모의고사 성적표	학년별 모의고사 성적표를 정리해 두자.
	모의고사 성적 분석자료	학교에서 학생별로 제공하는 모의고사 누적 성적 자료 및 성적 분석 자료를 정리하자.
수시 지원 대학 리스트	예비 수시 지원 대학 자료	학교 및 학원 상담을 통해 추천받은 대학이나 자신의 희망대학과 학과리스트를 정리하자.
수시 최종 리스트	최종 수시 실제 지원 자료	실제로 수시에서 지원한 대학과 전형, 학과, 경쟁률, 입시일정 등을 정리하자.
입시 상담	상담별 내용 요약 정리	학교 상담 및 학원 상담, 대학 상담 등 상담하고 싶은 내용과 답변 받은 내용을 정리해두자.
대학별 자료	수시모집요강	지원 희망 대학의 모집요강과 주요 사항을 정리해 두자.
	입시결과 및 경쟁률	대학별로 최근 3개년 경쟁률 및 입시결과를 모아서 정리해두자.
	기출문제 및 모의문제	논술이나 면접, 적성고사 등 지원 대학의 모의문제 및 기출문제를 정리해두자.
서류평가 자료	자기소개서 및 추천서	자기소개서 초안과 최종안 등 서류평가 자료 및 대학별 인재상, 전공안내자료 등을 모아두자.
기타 자료	외부 실적 및 수상 자료	학생부에 기재되지 않는 다양한 자료들을 미리 모아서 정리해두자.

앞의 표에 나와 있는 항목대로 3공 바인더 하나에 정리해두면 자료를 찾는 시간도 줄일 수 있고, 입시를 준비하는 데 매우 효과적이다. 수험생과 학부모 스스로 입시를 준비하는 데도 도움이 되고, 입시 전문가와 상담할 때도 다양한 자료를 쉽게 찾아볼 수 있어서 더욱 구체적인 조언을 얻을 수 있다.

(2) 목표 대학의 3개년 입시를 철저히 분석하자

수시에서 합격하려면 수험생과 학부모가 해당 학교 입시에 대한 전문가가 되어야 한다. 학교나 인터넷 혹은 외부 상담만을 맹신하는 것은 옳지 않다. 특히 입시철만 되면 수많은 학생을 상담하는 학교나 학원은 배치표나 입시 결과를 기준으로 상담할 수밖에 없다. 문제는 수시모집에서 전형 방식이나 최저학력기준, 전형 특성에 따라 입시 결과가 크게 차이 난다는 점이다. 즉 비슷한 성적대라 할지라도 어떤 전형과 학과를 선택하느냐에 따라 합격과 불합격이 바뀐다.

따라서 희망하는 여러 대학의 입시 결과, 경쟁률, 모집요강, 주요 입시 기관의 배치표 등을 스스로 참고해서 최근 3개년 정도의 입시를 철저히 분석할 필요가 있다. 특정 연도의 입시 결과만을 참고하다가는 변동 상황을 몰라 큰 곤란을 겪을 수 있기 때문이다. 예를 들어 작년에는 A대학에서 학생부교과전형에서 수능 최저학력기준을 적용했는데 올해는 적용하지 않는다면 올해 A대학의 학생부교과전형 합격선은 전년에 비해 크게 상승할 가능성이 매우 높다. 또한 B대학이 수시 논술고사 일정을 수능 전에서 수능 후로 미루고, 수능 최저학력기준을 적용하지 않기로 했다면 올해 B대학의 수시 논술전형 경쟁률은 예년에 비해 매우 크게 상승할 가능성이 높다.

이처럼 입시 결과와 경쟁률은 해마다 크게 달라지기 때문에 특정 해의 입시 결과보다 최근 3개년의 입시 결과를 참고하고, 경쟁 대학의 입시 결과도 같이 참고하는 것이 좋다.

최근 3개년 입시 요강의 핵심 내용을 정리하자

올해를 포함해 최근 3개년 동안의 목표 대학 입시 요강을 참고해 입시에 필요한 주요 사항을 정리하도록 하자. 특히 전형명, 전형방식, 선발인원, 수능 최저학력기준, 지원 자격을 정리해 비교해보면 최근 입시 변화를 알 수 있어 효과적이다. 평소 구체적으로 살펴보지 않던 내용이라도 3년 동안의 자료를 두고 비교해보면 구체적인 전형 특징을 이해할 수 있다. 목표 대학에서 어떠한 의도로 입시 전형에 변화를 주고 있는지를 파악할 수 있다. 전형 축소와 전형 확대는 결국 최근의 교육정책 및 입시 결과를 참고해 더욱 우수한 학생을 선발하겠다는 의지의 표명이기 때문이다.

최근 2년간 입시 경쟁률, 수시 추가 합격 인원을 정리하자

지원하고자 하는 모집 단위를 중심으로 최근 2개년의 입시 경쟁률을 전형별, 모집 단위별로 정리해보도록 하자. 입시에서 경쟁률은 곧 입시 결과와 밀접한 관계가 있다. 그래서 최근 2년간 입시 경쟁률과 수시 추가 합격 인원을 제대로 확인하는 것이 중요하다. 입시 경쟁률 및 수시 추가 합격자 전형 자료는 대부분 대학이 입학처 홈페이지에 공개하고 있다. 미공개하는 대학은 입학처에 전화로 문의하면 대부분 알려주니 참고하도록 하자.

앞서 정리한 3개년 입시 요강 핵심 정리를 참고해보면 올해의 대략적인 경쟁률을 예상할 수 있어 효과적이다. 특히 수시에서 정시로 이월하는 인원이 줄고, 수시에서 추가 합격하는 경우가 많은 최근의 입시 상황에서 모집 단위별 수시 충원 데이터는 중요한 참고 자료다. 실제로 이제 수시에 지원할 때는 추가 합격자를 감안해 지원 전략을 짜야 한다. 특히 비인기 학과는 추가 합격이 거의 없으니 꼭 참고하도록 하자.

3개년 입시 결과와 자신의 성적을 비교하자

대학교 입학처나 입시 기관의 홈페이지, 혹은 대학교 입시설명회에 가면 대학별 입시 결과도 쉽게 얻을 수 있다. 대학에 따라 홈페이지에 공개하기도 하고 설명회에서 비공식적으로 공개하기도 한다. 대부분은 입학처에 문의하면 대략적인 입시 결과를 알려준다. 입시 기관이 데이터를 공개하는 경우도 있으니 참고하도록 하자. 조심할 점은 학교별로 학생부 반영 방법에 차이가 있다는 것이다. 예년 입시 결과와 비교할 때는 각 학교의 내신 반영 방법에 따라 자신의 성적을 산출해서 비교해야 한다. 특히 각 고교에 교육청별로 정리한 데이터나 대교협에서 배포한 입시 결과 파일이 있으니 반드시 참고하도록 하자. 입시 결과 자료는 입시 전형이 변하면 따라서 달라지니 맹목적으로 받아들이기보다 앞에서 작성한 내용을 참고해 입시 결과 변화를 분석하도록 하자. 최근 대학교 홈페이지에서 수험생의 입시 준비를 도우려고 학생부교과 성적과 수능 성적을 계산해주는 프로그램을 공개하기도 하니 꼭 활용하도록 하자.

(3) 나만의 수시 지원 포트폴리오를 만들자

수시에서 총 6회 원서 접수가 가능하며, 대학에 따라 중복 지원이 가능한 전형이 있다. 수시에서는 수험생이 소신 혹은 상향 지원을 많이 하는 경향을 보인다. 이는 자신의 역량을 제대로 분석하지 않고, 교과 성적을 기준으로 지원하거나 잘 나온 모의고사 성적을 기준으로 지원하기 때문이다. 합격을 원한다면 객관적인 분석과 냉철한 판단이 필요하다. 수시에 지원하는 수험생 중에 체계적으로 검토하지 않고, 처음부터 바로 지원 대학과 전형, 학과를 정하고 지원하는 경우가 종종 있다. 총 6회의 지원 기회를 제대로 살리려면 1단계에서 2~3배수 정도의 예비 대학과 학과 리스트를 만들어야 한다. 그리고 대학교 입시 결과, 대학별 고사 유형, 수능 최저학력기준, 전형 방법, 대학별 고사 일정을 종합해 최종 지원 대학과 학과 리스트를 정해야 한다.

유리한 전형을 먼저 선택하고, 대학과 학과를 찾자

수시에서 가장 중요한 것은 자신에게 유리한 전형을 선택하는 것이다. 내신성적이 상대적으로 우수하다면 학생부교과전형, 비교과가 우수하다면 학생부종합전형, 논술이나 적성에 자신 있다면 논술(적성)전형, 특별전형에 해당된다면 특별전형을 선택하는 것이 좋다.

또한 모의고사 성적을 감안해 가능하면 수능 최저학력기준을 적용하는 전형을 선택하는 것이 유리하다. 유리한 전형을 먼저 선택하고, 전형을 실시하는 대학과 학과를 결정해야 한다. 다만 사범대나 교대, 의학계열처럼 특수한 학과를 희망할 경우에는 지원 가능한 대학에 맞춰 전형 준비를 해야 한다.

수시 배치표와 9월 모의평가 배치표를 참고해 지원 대학 예비 리스트를 만들어라

유리한 전형을 선택했다면 수시 배치표와 9월(6월) 모의평가 배치표를 참고해 지원 가능한 대학과 학과를 찾아야 한다. 특히 6월이나 9월 모의평가 성적으로 정시에 지원 가능한 대학과 학과 리스트를 정리해두는 것이 중요하다. 수시에서 하향 지원해 합격한다면 정시에 지원할 수 없기 때문이다. 선호하는 학과나 지역, 대학 유형을 감안해 범위를 좁혀서 지원 가능 대학 리스트를 만드는 것이 효과적이다. 수시에서 총 6회 지원 가능하므로 본인이 지원하는 횟수의 2~3배수로 만들면 된다. 예를 들어 총 3회 지원을 할 계획이라면 3배수 정도로 한 장의 표에 예비 지원 대학 리스트를 정리하고, 우선순위에 따라 작성하도록 하자. 간단히 예비 대학 리스트를 먼저 만들어두면 상담 및 입시 컨설팅, 입시설명회에서 추가로 정보를 얻어서 최종 포트폴리오를 쉽게 만들 수 있다.

학교 상담, 학원 상담, 입시 컨설팅, 입시설명회 등 다양한 정보로 지원 가능 수준을 파악하자

예비 지원 대학 리스트를 만들었다면 이제 구체적으로 조언을 구해야 한다. 물론 수험생이 가장 많이 활용하는 것이 배치표 및 모의 지원 서비스지만 주요 대학의 학생부교과 100퍼센트 전형에서만 예측이 가능하다는 점을 염두에 두자. 학생부종합전형이나 논술전형에서 수시 배치표가 말해주는 지원 가능 등급은 말 그대로 지원이 가능한 수준이라는 점밖에 알려주는 게 없다. 지원 대학의 입시설명회 혹은 박람회 상담, 학교나 시도 교육청의 진학 상담, 입시 컨설팅 등 다양한 경로를 통해 정보를 모아야 한다. 예년 입시 결과, 추가 합격자 현황, 경쟁률 추이 등 기본 자료는 수험생이 직접 정리하는 것이 좋다.

문제는 학교와 대학, 입시 컨설턴트 등 저마다 판단 기준이 다르다는 점이다. 예를 들어 교과 성적 평균 2등급인 학생에게 재학 중인 고교에서는 희망 대학에 불합격할 것이라 예측하고, 대학에서는 예비 합격이라 예측하고, 입시 컨설턴트는 소신 지원으로 판단한다. 이때 학교에서 활용하는 프로그램의 산출 기준을 먼저 확인해야 한다. 대학에서도 예년 입시 결과만 가지고 상담을 해준다. 특히 대학 입장에서는 많은 수험생이 지원하도록 해야 하기 때문에 냉정하게 조언하기는 어렵다는 점을 알아야 한다. 사설 입시 컨설팅을 받는 경우에도 판단 근거가 되는 자료를 요청해야 한다.

모든 정보를 종합해 최종 지원 포트폴리오를 만들자

예비 지원 대학 리스트를 만들고 각종 상담에서 희망 대학과 학과에 대한 조언을 구했다면 이제 최종적으로 지원할 대학과 학과를 결정해야 한다. 상담 결과를 참고해 우선순위를 결정하도록 하자. 상담 결과는 크게 상향-적정-안정으로 구분하지만, 5가지 정도로 조금 더 세밀하게 구분해두는 것이 좋다. 과도 상향, 소신 지원, 적정 지원, 안정 지원, 과도 안정으로 구분하면 된다. 대학과 학과별 상담 결과를 정리한 다음에는 최종 지원 성향을 결정한다. 즉 정시 지원형, 수시 및 정시 병행형, 수시 집중형 이렇게 3가지로 구분해보자. 이러한 지원 성향에 따라 6회 내에서 상향과 적정, 안정 지원을 어떻게 조합할 것인지 결정할 수 있다.

수시에서 최종 합격을 해야 하는 수시 집중형이라면 상향과 적정은 각 1~2회로 하고, 안정 지원을 2~3회 이상 해야 한다. 수시 및 정시 병행형과 정시 지원형이라면 상향과 적정을 각 2~3회 정도로 정리해 지원하는 전략을 짜야 한다. 정시 지원형이라고 해도 지나치게 상향 지원했다가 불합격 스트레스로 수능을 망칠 수 있으니 적정과 상향을 적당히 조합해 최종 지원 포트폴리오를 만들어야 한다.

⑷ 수시 지원 시 최종 체크포인트 10가지

① 배치표와 모의 지원은 참고 자료로 활용하자

수시 배치표와 모의 지원(합격 예측) 서비스를 제공하는 사설 업체가 많다. 그러나 업체마다 배치점수가 다르고, 모의 지원 결과 또한 제각각이다. 업체별로 입시 설명회나 홈페이지에서 공개하는 배치표를 활용해 대학과 학과의 수준을 대략 파악하고, 모의 지원으로는 최근 지원 경향을 참고하는 것이 좋다. 특히 배치표와 모의 지원은 인지도가 있고 많은 데이터를 보유한 업체의 것을 활용하는 게 좋다. 단순 교과 성적 기준의 배치표는 입시투데이www.ipsitoday.com 등에서 무료로 볼 수 있다.

② 전년도 입시 결과와 경쟁률을 맹신하지 말자

해마다 전형별로 크고 작은 변화가 있으므로 전년도 입시 결과와 경쟁률은 참고 자료로만 활용해야 한다. 전형이 달라지거나 대학별 고사 일정, 수능 최저학력기준, 선발 규모에 따라 입시 결과와 경쟁률이 달라지게 마련이다. 특히 대학별 고사일이 수능 후로 변경되거나 수능 최저학력기준이 없어지거나 낮아진 경우라면 경쟁률은 상승한다.

③ 수시 추가 합격 결과를 꼭 참고하자

수시모집에서 중복 합격자가 발생하는 경우가 많으므로, 대학별로 발표하는 전년도 수시 충원 결과를 꼭 참고해야 한다. 특히 상위권 대학을 기준으로 상경계열이나 의학계열 등 인기 학과는 미등록 충원이 많고, 비인기 학과는 미등록 충원 인원이 적다는 점을 감안해야 한다. 이제는 수시 최초 합격이 아니라 수시 추가합격까지 염두에 두는 전략을 세워야 한다.

④ 6월과 9월 모의평가 결과를 기준으로 지원 대학과 학과를 선택하자

수시모집에 단순히 내신이나 비교과, 특별전형, 수능 최저학력기준만을 기준으로 지원할 것이 아니라 6월과 9월에 실시한 모의평가 결과를 참고해야 한다. 객관적으로 정시에 지원 가능한 대학과 학과를 파악하면 수시에 최종 지원할 대학과 학과를 결정할 때 기준으로 삼을 수 있다. 최근 모의고사 성적이 상승세에 있다면 적절히 상향 지원을 하거나 혹은 수능 이후 대학별 고사를 실시하는 전형 중심으로 지원 전략을 수립하는 것도 좋은 방법이다.

⑤ 유리한 전형을 찾고, 대학과 학과를 선택하자

수시모집에서 가장 중요한 것은 자신에게 맞는 전형을 선택하는 것이다. 경쟁력을 극대화할 수 있는 전형을 선택해야 '수시 대박'이 가능하다. 특히 반영 교과, 최저학력기준, 대학별 고사 유형, 선발 규모까지 감안해 동일 전형을 실시하는 대학 중에서 자신에게 가장 유리한 대학을 선택해야 한다. 특히 전형에 따라 모집 단위나 모집 인원이 다르며, 최저학력기준도 다른 경우가 많으니 주의 깊게 살펴야 한다.

⑥ 수시 집중 타임을 정하고, 수능 대비를 철저히 하자

수시 원서 접수부터 자기소개서 작성, 그리고 대학별 고사까지 모두 수험생의 수능 대비 계획을 망치는 주범이다. 이제라도 수시모집에 투자할 집중 타임을 정하고, 철저히 계획적으로 시간 안배를 하도록 하자.

수시모집 원서 접수 및 준비 기간인 지금이야말로 수능에 대비하는데 최적인 마무리 학습 기간이라는 점을 염두에 두자. 수시에 실패한다면 결국 수능을 위주로 판단하는 정시모집에 지원할 수밖에 없다는 점을 꼭 기억해야 한다.

⑦ 수시 지원 포트폴리오를 만들어 활용하라

수시모집에는 일반적으로 6회라는 원서 접수 제한이 있다. 이 원서 접수 제한에 해당되지 않는 대학[산업대학(청운대, 호원대), 전문대학, 특별법에 의해 설립된 대학(카이스트, 광주과학기술원, DGIST, 경찰대학 등)]도 있는데, 무턱대고 여러 대학의 정보를 찾느라 시간을 허비할 것이 아니라 수시에 지원할 대학과 학과를 정리해 포트폴리오를 만드는 것이 효과적이다. 수시 포트폴리오에 대학, 학과, 전형, 선발 방법, 수능 최저학력기준, 모집 단위 및 인원, 대학별 고사 유형, 전년도 입시 결과 및 경쟁률을 모두 적어두는 것이 좋다. 그리고 지원 성향에 따라 상향-적정-안정을 조합해 지원 대학과 학과를 결정하는 것이 효과적이다.

⑧ 수시 올인 및 과도한 상향 지원은 입시 실패의 지름길이다

일부 '수시 대박' 사례만을 바라보고 수시에 올인 하거나 과도하게 상향 지원하는 수험생이 많은데, 무리하게 수시에 집중하는 것이야말로 전체 입시를 망치는 지름길이다. 사례 이면에는 수많은 수시 불합격 사례가 있다는 점을 알아야 한다. 특히 논술이나 적성전형, 학생부종합전형 지원자는 사교육 업체에서 일부 합격생의 사례를 지나치게 과장하는 경우가 많으니 경계해야 한다.

⑨ 수학 (가/나형) 및 탐구 과목 선택에 주의하라

대학별로 수시모집에 적용하는 수능 최저학력기준이 다르니 반드시 세부 사항을 확인하고, 수학 및 탐구 과목을 선택해야 한다. 그리고 수시뿐 아니라 정시에 지원 가능한 대학이 수학 및 탐구 과목을 어떻게 반영하는지 살펴 신중하게 선택해야 한다. 지원 제한 및 가산점이 있기 때문이다.

⑩ 대학보다 학과 선택을 신중히 하라

입시 기간에는 수험생이나 학부모 모두 대학 자체를 중요시하고 상대적으로 학과 선택을 소홀히 한다. 학과 특성을 제대로 알지 못하고 지원하기도 한다. 특히 교직이수, 복수전공, 다전공, 전과 등을 희망한다면 반드시 관련 규정을 대학별로 확인해야 한다. 그리고 대학 졸업 후에 취업할 것까지 염두에 두고 학과 선택을 해야 한다. 자신의 흥미와 적성만을 생각할 것이 아니라 직업의 향후 비전을 살펴보는 것이 중요하다.

5) 합격을 부르는 수시 최종 지원 전략

아이가 비인기 학과라도 좀 더 좋은 대학에 가고 싶대요.
상담 받은 대로 3개 쓰고, 3개는 그냥 아이 원하는 대로 썼어요.
눈치작전을 잘하면 대학 잘 갈 수 있나요?

해마다 원서 접수철이 되면, 즉 9월과 12월에는 웬만한 입시 전문가들은 정신없이 바빠서 야근을 밥 먹듯이 한다. 특히 원서 접수 기간에는 그동안 상담한 학생이나 학부모가 새벽까지 문의한다. 인터넷 원서 접수가 대세가 되고, 수시 원서 접수 기간이 통합되면서 해마다 눈치작전이 심해지는 듯하다. 조금이라도 더 나은 결과를 얻으려는 수험생과 학부모의 처절한 노력이 빚은 결과일 것이다. 그만큼 입시에 대한 부담감이 크다. 필자가 활동하는 대치동은 워낙 교육 특구로 유명한 동네다. 학부모의 교육열이 높은 만큼 원서 접수철에는 새벽까지도 줄 서서 상담을 받는다. 원서 접수 시즌에는 '컨설팅비'가 문제가 아니다. '제대로 잘하는 컨설턴트'는 이미 예약이 꽉 차서 대기 번호를 받아야 한다.

흔히 원서철이 되면 이른바 '묻지 마 상담'이 판을 친다. 이 사람, 저 사람, 학원과 학교, 대학교까지 이리저리 상담을 받다가 딜레마에 빠진다. 하지만 입시란 '미래'와 '직업'까지 고려하는 중요한 선택이므로 학생과 학부모가 무게중심을 잡고 신중히 선택해야 한다.

(1) 정시와 재수까지 감안해서 지원 성향을 먼저 정하자

수시 상담을 하다 보면 결국 정시 및 재수 상담까지 가게 되는 경우가 많다. 수시 지원 시 상향 지원을 할 것인지, 안정 지원을 할 것인지, 적정 지원을 할 것인지에 따라 수능에 대비하는 학습 계획과 비중이 달라지기 때문이다.

내신성적은 좋지만 모의고사 성적이 저조한 학생은 수시에서 합격할 수 있는 조합을 중심으로 상담한다. 반면에 내신은 저조하지만 모의고사 성적이 우수한 학생들이라면 주로 정시를 위주로 준비하되 수능당일 실수할 것까지 염두에 두고 수능 후에 실시하는 수시 전형에 주로 지원한다.

문제는 지원 성향을 냉정히 고민하지 않고 막연히 수시 때 지원하고 싶은 대학과 학과만을 생각하는 수험생과 학부모가 많다는 점이다. 수시에서 불합격할 가능성은 염두에 두지 않고 오로지 유리한 점만 보았기 때문이다.

유형	내용	지원성향
수시 합격 필수형	모의고사 성적이 취약한 학생 정시 및 재수 지원을 생각하지 않는 학생 내신성적이나 비교과가 우수한 학생 특별전형에 해당되는 학생	안정지원 (안정 3~4, 적정 2~3)
수시 정시 병행형	내신이나 모의고사 성적이 비슷한 학생 평소 실력과 비슷하거나 약간 높은 대학을 생각하는 학생 최근 모의고사 성적이 상승 추세인 학생	적정지원 (적정 3~4, 상향 2~3)
재수 각오 도전형	현재 내신은 저조하지만 모의고사가 우수한 학생 정시에 불합격할 경우 재수지원을 고려하는 학생 평소 실력에 비해 높은 대학을 지원하려는 학생 수능처럼 큰 시험에 강한 학생	상향지원 (적정 2~3, 상향 3~4)

안정지원은 배치표나 지원 가능 점수를 기준으로 예년 입시 결과보다 자신의 점수가 높은 경우를 말하며, 적정지원은 예년의 입시 결과와 수험생의 점수가 비슷한 수준을 말한다.

지원 성향은 업체에 따라 3개(상향, 적정, 안정) 또는 5개(상향, 도전, 적정, 안정, 하향)로 나누는 등 판단 기준이 다르다. 다만 수시 6회의 기회 중 어떤 조합을 선택하느냐에 따라 전체적인 지원 성향을 판단할 수 있다.

예를 들어 교과 성적은 4등급 수준이지만 모의고사 성적이 2등급 수준인 학생이라면 주로 정시를 생각한다. 그러다가 혹시 모를 수능 당일의 실수를 걱정하거나 아니면 논술 준비가 충실한 경우 수능 후 전형을 중심으로 수시에 적정 및 상향 지원을 한다.

특정 대학에 대한 판단도 중요하지만 수시에서는 6회의 지원 기회가 있으니 종합적인 지원 성향도 판단하자.

(2) 희망 대학과 경쟁 대학을 비교하자

수험생이 특정 대학만을 고려한 나머지 수시 지원 기회 중 1회를 무의미하게 날리는 경우를 많이 본다. 가고 싶은 대학도 정말 중요하지만, 기본적으로 유·불리를 객관적으로 판단해야 한다.

즉 희망 대학과 경쟁 대학을 비교해서 본인에게 가장 유리한 대학을 찾는 것이 중요하다. 전형 방식, 모집 인원, 수능 최저학력기준, 전형일자, 학생부교과 반영 방법 등을 모두 비교해서 자신에게 유리한 대학을 찾아야 한다.

예를 들어 모의고사 2개 영역 2등급 수준이면서 학생부교과 성적이 약 1.7등급인 학생이 있다고 하자. 학생이 가장 선호하는 대학순은 B대학〉A대학〉C대학이라고 하자. 3개 대학을 예로 들어서 전형 방식과 모집 인원, 수능 최저학력기준 등을 비교해보자. 전형은 모두 동일하게 학생부교과전형에 지원한다고 가정하자.

대학	A대학	B대학	C대학
전형방식	1단계: 학생부 100 5배수 선발 2단계: 학생부 70 + 면접 30	학생부 70 + 면접 30	1단계: 학생부 100 3배수 선발 2단계: 학생부 80 + 면접 20
모집인원	20	10	30
수능 최저학력 기준	2개 영역 등급합 4	1개 영역 2등급	2개 영역 각각 2등급 이내

현재 수험생의 교과 성적대라면 A대학, B대학, C대학 모두 1단계 통과가 가능하거나 면접고사를 볼 수 있다. 문제는 B대학이다. 학생부와 면접을 일괄 합산해 선발하고, 면접 비중이 높다. 똑같이 1단계에서 학생부만으로 선발하는 A대학과 C대학을 비교하면 선발 배수가 적은 C대학이 유리해 보인다. 1단계 선발 배수가 많거나 일괄합산해 선발하면서 면접의 비중이 높으면 결국 면접을 잘하는 학생들이 유리하다.

이 학생은 C대학에서 1단계 통과는 무난하다. 면접에서 평균 수준의 점수를 받고, 수능 최저학력기준을 만족한다면 최종 합격할 가능성이 매우 높다. 반면에 B대학은 일괄합산 방식이므로 경쟁률이 높다. 결국 면접에서 상위권 점수를 획득하지 못한다면 불합격할 가능성이 있다.

A대학은 1단계 통과 인원이 많아 2단계에서 실시하는 면접고사가 결국 합격과 불합격을 좌우할 것으로 예상된다. 수능 최저학력기준을 충족할 수도 있겠지만 1단계 통과 배수가 많고, 면접의 비중이 높아 C대학에 비해 유리한 대학은 아니다.

그리고 모집 인원을 보면 C대학이 가장 많고, B대학이 가장 적다. 수능 최저학력기준을 보면 C대학이 가장 높게 설정되어 있다. 모집 인원이 적을수록 입시에서 최종 합격하는 것이 어렵다. 되도록 모집 인원이 많은 학과를 선택하는 것이 유리하다.

현재 수험생의 장점은 학생부교과 성적과 모의고사 성적이므로 이 성적을 유리하게 활용할 수 있는 대학은 C대학〉A대학〉B대학 순으로 보인다.

이처럼 목표 대학뿐 아니라 경쟁 관계에 있는 대학도 같이 비교하면서 자신에게 유리한 대학을 찾아가는 것이 중요하다.

(3) 인터넷 수시 원서 접수 및 막판 눈치작전 요령

원서 접수는 인터넷이나 대학 창구에서 각 대학이 자율로 정한 일정과 방법에 따라 실시된다. 일반전형을 기준으로 보면 인터넷 접수와 창구접수를 병행하거나 인터넷 접수만 실시하는 대학이 많다. 창구 접수만 실시하는 대학은 몇 곳에 불과하다.

인터넷 원서 접수가 보편화되면서 큰 논란거리가 된 것이 바로 눈치작전이다. 인터넷으로 원서를 접수하면서부터 눈치작전이 더욱 치열해

지고 있다. 인터넷 원서 접수를 하는 대학이 매일 혹은 실시간으로 경쟁률을 발표하기 때문이다.

눈치작전을 잘하는 방법은 무엇일까?

학교생활기록부 교과와 비교과, 모의고사 성적, 대학별 고사 실력까지 감안해 유리한 대학과 전형을 미리 선택해두었다면 눈치작전은 필요가 없다. 하지만 보통은 확정해서 결정하기보다 10개 내외의 대학 내에서 경쟁률을 감안해 지원하는 경향이 많으므로 원서 접수 마지막 날에 접수한다. 치밀한 계획과 사전 준비 없이 단순 경쟁률만 보고 접수하면 결과도 좋을 수 없다. 단순히 경쟁률만 비교해 눈치작전을 하는 것은 피해야 한다. 경쟁률은 다양한 지원 기준 중 하나에 불과하다. 또한 대학이 원서접수 마지막에 공개하는 경쟁률과 최종 원서 접수 경쟁률의 차이가 크다는 점에도 주의해야 한다.

대학별로 원서 접수 일정이 다르긴 하나 짧은 시간 내에 원서 접수를 해야 하니 주의할 사항을 알아보자. 무엇보다 대학별 원서 접수 일정과 대학별 고사 일정, 지원 자격과 최저학력 기준 등을 다시 한 번 확인하도록 하자. 특히 원서 접수 마지막 날의 접수 마감 시간이 대학마다 다르다는 점에 주의해야 한다. 또한 대학별 고사 일정이 단과대나 모집 단위에 따라 다를 수 있으므로 자신이 희망하는 모집 단위의 세부 일정을 파악해야 한다. 특히 대학마다 혹은 전형마다 차이가 나는 지원 자격과 최저학력기준은 면밀히 파악해야 한다. 그리고 자신이 희망하는 대학과 유사한 수준의 대학 중에서 우선순위를 결정해야 한다. 전형 방법, 반영 교과 등을 감안해 미리 우선순위를 정해두어야 경쟁률을 참고하며 효과적인 결정을 내릴 수 있다.

경쟁률이 낮다고 해도 대학별 고사 유형이나 수능 최저학력기준에서 불리하다고 생각되면 과감히 포기하는 것도 좋은 방법이다.

마지막으로 대학들이 원서 접수 마감 전에 발표하는 최종 경쟁률과 마감 경쟁률은 크게 달라질 수 있으니 선택을 잘해야 한다. 경쟁률이 비슷할 경우 비인기 학과나 하위 학과, 모집 인원이 많은 학과, 대학별 고사를 실시하는 학과, 최저학력기준을 더 높게 적용하는 학과를 선택하는 것이 효과적이다.

눈치작전은 지원자의 실력을 떠나서 요행수를 노리는 것인 만큼 확실한 방법이 아니다. 그래도 해야겠다면 기본적으로 참고해야 할 사항은 있다.

가장 먼저 인터넷 원서 접수 사이트에 회원 가입을 해두어야 한다. 부모나 학생 따로따로 가입하기보다 학생이 먼저 가입해 ID를 공유하는 편이 좋다. 반드시 공통 ID로 원서 접수를 해야 중복 지원과 같은 불상사를 예방할 수 있다. 수시 지원 대학·학과 결정 및 원서 접수는 학부모와 학생이 같이 하는 경우가 많은데, 서로 역할 분담을 명확히 하는 것이 좋다.

또한 기본 데이터를 확보해야 한다. 즉 희망 대학과 경쟁 대학의 2개년 경쟁률 및 경쟁률 추이 자료를 구해야 한다. 그러한 자료를 바탕으로 올해 경쟁률 추이를 분석해야 한다. 또한 희망 대학과 모집 단위는 2~3개로 압축해 미리 포트폴리오를 구성해두어야 한다. 그래야 경쟁률 추이에 따라 빨리 원서를 접수할 수 있다.

수시 원서 접수 10가지 요령

1. 지원자 정보로 회원 가입을 하고, 본인 ID로 원서 접수를 하라.
2. 최근 2개년의 경쟁률 및 경쟁률 추이 자료를 구하라.
3. 원서 접수 첫날은 피하되 마지막 날 오전에는 접수하라.
4. 비인기 학과, 소수 선발 학과, 여학생 선호 학과는 피하라.
5. 미리 여러 상황에 따른 시나리오를 준비하라.
6. 결제 수단, 서류, 사진 등 필요한 서류를 미리 준비하라.
7. 부모와 학생 간 역할 분담을 명확히 하라.
8. 모집 단위는 2~3개로 압축해 관찰하라.
9. 희망 대학 및 경쟁 대학의 올해 경쟁률 추이를 감안해라.
10. 접수 후 제출 서류를 확인하고, 전형 일정을 체크하라.

---

(4) 수시 원서 접수 이후 해야 할 일

대학 및 전형, 학과에 따라 경쟁률이 다르긴 하지만 높은 경쟁률을 뚫고 합격하기란 쉬운 일이 아니다. 접수 후에는 앞으로 남은 논술과 면접을 비롯해 대학별 고사와 수능 준비에 최선을 다해야 한다.

원서 접수는 잊어라

이미 원서 접수가 끝난 상황에 경우의 수를 자꾸 생각해봤자 쓸데없이 시간만 낭비하는 것이다. 경쟁률이 낮은 다른 대학과 전형, 학과에 대해 아쉬움이 남겠지만 이제 주사위는 던져졌다. 앞으로 남은 입시 준비에 매진해야 한다.

수능 전 대학별 고사 준비는 매주 틈틈이

9월부터 논술이나 면접 등 대학별 고사를 실시하는 대학들이 있다. 수능 전에 대학별 고사 위주로 준비하다 보면 수능에 소홀해질 가능성이 매우 높다. 대학별 고사는 미리 주당 제한 시간을 두고 틈틈이 준비해야 한다. 그리고 같은 유형이라고 해도 대학에 따라 출제 경향에 차이가 있으니 반드시 맞춤형으로 준비한다.

수능은 최선을 다해 준비

수시에서 합격하면 좋지만, 불합격도 염두에 두고 정시를 준비해야 한다. 특히 수능 최저학력기준을 적용하는 전형이라면 더욱 철저히 준비해야 한다. 특히 영어 절대평가 체제하에서는 영어가 쉽게 출제되고, 국어와 수학이 어렵게 출제될 가능성이 매우 높다. 또한 정시에서 탐구의 비중이 높아졌으므로 탐구영역을 철저히 대비해야 한다. 탐구영역이 정시에서 당락을 좌우하는 역할을 할 가능성이 매우 높다.

수능 후 대학별 고사는 맞춤형으로 완전 몰입

수능 후 대학별 고사를 실시하는 전형은 경쟁률이 매우 높다. 그러나 실제로 수능 최저학력기준에 못 미치거나 다른 대학에 합격해서 결시하는 학생이 많다. 따라서 수능 최저학력기준을 만족할 수 있다면 수능 당일 저녁부터 대학별 고사 준비에 올인 해야 한다.

(5) 입시를 망치는 수험생의 착각 5가지

① '경쟁률이 낮으니까 합격 가능성이 높아'

흔히 경쟁률이 예상보다 낮게 나오면 상상의 나래를 펼치는 경우가 많다. 왠지 자신이 합격할 것 같은 생각에 예지몽을 꾸거나 인터넷 사이트를 뒤져가며 지원자의 성적과 자신의 성적을 비교하고 안심하기도 한다. 문제는 경쟁률과 입시 결과는 일부 상관관계가 있지만 경쟁률이 낮다고 합격을 장담할 수는 없다는 점이다. 예년의 입시 경쟁률보다 낮다면 분명히 좋은 일이지만 지원자의 성적과 실력을 파악할 수 없으니 앞으로 남은 입시에 최선을 다해야 한다.

② '전년도 입시 결과보다 내 점수가 높으니까 합격하겠지'

학생부교과전형을 지원하는 학생 중에 간혹 지나치게 입시를 안일하게 생각하는 학생이 있다. 즉 예년 입시 결과를 살펴보고, 최하 컷보다 자신의 점수가 높으니까 거의 합격할 것이라고 자만하는 것이다. 그렇지만 해마다 입시 결과는 달라진다. 사회의 변화, 인기 직업군, 지원 성향, 경쟁률에 따라 합격 컷은 크게 달라진다. 따라서 최소 3개년 정도의 입시 결과와 경쟁률, 올해의 경쟁률 등을 비교해서 냉정하게 판단해야 한다.

③ '비인기 학과를 썼으니 합격할 수 있을 거야'

정시모집이나 수시모집에서 대학 간판만을 보고 비인기 학과를 지원하는 수험생이 있다. 비인기 학과란 인문계열에서는 종교, 철학, 독문, 노문 등의 학과, 자연계열에서는 토목, 물리 등의 학과를 흔히 말한다.

문제는 비인기 학과는 추가 합격이 잘 되지 않는다는 점이다. 즉 다른 대학에 합격하는 경우가 별로 없어서 추가 합격자가 많이 발생하지 않는다. 따라서 결국 실질적인 합격 컷이 올라간다. 원서 접수 시즌에 불안한 마음이 든다고 모조리 비인기 학과만을 썼다가 모두 불합격을 맛본 케이스도 있다.

④ '논술이나 면접을 잘 본 것 같아서 합격할 것 같아'

최근 논술이나 면접 등 대학별 고사가 쉬워지고 있다. 이에 따라 생각보다 시험을 잘 치렀다고 김칫국부터 마시는 경우가 늘고 있다. 시험 난이도는 전체 학생 모두에게 해당된다. 시험이 쉽다는 얘기는 변별력이 없다는 것과 마찬가지다. 쉬운 시험일수록 시험 당일에 자만하지 말고, 실수를 줄여야 한다. 그리고 모두에게 쉬웠던 시험인 만큼 냉정하게 기대심을 버리고, 입시에 대비해야 한다.

⑤ '수시 납치를 피해야 하니 안정 지원은 안 해야지'

수시 원서 접수 시즌이 되면 항상 많은 수험생이나 학부모들이 '수시 납치'를 피해야 한다고 얘기한다. 특히 모의고사 성적이 상승세인 학생이 이런 얘기를 하는 경우가 많다. 문제는 생각보다 수능에서 저조한 결과를 얻었을 때다. 실제로 '수시 납치'를 당하는 경우는 매우 적다. 오히려 수시에서 불합격의 쓴맛을 보는 수험이 많은 게 현실이다. 지나치게 하향 지원을 하라는 말은 아니지만 수능에서 실수로 점수가 하락할 가능성도 염두에 두어야 한다.

02 정시, 어떻게 해야 합격할까?

1) 정시에 지원할 때 꼭 필요한 전략

정시 원서 쓰려면 배치표와 모의지원 이용해서 쓰면 되나요?

정시에 지원해도 학생부 성적이 중요한가요?

수능 가채점 예상 등급 컷이 실제 등급 컷과 차이가 많나요?

수능시험이 입시의 끝이라고 생각하기 쉽지만, 오히려 입시의 시작이다. 수시 합격 발표를 기다리면서 정시 지원 준비를 해야 한다. 특히 수능 점수 기준으로 대학과 학과를 선택하기보다는 자신의 적성을 파악해 진로 설계를 하는 것이 중요하다. 막연하게 학벌이나 대학의 인지도를 기준으로 지원할 것이 아니라 학과의 커리큘럼, 졸업 후 진로, 향후 진로 계획을 감안해 대학과 학과를 선택하는 전략이 필요한 것이다.

(1) 정시모집의 특징 6가지

해마다 수시모집의 규모가 확대되고, 교육부의 대학 구조 조정 정책에 따라 선발 인원이 줄어들면서 갈수록 정시모집으로 합격하기가 어려워지고 있다. 특히 영어절대평가를 실시했던 2018학년도 정시모집의 경우 경쟁률이나 합격선에 소폭 상승했다. 첫 시행하는 영어절대평가로 인해 정시모집에서 수험생과 학부모가 매우 큰 혼란을 겪었다. 일반 학과를 기준으로 살펴보면 정시모집에서는 대학들이 주로 수능 성적만을 활용하거나 수능 + 학생부교과 성적을 활용해 선발한다. 일반적으로는 수능시험이 당락에 결정적인 영향을 미친다.

일부 대학이나 특정 모집 단위에서는 면접고사를 실시하기도 한다.

① 지원 기회의 제한

정시모집은 6회나 지원이 가능한 수시모집과 달리 가, 나, 다군별로 각 한 번씩만 지원이 가능하다(단 산업대학은 모집군에 관계없이 지원이 가능하다). 대학별로 특정 군에서만 선발하거나 모집 단위별로 모집군을 달리해 선발하기도 한다.

② 정시 이월 인원

수시에서 추가 합격을 실시했음에도 인원이 충원되지 않았을 경우 정시로 이월해 선발한다. 따라서 대학별로 최종 모집 인원을 확인해 지원여부를 결정해야 한다. 최근에는 수능 최저학력기준을 적용하지 않는 전형이 많아지면서 주요 대학의 경우 정시 이월 인원이 줄어들고 있다.

③ 대학별 수능 반영 방법 차이

학생부교과도 중요하지만, 정시모집에서 가장 비중이 높은 것은 수능이다. 대학에서 수능을 다양한 방법으로 반영하므로 자신에게 유리한 반영 방식을 찾는 것이 중요하다. 표준점수 및 백분위 또는 대학별 반영 영역이나 모집 단위별 지정 영역을 확인해서 자신에게 유리한 대학을 선택해야 한다.

④ 학생부 반영 대학 지원 시 주의할 점

교대 및 국립대, 일부 사립대 등에서는 학생부의 실질 반영 비율이 높다. 따라서 학생부교과 성적이 부족한 학생이라면 반드시 경쟁자의 성적대와 자신의 성적대를 파악해 수능 점수에 여유가 있게 지원하는 것이 좋다.

⑤ 추가 합격 인원 감안해 지원

정시모집에는 추가 합격자가 많이 발생한다. 대학별로 합격자가 연쇄이동하므로 예년의 추가 합격자 인원을 감안해 지원해야 한다. 단 모집군이 이동하거나 전형 방식이 달라졌을 경우도 감안해야 한다.

⑥ 특별전형 규모 매우 적어

정시모집에서는 특별전형의 선발 규모가 수시모집에 비해 매우 적다. 농어촌 전형 등 특별전형에 해당되는 학생이라면 전형을 실시하는 대학이 있는지 확인한 후 지원해야 한다.

(2) 수능 이후 주요 시기별 꼭 해야 할 일 6가지

수능 당일에는 수능 예상 등급 컷 및 수능 난이도에 대한 기사와 자료가 네이버를 비롯한 주요 포털 사이트의 메인을 장식한다. 쉬운 수능이 대세가 되면서 수능시험 시간에는 만족하다가도 발표된 수능 등급 컷을 보면서 좌절하는 학생이 많다. 수능시험을 마친 수험생에게 제일 필요한 것은 강한 멘탈이다. 시험 결과를 객관적으로 받아들이고, 수시 대학별 고사 응시 여부 및 정시 지원 준비를 시작해야 한다. 비록 성적이 저조하더라도 정시에서 주어진 세 번의 기회를 최대한 잘 활용해서 도전해야 한다.

주요 시기	꼭 해야 할 일
수능 후	수능 가채점 및 등급 컷 확인 (수시 최저학력기준 해당 확인) 수능 이후 수시 논술과 면접 준비 정시 정보 수집(입시설명회 및 대학교 홈페이지, 대교협 등) 진로검사 응시 및 결과 확인, 진로로드맵 수립
수능 성적 발표 후	수능 성적 확인 및 학생부교과 성적 확인 지원가능한 대학 및 학과 파악(대학별 입시결과 및 경쟁률 등) 학과 정보 및 졸업 후 진로 등 확인 군별 3순위 대학·학과 결정 (포트폴리오 작성)
원서접수 후	정시 원서접수 및 합격 확인(추가합격 등) 학과별 기초 전공 및 어학 등 준비

수능시험 후에는 시험의 난이도나 시험의 가채점 결과, 시험 기간의 실수가 생각나고 아쉬움이 남는 등 만감이 교차한다. 그러나 중요한 것은 수능시험은 입시의 끝이 아니라 과정이라는 점이다. 아직 수시모집 대학별 고사가 남아 있고, 정시모집도 남아 있다. 이제 남은 시간 동안 심기일전해 최선을 다해 입시를 마무리하도록 하자.

수능 후에는 수능 가채점 결과 및 등급 컷을 확인해 수시에 지원한 학생이라면 수능 최저학력기준을 충족했는지 여부를 파악해 논술에 응시할 것인지를 결정해야 한다. 또한 수능 후에 실시하는 수시 논술과 면접고사 등 대학별 고사에 올인해야 한다. 수능이 끝났기에 대학별 고사 준비에 집중할 수 있으니 최저학력기준을 만족한다면 최선을 다해 준비해야 한다. 또한 수시 합격자 발표를 보면서 만약 예비 번호를 받았다면 전년도 입시 결과와 비교해 추가 합격 가능성을 판단해야 한다. 추가 합격 가능성이 낮다면 정시를 더 서둘러 대비한다. 대학교의 입시 설명회 및 주요 입시 기관의 입시설명회, 정시 배치표와 설명회 자료집 등을 참고해 정시로 지원 가능한 대학과 학과를 파악해야 한다.

또한 학생부교과 성적 및 수능 성적을 입시 정보 사이트에 입력해 자신에게 유리한 반영 방식과 영역별 조합을 찾아야 한다.

① 수능 가채점 결과는 입시 전문 기관별로 평균을 내서 참고하자

수능 당일 발표되는 수능 가채점 결과는 매년 틀린 경우가 많았다. 또한 업체별로 여러 번 업데이트를 하니 수능 당일 저녁 10시 이후에 가채점 등급 컷을 참고하자. 특히 특정 업체만을 참고할 것이 아니라 입시 전문 기관의 가채점 예상 등급 컷을 평균 내서 참고하자. 입시 기관별로 등급 컷 예상 점수가 적게는 1~2점, 많게는 3~4점 이상 차이가 나기 때문이다. 그럼에도 매년 실채점 등급 컷과 예상 등급 컷 사이에는 오차가 많았다. 가채점 예상 등급 컷은 어디까지나 가채점 결과다.

예상 등급 컷 기준으로 1~2점 정도를 오차로 감안해 수시 최저학력 기준 충족 여부를 판단하자. 아직 논술이나 면접 등 대학별 고사가 남아있다면 최선을 다해 준비하도록 하자.

② 성적이 부족해도 결과를 인정하고, 입시를 준비하자

수능이 쉽다지만 그동안 자신의 노력에 비해 아쉬운 결과를 받을 수도 있다. 하지만 아직 모두 끝난 것이 아니니 앞으로 남은 입시를 준비하도록 하자. 수능 성적만 보고 막연하게 재수를 결심하는 경우도 많다. 혹은 원점수가 높게 나와서 정시에 지나치게 상향 지원을 고려하기도 한다. 수능 실채점 결과를 기다리면서 냉정히 자신의 성적대를 파악해보고, 진로를 고민해보도록 하자. 특히 구체적인 목표와 꿈이 없는 상태에서 재수를 선택한다면 결국 실패할 가능성이 높다. 무의미한 재수보다 앞으로 남은 정시모집을 잘 준비하도록 하자. 적성에 맞는 학과를 선택해서 대학 입학 후에 능력을 발휘해보도록 하자.

③ 수시 대학별 고사를 철저히 준비하자

수능 가채점 등급 컷을 확인하면서 이미 수시에 지원한 대학의 대학별 고사에 지원할지 여부를 결정하자. 수시에 합격한다면 정시에 지원할 수 없으니 잘 판단해야 한다. 지원 대학의 수능 최저학력기준을 만족한다면 앞으로 남은 논술이나 면접 등 대학별 고사 준비에 올인 해야 한다. 수능 성적이 예상보다 저조하다고 해도, 최선을 다해 준비해야 한다. 대학별 고사는 대학마다 출제 유형에 차이가 있으니 대학별 모의 논술이나 해설 강의를 들으면서 맞춤형으로 준비하도록 하자. 대부분 주말에 대학별 고사를 실시하므로 평일에 최대한 집중해 준비하도록 하자. 특히 학생부종합전형 면접은 학교에서 모의 면접을 자주 해보는 것이 효과적이다.

④ 가족과 함께 정보를 모으고, 지원 대학과 학과를 결정하자

수능 후에는 정시 지원을 준비하기에 충분한 시간이 있다. 성적이 좋으면 문제가 없지만, 성적이 평소보다 저조한 경우, 막판에 대학과 학과를 급하게 결정하기도 한다. 또한 부모님과 수험생이 희망하는 대학이나 학과가 달라 결정이 늦어지기도 한다. 수험생의 학생부교과와 수능 성적을 토대로 가족끼리 힘을 합해 입시설명회나 입시 컨설팅, 대학교 입학처에서 다양한 정보를 모아 선별해야 한다. 특히 부모의 의지대로 상위 대학에 지원했다가 불합격한다면 수험생이 원하지 않는 재수를 할 수도 있다. 자신의 의지가 아닌 타의에 의한 재수라면 성공을 기대하기 어렵다.

⑤ 수시 추가 합격을 기다리면서 정시 정보를 모으자

수시 대학별 고사에 응시했다면 수시 합격자 발표를 기다리면서 정시 정보를 모으도록 하자. 자신이 희망하는 대학과 학과를 파악해야 할 시기다. 가채점 원점수 기준의 배치표를 활용해 정시에 지원 가능한 대학과 학과 수준을 미리 알아보는 것이 좋다. 또한 대학별 수능시험 반영 방법과 학생부 반영 방법을 확인하도록 하자. 입시 기관이나 대학교육협의회, 시도 교육청에서 실시하는 입시설명회에 참석해 올해 입시 흐름과 정시 지원 정보를 얻도록 하자. 그리고 희망 학과의 홈페이지에서 커리큘럼 및 졸업 후 진로, 장학금 등 세부 사항을 확인하도록 하자.

대학의 유명세를 기준으로 할 것이 아니라 대학의 비전을 파악해야 한다. 성적 우수자에게 다양한 장학금을 지급하는 대학이 있고, 특정 모집 단위별로 장학금과 다양한 혜택을 제공하는 대학도 있다. 특히 학과명이 유사하다고 커리큘럼과 졸업 후 진로가 유사한 것이 아니므로 좀 더 자세히 검토할 필요가 있다. 모집요강에 학과 정보 및 장학금과 특전도 공개하는 대학이 많으니 참고하면 좋다. 또한 대부분 학과별로 전공 설명, 교육 과정, 졸업후 진로를 공개하고 있으니 참고하는 것이 좋다. 예를 들어 한양대학교 에너지공학과는 입학 정보와 연구 분야를 비롯해 학부의 교육과정, 졸업 요건, 졸업 후 진로를 자세히 공개한다.

⑥ 자신의 적성을 파악해 진로 설계를 하자

커리어넷은 청소년을 대상으로 다양한 검사와 프로그램을 무료로 제공하고 있다. 직업 적성 검사, 직업 흥미 검사, 직업 가치관 검사 등을 통해 적성에 맞는 직업을 찾아보자.

또한 '아로플러스'라는 진로 탐색 프로그램을 제공하는데, 관심 직업에 대한 다양한 정보를 얻을 수 있어 효과적이다. 또 고등학교 학교생활기록부 사본을 참고해 자신의 여러 활동을 점검하면 특기와 적성을 파악할 수 있어서 더욱 효과적이다. 커리어넷에는 계열별 학과 정보, 분야별 직업 정보, 해당 직업의 전문가 인터뷰 등 다양한 자료가 있으니 꼭 활용해보자. 자신의 적성과 특기를 파악하고, 학과별 정보를 토대로 구체적으로 대학 학과-입학 후 학업 계획-희망 직업을 연계해 진로 로드맵을 짜는 것이 좋다. 맹목적으로 학과를 선택하지 말고 희망하는 직업을 가지려면 노력해야 할 과정을 모두 포함해 로드맵을 짜야 한다. 원서 접수 이후에 찾아오는 여유 시간을 활용해 학과에 필요한 기초 공부를 하는 것도 좋다. 학과에 필요한 과목을 학습뿐만 아니라 학과별로 필요한 어학, 컴퓨터 실기 등을 미리 준비해두면 효과적이다.

2) 정시에 합격하는 배치표 및 모의 지원 활용법

어느 업체 배치표를 보고 써야죠? 제각각이라서요.

배치표 점수보다 몇 점이 남아야 안정권일까요?

요즘 배치표 의미 없다고 모의지원해서 원서 쓰라는데, 맞나요?

(1) 배치표 맹신하다가 재수한다!

이른바 배치표와 합격 예측, 모의 지원 서비스만 믿고 정시 원서를 접수했다가 세 군데 모두 불합격해서 원치 않는 재수를 하는 수험생이 있다. 가장 큰 문제는 수험생과 학부모가 자신에게 유리한 면만 보고 판단한다는 점이다. 예를 들면 업체마다 각각 다른 배치점수를 제공하는데, 그중에서 가장 후한 배치표만 믿고 지원하는 것이다. 배치표나 모의 지원 서비스를 제공하는 업체가 서울권에만 대략 10곳 내외가 있다.

업체마다 배치표 점수는 제각각이다. 실제로 최종 합격자 발표 후에 고객들의 항의를 받는 입시 기관이 많다.

서울의 중위권 수험생인 허태경 학생이 평소 생각하지 않은 재수를 하게 된 이유도 특정 입시 기관의 합격 예측 서비스를 맹신하고, 지원한 탓이 크다. 허태경 학생은 성적이 중위권이라서 인 서울은 힘들기 때문에 주로 지방 국립대의 공대를 중심으로 지원했다. 지방 국립대는 거의 다 입시 결과를 발표하므로 최근 입시 결과도 참고했지만, 입시 결과보다 다소 점수가 낮은 모 회사의 배치표를 기준으로 지원했다가 모두 불합격했다. 심지어 가군에서는 예비 번호조차 받지 못했다.

입시 기관이나 재수종합학원에서 발표하는 정시 배치표는 정시 지원에 참고하는 중요 자료다. 시대의 변화에 따라 종이 배치표, 온라인 배치표 등이 다양하게 제공되고 있고, 이제는 모의 지원 시스템이 인기를 얻고 있다. 이처럼 정시 지원에 사용할 배치표 종류가 다양한 만큼 각각 내용이 다르다는 점을 알고, 똑똑하게 활용해보자.

가장 많이 활용하는 배치 기준표는 장판지 형태로 된 것인데 대학별 서열이나 학과 간 서열, 대학 간 점수 비교를 한눈에 쉽게 할 수 있어서 많은 인기를 얻고 있다. 특히 수능 성적 발표 유무에 따라 가채점과 실채점으로 구분해 제공된다. 보통 가채점 기준 배치표는 원점수 기준으로 작성하기도 하고, 입시 기관에서 자체적으로 추정한 통계 자료를 기준으로 한 표준점수와 백분위 기준으로 작성하기도 한다. 그러나 수능 실채점 통계 자료가 아닌 만큼 오차가 클 수 있으니 참고 자료로만 활용해야 한다. 배치표는 입시 기관이 주최한 입시설명회에 참석하거나 입시 자료집을 구매하면 얻을 수 있다. 하지만 배치 기준표는 단순 합산 점수를 활용해 만든 자료라서 대학별 전형 방법이나 수능 반영 비율, 가산점 등 세부 내용을 반영하지 못한다. 따라서 배치 기준표는 대략적인 학과 서열이나 수준을 파악하는 용도로 활용해야 한다.

최근 보편적으로 많이 제공하는 온라인 배치표는 입시 기관에 따라 명칭이 다른데, 합격 예측 서비스 또는 온라인 배치표 등으로 불린다.

온라인 시스템인 만큼 종이 배치표와 달리 대학별 환산점수, 수능 반영 비율 등 더욱 다양한 정보를 가공해 제공한다. 문제는 입시 기관마다 배치점수가 크게 차이 난다는 점이다. 이는 각자 다른 기준으로 배치점수를 산정하기 때문이다. 그런 이유로 수험생이 혼란스러울 수 있으니 참고 자료 정도로 활용하는 것이 바람직하다.

입시 기관마다 차이는 있지만 대체로 배치점수는 합격자 평균 점수나 최종 커트라인 점수가 아니라 수능 성적을 기준으로 합격자의 85퍼센트 수준의 점수다. 전국 대학의 지난 입시 결과와 수험생의 지원 성향, 최근의 입시에 영향을 미칠 요인까지 감안해서 지원 가능 점수를 산출하고 있으므로 입시 전문가들이 예상하는 지원 가능 점수와 자신의 성적을 비교해보는 자료로서 활용하면 좋다. 또한 대학별 환산 점수를 제공하는 경우라면 자신의 성적에 대한 유불리가 나타나므로 좋은 참고 자료다.

배치표를 참고하되 학생부 성적, 모집 인원, 경쟁률, 지원 성향 변화, 사회 트렌드 등도 종합적으로 검토해야 한다.

(2) 배치표에 대한 오해와 진실

해마다 입시철이 되면 입시 컨설턴트들은 제일 먼저 주요 입시 기관의 배치표를 참고 자료로 활용한다. 입시 기관별 배치점수를 활용해 자신만의 배치 기준표를 다시 만들어 상담에 활용하기 때문이다. 또한 주요 입시 기관이 만든 수시와 정시 배치표는 시도 교육청의 진학 상담 관계자나 학원가와 공교육 교사들, 수험생과 학부모에게 큰 영향력을 발휘한다. 최근에는 온라인 배치표 및 합격 예측, 모의 지원 서비스가 활성화되면서 예전에 비해 종이 배치표의 위력은 감소했지만 그래도 여전히 수험생과 학부모가 제일 먼저 참고하는 자료 중 하나다.

문제는 입시 기관이 제각각 다른 기준을 적용해 만든 배치표를 맹신하는 수험생과 학부모가 많다는 점이다. 앞서 말한 바와 같이 배치표는 전국 주요 대학을 비슷한 기준으로 서열화한 자료이기 때문에 실제 대학의 전형 방법, 수능 영역별 반영 비율, 가산점 등을 제대로 반영하지 못한다. 따라서 배치표는 '절대 기준'이 아니라 '유용한 참고 자료'로 활용해야 한다.

아래는 수험생과 학부모들의 배치표에 대한 오해를 해소하고자 정리한 글이다. 내용을 참고해 배치표를 제대로 활용하도록 하자.

족집게 배치표는 없다

주요 입시 기관의 입시 설명회에 참석해서 받거나 유료로 구매한 여러 배치표를 모두 비교해보다가 어느 배치표를 기준으로 해야 할지 묻는 수험생과 학부모가 많다. 그러나 족집게 배치표는 결코 존재하지 않는다. 수많은 수험생과 학부모가 배치표와 합격 예측, 모의 지원 등을 모두 활용해 최종적으로 지원 대학과 학과를 결정하기 때문에 배치표가 맞을 수가 없다.

배치표는 과거 기준이다

입시 기관이 배치표를 만들 때는 수능 성적 분석 자료, 대학별 합격자 성적, 지원 성향 등을 감안해 만든다. 취업 현황 및 수험생의 선호 성향을 반영하기도 하고, 실제 합격자와 불합격자 성적을 조사해 반영하기도 한다. 하지만 결국 배치표는 '과거의 성적'을 활용해 제작하기 때문에 올해 입시와 다르다. 특히 최근 인기를 끌고 있는 학과라면 배치표보다 실제 합격선이 높아진다는 점을 감안해야 한다.

배치표는 만능이 아니다

입시 기관의 배치표를 비교하다 보면 중하위권 대학으로 갈수록 업체간 격차가 커지는 것을 발견할 수 있다. 특히 수도권이 아니라 지방 국립대 및 사립대를 비교해보면 업체에 따라 몇십 점 정도 큰 차이가 난다. 이는 입시 기관이 배치표를 제작할 때 이른바 주요 대학을 중심으로 제작하기 때문에 나타나는 문제점이다. 업체마다 차이는 있으나 지방권의 국립대 및 사립대를 지원한다면 대학에서 발표한 합격자 성적대를 먼저 확인하는 것이 좋다.

배치표도 업체마다 특성이 있다

입시 기관의 배치표를 다년간 분석하다 보니 업체마다 특징이 있다는 점을 알 수 있었다. 예를 들어 A사는 평균에 비해 다소 낮은 점수를 제시하는 특성이 있고, B사는 서울 주요 대학은 잘 맞히지만 지방권 대학은 큰 차이를 보인다. 또한 C사는 해마다 배치점수가 오르락내리락 급등락을 거듭해 신뢰하기 어렵다는 평가도 많다. D사는 해마다 평가 및 분석 쪽에 신경을 많이 쓰는 만큼 전통적으로 신뢰도가 높다는 특징도 있다. 이처럼 업체마다 다른 특성이 있다는 점도 감안해서 특정 배치표만 참고해서 지원하는 실수를 하지 않도록 하자.

(3) 정시 배치표 활용법

주요 입시 기관의 배치표를 두고 '훌리건'들이 활동하거나 온라인 커뮤니티에서 대학교 재학생 간에 격론이 벌어지기도 한다. 비슷한 수준의 경쟁 대학교 학생끼리 수험생이 많은 온라인 커뮤니티에서 전쟁을 벌이는 것이다. 이는 배치표에 '대학과 학과가 서열화'되어 나타나기 때문이다. 재학생의 민감한 반응은 결국 소속 대학에도 이어진다. 심지어 경쟁 대학을 심하게 비방한 대학생에게 그 대학이 법적인 대응을 하겠다고 나서기도 한다.

최근에는 고교 및 학원가에서도 배치표는 그냥 참고 자료로만 활용하자는 움직임이 일고 있다. 입시 기관마다 배치점수의 차이가 크고, 입시 기관에서 배치표를 만들 때 참고하는 인원이 몇 만 명 수준에 불과하고, 최근 다양해진 정시모집의 대학별 전형 방법, 수능 반영 비율 및 가산점을 제대로 반영하지 못하기 때문이다. 더구나 주요 대학들이 최근 입시 결과를 발표하지 않고 있기에 신뢰도는 더 떨어질 수밖에 없다. 한양대는 최근 3년간의 수시 및 정시모집 합격자 성적 등 핵심 자료를 공개해 수험생과 학부모에게 좋은 평가를 얻고 있다. 배치표의 신뢰성과 객관성을 높이려면 주요 대학이 실제 입시 결과를 구체적으로 공개하려는 노력을 해야 할 것이다.

정시 배치표 활용 포인트
● 가채점과 실채점 기준 배치표를 모두 활용하자

수능 가채점 예상 성적을 기준으로 만든 가채점 배치표와 실제 성적 발표 자료를 기준으로 만든 실채점 기준 배치표가 있다. 가채점 배치표는 업체별로 수능 통계 자료를 예상해 만든 것이므로 오차가 크다는 점을 알아야 한다. 수능 이후 2~3일 정도면 수능 가채점 배치표가 배부되는 만큼 가채점 배치표를 가지고 현재 성적으로 지원 가능한 대학과

학과 라인을 대략적으로 살펴보는 것이 좋다.

● 경쟁 대학과 학과도 살펴, 지원 가능 대학 라인을 잡자

종이 배치표의 가장 큰 장점은 한눈에 희망 대학과 경쟁 대학을 비교하기 쉽다는 점이다. 즉 대학과 학과 간 서열화가 잘되어 있다. 세부 모집단위도 중요하지만 큰 틀에서 지원 가능한 대학 라인을 각 군별로 2~3개 정도 잡아두는 것이 좋다.

⑷ 대학별로 입시요강 주요 사항을 확인하자

배치표에는 대학별로 수능 및 학생부 반영 비율, 수능 영역별 반영 비율, 가산점 등이 요약 정리되어 있다. 또한 모집군과 반영 영역별로 대학을 구분해서 대학별 핵심 사항을 빠르게 파악할 수 있는 장점이 있다. 중하위권 수험생은 배치표에 나온 대학별 정시 핵심 사항만 제대로 파악해도 대학 찾기가 수월하다.

● 주요 입시 기관의 배치표를 모두 참고해 평균을 기준으로 지원하자

주요 입시 기관의 배치점수가 각각 제각각이므로 특정 업체의 배치표만을 맹신하기보다 최대한 많은 배치표를 수집해서 두루두루 살펴보도록 하자. 그리고 지원 가능한 대학과 학과를 파악해서 업체별 평균 점수를 참고 자료로 사용하도록 하자.

정시 온라인 배치표 활용 포인트

종이 배치표가 지닌 한계 때문에 최근에는 주요 입시 기관들이 온라인 배치표를 제공하고 있으며, 업체에 따라 상품명이 다르다. 무료로 제공하고 있는 곳은 현재 없으며, 대부분 5만 원 이상에 판매하고 있다.

대학별 환산점수 기준 배치표와 모의 지원까지 합해 제공하는 경우도 있고, 배치표만 제공하는 경우도 있다. 온라인 프로그램으로 제공하기 때문에 경쟁률, 학생부 반영 교과 및 반영 비율, 수능 반영 영역 및 반영 비율, 가산점 반영, 최근 충원 결과, 현재 점수로 유·불리한 대학 및 추천 대학 등 다양한 정보를 제공한다.

⑸ 대학별로 입시 세부 사항을 확인하자

전형 일정(원서 접수 일정 및 합격자 발표 등), 학생부 및 수능 반영 방법, 최근 경쟁률, 가산점, 최근 합격자 성적 등 대학별 입시 결과를 비롯한 다양한 정보를 쉽게 파악할 수 있다. 대부분 대학별 지원 전략 보고서 또는 합격 보고서 등으로 요약해 정리해주는데, 프린트할 수 있으니 대학별로 모아두면 입시에 많은 도움이 된다.

● 성적 분석 같은 메뉴를 사용해 자신에게 유리한 조합과 반영 대학을 찾자

학생부교과 성적 및 수능 성적을 조합해 가장 유리한 반영 비율과 반영 영역을 찾아준다. 또한 현재 성적에서 지원 가능한 대학과 학과도

제공하니 자신에게 유리한 대학을 좀 더 쉽게 찾아볼 수 있다. 특히 지역별, 학과별로도 구분해 검색할 수 있어 편리하다.

● 대학별 환산 점수로 유·불리를 확인하자

수능과 학생부교과 성적을 각 대학별 실제 산출 점수로 환산해 제공한다. 같은 성적대라도 수능 반영 비율 및 가산점에 따라 점수 차이가 생긴다. 대학별 환산 점수로 자신의 실제 성적을 계산해보자. 특히 수능에 비해 상대적으로 놓치기 쉬운 학생부교과 성적도 꼼꼼하게 잘 체크해야 한다.

● 배치점수는 업체에 따라 업데이트가 자주 된다

온라인 배치표는 업체에 따라 여러 번 업데이트된다. 즉 정시 최종 모집 인원 확정 및 일부 대학 및 학과 점수 수정 때문에 업데이트가 될 수 있으니 최종 자료를 활용하는 것이 좋다. 또한 탐구 영역의 변환표준점수 등은 대학의 발표 일정에 따라 배치점수가 조금씩 달라진다. 반드시 최종 업데이트된 온라인 배치표를 참고해 지원하도록 하자.

⑹ 정시 합격을 위한 똑똑한 모의 지원 활용법

최근 수시와 정시에서 모두, 수험생이 자신의 성적을 입력해 모의로 희망 대학과 학과에 지원해보는 모의 지원 시스템이 인기를 얻고 있다. 모의 지원은 제공하는 업체별로 다른 명칭으로 불리나 서비스 범위는 비슷하다. 모집 시기별, 학과별로 모의 지원 결과를 제공하는데, 이 결과를 바탕으로 합격 예측 서비스를 제공하는 경우도 있다. 지원자가 많을수록 모의 지원 결과가 신뢰성을 갖게 되나 모의 지원을 하는 수험생이 실제 입시에서도 동일하게 지원하지는 않으므로 오차가 있다. 또한 주요 대학이나 상위권 학과에는 모의 지원자가 많으나 점수가 낮은 대학과 학과로 갈수록 모의 지원자가 적어 오차도 크다.

모의 지원은 어디까지나 참고로 활용하는 자료다. 실제 지원 결과가 아니므로 모의 지원 결과를 맹신하는 것은 위험하다. 특히 업체에 따라 시기별로 여러 번 모의 지원 결과를 업데이트하기 때문에 매번 결과가 달라진다. 모의 지원 서비스를 이용하면 자신이 희망하는 학과에 응시하는 학생의 수능과 내신성적 분포대를 알 수 있다. 따라서 자신의 성적이 지원자 대비 어느 수준에 있는지를 파악하는 용도로 활용하자.

입시 업체는 모의 지원에서 허수를 제거하려고 다양한 방법을 활용한다. 허수를 제외한 모의 지원 서비스에서 나타난 경쟁률은 그 해의 수험생이 어느 대학과 학과를 선호하는지, 어느 전형을 선호하는지 등 지원 성향을 파악하는 기준 자료가 된다. 특히 해마다 대학이나 학과의 선호도가 달라지므로 잘 활용할 필요가 있다.

모의 지원은 실제 지원이 아니다. 실제 지원과 유사한 결과를 얻으려면 최대한 많은 이용자가 이용해야 한다. 물론 어느 정도만 지원하더라도 통계적으로 의미 있는 결과를 얻어낼 수 있고, 실제 지원 집단과 유사한 성적 분포를 보여줄 수도 있다. 일반적으로는 모의 지원자가 많은 상위권 대학의 결과가 실제 지원 결과와 유사한 값을 보이는 것으로 알려져 있다.

(7) 정시 지원 체크포인트

수시모집에서 불합격했거나 아예 지원조차 하지 않은 학생이라면 정시에서 꼭 좋은 결과를 얻어야 한다. 특히 수능이 쉽게 출제되면서 수험생의 지원 성향이 더욱 중요해졌다. 정시모집에서 일반 대학은 각 군별로 한 번씩 기회가 있으니 수능 이후 원서 접수 전까지 철저히 분석해야 한다.

수시는 선지원 후시험 체계라 합격 결과를 예측하기 어렵지만 정시는 선시험 후지원 체계다. 자신의 수능 성적과 학생부교과 성적을 잘 조합하고 주요 입시 기관의 배치표 등 참고 자료를 활용해 지원 성향에 따라 대학과 학과를 선택할 수 있다. 그래서 정시는 수시보다 합격 예측이 좀 더 용이하다.

정시에서는 주로 수능 성적을 활용해 선발하는데, 대학에 따라 학생부성적도 합산한다. 대학별로 계열이나 모집 단위에 따라 수능 영역별 반영 비율이 다르고 가산점이 있으니 주의해야 한다. 사범계열이나 교대는 면접과 같은 별도 시험이 있으니 원서 접수 후 철저히 대비해야 한다.

정시 합격을 위해 꼭 체크해야 할 7가지

① 올해 입시 트렌드를 정확히 이해하자

수능이 쉽게 출제될수록 수험생의 수시 지원이 많아지고, 정시에서는 소신 지원이 많아진다. 따라서 해당 연도의 입시 트렌드를 정확히 이해하고, 지원 성향을 정해야 한다. 막연히 정시에 실패하면 재수해야 한다는 점만 걱정한 나머지 지나치게 안정적인 선택을 하려는 학생도 있는데, 입시 트렌드를 꼭 살펴보고, 자신의 점수로 조금이라도 더 나은 선택을 하도록 노력해야 한다.

② 성적표와 입시 기관의 성적 분석 자료를 활용해 내 위치를 정확히 분석하자

단순히 수능 성적 합산 점수만 가지고 상담을 받으러 오는 수험생도 있다. 수험생은 반드시 입시 기관의 수능 성적 분석 자료를 활용해 전국에서 현재 내 위치가 어디인지 정확히 파악해야 한다. 또한 수능 반영 지표 중에서 표준점수가 유리한지 백분위가 유리한 성적대인지도 파악해야 한다. 그리고 자신의 수능 성적대와 동일한 수험생의 점수 통계를 기준으로 영역별로 유리한 영역과 불리한 영역을 찾아야 한다. 마지막으로 자신의 수능 성적을 가장 유리하게 반영하는 대학과 학과를 찾아야 한다. 특정 영역의 가산점이나 수능 반영 비율 등을 제대로 계산해 감안해서 선택해야 한다.

③ 모집 단위별로 정시 최종 모집 인원을 확인하자

수시에서 예비 합격자들을 대상으로 추가 합격을 실시하는데, 그럼에도 결원이 발생할 경우 정시로 해당 인원을 이월해 선발한다. 수시에는 최초 합격자뿐만 아니라 충원 합격자도 반드시 등록해야 하며, 정시 지원을 할 수 없다. 수시에서 정시로 이월되는 인원은 해마다 감소 추세에 있는데, 대학에 따라 이월 인원이 다르다. 따라서 정시모집 요강

에 나와 있는 예정 인원만 볼 것이 아니라 최종 모집 인원을 반드시 확인해야 한다. 정시모집에서 10명도 채 되지 않는 인원을 모집하는 학과도 많다. 그럴 경우 단 몇 명의 인원이라도 수시에서 이월되면 입시에 큰 영향을 미친다.

④ 모집군별 특성을 파악하고 특히 다군을 조심하자

정시모집에서는 가, 나, 다군으로 나누어 각 군별로 한 번씩 지원 기회를 준다. 산업대 및 전문대 등은 별도로 지원이 가능하다. 문제는 서울소재 주요 대학 대다수가 가군과 나군에 몰려 있기 때문에 상위권 학생은 가군이나 나군에서 꼭 합격할 수 있도록 지원 전략을 짜야 한다는 것이다. 일부 대학은 모집 단위별로 모집군을 달리해 선발하는데, 이에 따라 합격선이 달라진다. 다군은 모집 인원이 적고, 경쟁률이 높게 형성되기 때문에 합격선도 상승할 가능성이 매우 높다. 이처럼 모집군별 특성이 있기 때문에 감안해서 지원 전략을 수립해야 한다.

⑤ 학생부를 반영하는 대학은 반영 과목과 등급 간 점수를 확인하자

주요 대학은 정시모집에서 주로 수능 성적만으로 선발하지만 대학에 따라 수능과 학생부 성적을 합산해 선발하기도 하는데, 교대 및 국립대 등 학생부 반영 비중이 높은 대학에 지원할 때는 학생부교과 점수를 반드시 확인해야 한다. 학생부 반영 비율이 20퍼센트 또는 40퍼센트라 할지라도 실질 반영 비율이 매우 낮은 경우가 있으니 반드시 대학별 반영 교과 및 실질 반영 비율, 등급 간 점수를 확인해 지원을 결정해야 한다.

⑥ 탐구 및 제2외국어·한문 영역은 대학별 변환 점수를 꼭 확인하자

최근 수능이 쉽게 출제되면서 탐구 영역 및 제2외국어·한문 영역이 중요해지고 있다. 탐구 영역과 제2외국어는 과목별 난이도 조절이 쉽지않기 때문에 거기에서 실질적인 변별력을 발휘한다. 주요 대학은 수능성적표상 표준점수를 그대로 활용하지 않고, 대학별 자체 변환 표준점수를 만들어 활용한다. 선택 과목 간 난이도 차이 때문에 생기는 유·불리 문제를 해소할 수 있기 때문이다. 따라서 수능 성적 발표 후 대학이 공개하는 변환표준점수표를 참고해 지원해야 한다.

⑦ 상향, 적정, 안정 등 자신의 지원 성향에 따라 3회를 잘 활용하자

영어절대평가 및 정시축소로 인해 정시모집에서는 더욱더 눈치작전이 심해지고 있다. 안정적인 지원을 원한다면 2개 군 정도는 합격을 기대할 수 있는 안정 지원을 하고, 1개 군 정도는 적정 수준의 지원을 하는 것이 바람직하다. 또한 재수를 고려한 상향 지원이라면 3개 군 모두를 적정 또는 상향 지원의 형태로 한다. 그리고 1개 군 정도의 안정적 지원을 하면서 2개 군에서 상향 지원을 하는 수험생이 많은데, 안정 지원을 할 대학과 학과의 입시 결과를 냉정히 검토해 합격 가능성을 높여야 한다.

(8) 정시 지원 시 감안해야 할 주요 변수

수능 반영 영역 4개 영역 vs 3개 영역

입시 불변의 원칙은 바로 내가 유리하면 남도 유리하다는 것이다. 특

정 영역을 망친 경우 4개 영역보다 3개 영역을 반영하는 대학과 학과를 찾는다. 그런데 보통 수능 3개 영역 반영 대학은 예상에 비해 합격선이 높게 나타난다. 우선 4개 영역을 반영하는 대학을 먼저 고려해보고, 3개 영역 반영 대학을 순차적으로 검토하는 것이 좋다. 비슷한 수준의 대학은 반영 영역의 많고 적음에 따라 경쟁률에서 차이가 난다.

탐구 과목 반영 수 2개 vs 1개

중위권 대학에서는 탐구 과목 반영 수에 따라 점수가 크게 차이 난다. 2개 반영 대학에 비해 1개 반영 대학의 합격선이 더 높을 수밖에 없다. 우수한 1개 과목만을 반영하기 때문이다. 반대로 탐구에서 1개 과목이 우수하다면 1개 반영 대학을 찾아 지원해야 그만큼 유리해진다. 정시에서 합격과 불합격은 겨우 몇 점 또는 소수점 단위에서 판가름 난다.

수능 활용 지표 표준점수 vs 백분위

대학에 따라 표준점수를 활용하거나 백분위를 활용한다. 주로 상위권대학은 변별력을 확보하려고 표준점수를 활용하고, 중위권 대학은 백분위를 활용한다. 백분위를 반영하는 대학은 백분위 점수의 특성상 동점자가 많을 수밖에 없다. 따라서 배치점수와 자신의 점수를 잘 계산해서 1, 2점이라도 더 여유가 있어야 한다. 그리고 백분위로 반영하는 대학에 지원한다면 학생부 반영 방법도 철저히 검토해야 한다.

모집 인원 많음 vs 적음

모집 인원의 많고 적음에 따라 경쟁률 자체도 달라지고, 입시 결과도 달라진다. 예를 들어 5명 정원 학과와 20명 정원 학과가 있다면, 원서접수 마지막 날까지 눈치작전이 극심한 요즘 정시를 감안할 때 (비슷한 수준이라면) 20명 정원의 학과를 선택해야 한다. 최종 순간에 지원자가 대거 몰릴 경우 5명 정원 학과의 경쟁률은 순식간에 수십 대 일까지 치솟기 때문이다. 또한 수시에서 이월하는 인원을 합한 정시 최종 모집 인원을 기준으로 학과를 선정해야 한다.

중위권 학과 vs 인기 학과, 비인기 학과

상향 지원 또는 하향 지원 등 해마다 수능 난이도 및 대학 수준에 따라 지원 성향이 달라진다. 다만 조심해야 할 점은 배치표 하단의 비인기학과, 즉 누가 봐도 학과보다 대학을 우선시하는 학생이 주로 지원하는 학과는 정시에서 추가 합격이 잘 발생하지 않는다는 것이다. 심지어 예비번호 1번임에도 추가 합격이 되지 않아 재수를 하는 경우도 있다. 또한 인기 학과를 지원하는 건 그보다 한 단계 위 수준인 대학의 중위권 학과를 지원하는 것과 마찬가지다. 인기 학과도 가끔씩 예상을 깨긴 하지만 어떤 학과가 미달이 될지를 100퍼센트 예측하기란 현실적으로 불가능하다. 지극히 상식적인 선에서 입시를 준비하는 것이 좋다.

학과 유지 vs 학과 신설

최근 교육부의 대학 구조 조정의 영향으로 대학에서 학과를 신설하거나 학과명을 변경하는 사례가 많아지고 있다. 특히 취업에 유리한 학과를 4년제 대학에서 신설하는 경우가 많은데, 신설 학과는 입시에서 높은 경쟁률을 보인다. 특히 장학금 등 각종 혜택이 많은 학과일수록 입시 결과도 상승하고 있다. 신설 학과에 지원할 때는 학과의 전공 및 커리큘럼, 졸업 후 진로 등 세부 사항을 잘 살펴보고, 본인의 적성에 맞는지를 판단해야 한다.

수능 100 vs 수능 + 학생부

대학에 따라 정시에서 수능만으로 선발하기도 하고, 수능과 학생부를 합산해 선발하기도 한다. 때로는 같은 대학이라도 모집군에 따라 학생부 반영 여부가 다르다. 비슷한 수준의 대학이라면 수능 성적만으로 선발하는 경우에 합격자의 수능 성적이 더 높다. 따라서 자신의 수능 성적과 학생부교과 성적을 객관적으로 비교해보고, 동점자에 비해 학생부 성적이 우위에 있다면 수능과 학생부교과 성적을 합산해 선발하는 대학에 지원하는 것이 유리하다.

(9) 정시 합격을 위한 정시 지원 포트폴리오를 만들자!

정시모집은 가, 나, 다군별로 각 1회씩 지원 기회가 있다. 그렇기 때문에 각 군별로 지원 가능한 대학과 학과에 대한 면밀한 검토를 해서 총 3회의 지원 기회를 살려야 한다.

입시 전문가들이 입시 시즌만 되면 강조하는 포트폴리오는 특히 정시모집에서 중요하다. 포트폴리오를 어떻게 구성하느냐에 따라 입시 결과가 달라지기 때문이다. 정시모집에서 좋은 결과를 얻지 못한다면 재수나 반수로 이어지므로 수능 이후에 흐트러지기 쉬운 마음가짐을 다잡고, 최선을 다해 준비해야 한다.

포트폴리오 작성의 기본 요령

정시모집은 일반 대학을 기준으로 가, 나, 다군별로 한 번씩, 모두 세 번의 지원 기회가 있는 만큼 적정이나 안정 지원, 소신 지원을 병행하는 것이 효과적이다. 무리한 상향 지원은 실패 가능성이 높고, 지나친 안전 하향 지원은 성취감이 저하되어 합격하더라도 성실히 대학 생활을 하기 어렵게 만들기 때문이다. 특히 정시는 주로 수능 성적을 중심으로 선발하기에 다양한 전형 자료를 활용하는 수시모집과 다르므로 무리한 상향 지원은 피하는 것이 좋다.

자신에게 유리한 수능 반영 영역을 보고 모집군별로 3~5개 대학을 선정하여 모집 인원, 전형 요소별 반영 비율, 지난 해 경쟁률 및 합격선 등을 리스트로 정리한다.

선정한 대학의 지원 가능 점수대와 학생부 유·불리 정도를 비교하고, 장래 목표와 적성 및 선호도를 고려하여 우선순위를 정한다.

올해 반드시 합격해서 진학하기를 목표로 한다면 안정과 적정 지원 중심으로, 목표 대학을 최우선으로 하고 재수까지 고려하는 경우에는 소신 지원을 중심으로 모집군별 대학을 결정한다.

주요 입시 기관의 모의지원 서비스를 활용해 올해 수험생의 정시 지원 트렌드 및 선호 학과 등을 파악해 참고 자료로 활용한다.

모집군별로 경쟁률 변화 및 지원 성향에 따라 1~3순위의 대학과 학과를 미리 정하고, 정시 원서 접수 전까지 다양한 정보를 수집해 최종 지원 대학과 학과를 정한다.

정시 지원을 위한 포트폴리오 작성

① 각 군별 5순위까지 대학과 학과를 결정하자

수능 이후 가채점 결과를 바탕으로 대학이나 학과에 대한 전체적인 지원 가능성을 검토해야 한다. 입시 전문 기관에서 제공하는 배치표를 이용해보도록 하자. 점수에 맞는 대략적인 수준의 대학을 먼저 알아보고, 구체적으로 학과를 검색해보는 것이 좋다. 이때 가채점 결과는 실제 성적표와 다를 수 있으므로 맹신하지 말고 반드시 변동 가능성을 염두에 두어야 한다. 수능 결과 발표 후 입시 기관에서 제공하는 실채점 기준 배치표를 활용해 좀 더 면밀히 대학과 학과를 결정해야 한다. 온라인 배치표를 활용하고 대학별 모집요강에서 전형 방식과 실제 수능 반영 영역과 비율을 검토하며, 대학 홈페이지를 활용해 예년의 입시 결과와 경쟁률도 확인한 후 가, 나, 다군별로 자신이 희망하는 대학과 학과를 5순위까지 정리해두는 것이 좋다.

② 대학/학과별 가능성을 면밀히 검토하자

5순위까지 각 군별로 5개 대학과 학과를 선택했다면 대학별로 학생부와 수능 성적을 산출해야 한다. 같은 성적이라도 대학에 따라 유·불리가 발생하기 때문이다. 2단계에서는 대학별 점수 산출을 한 것을 근거로 목표 대학을 군별로 3순위 정도로 최종 압축할 필요가 있다. 대학과 학과별로 예년의 입시 결과, 올해 달라진 점, 경쟁률, 올해의 지원 성향 등을 종합 검토해 최종 목표 대학과 학과를 정해야 한다. 또한 입시 기관에서 제공하는 모의 지원 서비스를 이용하는 것도 좋은 전략이다. 그러나 모의 지원 서비스는 대부분 학생의 관심도가 높은 주요 대학에서 높은 적중률을 보이고, 하위권 대학에서는 적중도가 낮다는 점을 감안해야 한다.

③ 조합별 경우의 수를 감안해 최종 포트폴리오를 완성하라

각 군별로 최종 목표 대학과 학과를 3순위로 압축했다면 군별 조합에 따른 결과를 예상하고, 선택해야 한다. 입시 기관마다 목표 대학별 진단을 단순 점수 차이로 보여주거나 입시 기관이 정한 기준에 의한 정의로 대신하는 등 차이가 있다. 일반적으로 총 5개의 진단 결과를 주로 활용하는데, 완전 상향–상향–적정–안정–매우 안정으로 구분한다. 업체별로 진단값을 적용하는 기준이 다르나 상향은 점수에 비해 실제 지원하는 대학과 학과가 높은 편이며, 안정은 현재 점수로도 합격 가능성이 높다는 것을 의미한다.

[A학생의 성적 진단에 따른 가상 포트폴리오]

가군		나군		다군		총평	
대학/학과	진단	대학/학과	진단	대학/학과	진단		
…………	매우 안정	…………	안정	…………	안정	3승	매우 안정적인 지원
…………	안정	…………	매우 안정	…………	상향	2승1패	재수 기피시 고려하는 안정적인 지원
…………	매우 안정	…………	적정	…………	매우 상향	1승1무1패	재수 가능성이 있는 지원
…………	적정	…………	적정	…………	적정	3무	재수를 염두에 둔 지원
…………	적정	…………	적정	…………	상향	2무1패	
…………	상향	…………	적정	…………	상향	1무2패	
…………	상향	…………	상향	…………	상향	3패	

　수능과 학생부를 합산한 진단값만으로도 대략 입시 성공 가능성을 파악해볼 수 있다. 안정과 적정, 상향을 어떻게 조합하느냐에 따라 최대 125가지의 경우의 수가 발생한다. 따라서 특정 대학만을 고집할 것이 아니라 전체적인 조합을 염두에 두고, 대학과 학과를 새롭게 추가하거나 교체하면서 전체적인 밸런스를 잡아야 한다.

　특히 상위권일수록 가, 나군에서 승부를 내는 전략을 취해야 한다.

　진단값이 안정이라 하더라도 경쟁률이 상승하면 불합격할 가능성이 있다. 따라서 재수를 기피하는 학생이라면 가군과 나군에서 모두 합격

가능성 높은 안정 지원을 해야 한다. 재수를 생각하고 도전하는 학생이라 해도 세 번의 기회를 모두 상향 지원하면 모두 불합격할 가능성이 높으므로 적정선에서 1개 군 이상 지원하는 것이 효과적이다.

(10) 정시 막판 눈치작전에서 참고할 사항

가장 중요한 것은 기본적인 원서 접수 준비다. 대다수 대학이 인터넷으로 원서를 접수받고 있으므로, 수험생 본인이 원서 접수 사이트에 계정을 만들고, 원서 접수에 필요한 서류를 미리 준비해두는 것이 좋다. 원서 접수 비용을 결제할 신용카드나 통장도 미리 챙겨두는 것이 좋다.

보통 접수 마지막 날에 경쟁률이 올라가는데, 예년보다 경쟁률이 아주 높은 대학에 무리하게 지원할 것이 아니라 예비 대학 리스트 중에서 지원을 고려하는 것이 좋다. 경쟁률과 합격선은 비례하는 경향이 있으니 반드시 주의하도록 하자. 또한 대학에 따라 실시간으로 경쟁률을 공개하거나 하루에 일정 횟수로 경쟁률을 공개하니, 최종 경쟁률을 확인해 지원하는 것이 좋다. 대학별로 원서 접수 마감일과 마감 시간이 다르므로 반드시 미리 확인하도록 하자.

또한 예년의 경쟁률을 체크해두고, 최종 경쟁률과 비교해보도록 하자. 수시에서 이월된 인원이 반영된 최종 모집 인원도 확인하도록 하자. 비인기 학과일수록 모집 인원이 적은데, 모집 인원이 적은 학과일수록 합격선이 상승할 가능성이 있다. 요즘 선호하는 학과와 선호도가 떨어진 학과를 잘 살펴보도록 하자. 눈치작전을 할 학생이라면 모의 지원결과를 참고해 지원 추이를 고려하는 것이 좋다.

마지막으로 막판에 희망 대학과 학과를 특별한 이유 없이 바꾸지 않도록 하자. 대학별 반영 방법, 영역별 반영 비율, 가산점에 따라 같은 성적이라도 크게 차이가 나기 때문에 자신에게 유리한 반영 방식이 있는 대학과 학과라면 가급적 바꾸지 않아야 한다. 원서 접수 마감 전에 발표하는 최종 경쟁률은 참고 자료로 사용하되 접수 마감 후 경쟁률은 크게 달라질 수 있다는 걸 염두에 두어야 한다. 원서 접수 후에 대학별 고사가 있다면 차분히 준비하도록 하자. 그리고 대학 입학 후의 학업 계획도 미리 세워보도록 하자.

(11) 정시 실패를 만드는 대표적 원인

정시는 수능을 중심으로 선발하기는 하지만, 대학마다 수능과 학생부 반영 방법, 수능 영역별 반영 비율, 가산점, 모집 단위별 인원이 모두 다르기 때문에 철저히 객관적으로 지원 전략을 세워야 한다. 전국 단위에서 자신의 성적을 비교해 현실적인 선택을 해야 합격 가능성을 높일 수 있다. 정시에서 실패하는 대표적인 원인을 정리해보았다.

● 배치표 및 모의 지원 결과 맹신

이른바 배치표(배치 참고표)나 모의 지원은 반드시 참고 자료로만 활용해야 한다. 입시 박람회에서 한 대학 관계자와의 상담도 참고자료로 이용해야 한다. 예년 입시 결과를 중심으로 상담하기 때문이다. 특히 배치 참고표는 반영 비율, 가산점 등이 반영되지 않으므로 전체적인 대학 라인을 잡는 용도로만 활용해야 한다.

● 백분위 VS 표준점수

수험생의 성적에 따라 유리한 경우가 다르다. 반드시 자신의 성적대를 조합해서 유·불리를 확인해야 한다. 특히 반영 영역이 3개 영역일 경우 합격선이 상승할 수 있으니 주의해야 한다.

● 요행을 바라는 정시 스나이핑

모의 지원이 유행하고, 인터넷 커뮤니티에서 입시 정보를 얻는 경우가 많아지면서 성적이 부족하지만 요행을 바라는 학생들이 꽤 늘었다. 하지만 이른바 '펑크' 혹은 '정시 대박'은 그만큼 철저한 분석을 했거나 아주 운이 좋았던 경우임을 알아야 한다. 모든 수험생이 자신의 성적보다 더 좋은 대학과 학과를 가고 싶어 하는 것은 사실이며 대다수 수험생이 눈치작전을 한다는 사실을 잊지 말아야 한다.

● 적정 지원의 함정

배치표나 모의 지원 등 모든 자료는 100퍼센트 예상 자료에 불과하다. 가, 나, 다군 모두 자신의 점수와 비슷한 대학에 지원했더라도 운이 나쁘면 모두 불합격할 수 있다. 재수를 원하지 않는다면 적어도 2개 군 이상에서 안정 지원을 하는 것이 좋다.

● 학생부교과 및 가산점

학생부 성적을 반영하는 대학을 지원한다면 반드시 교과 성적의 유·불리를 파악해야 한다. 특히 중하위권 대학 중에 학생부 비중이 높은 대학이 있으니 주의해야 한다. 마지막으로 수능 특정 영역에 대한 가산점도 실제 합격을 좌우하는 중요한 요인이니 유·불리를 검토하도록 하자.

3) 마지막 찬스, 추가모집 활용하기

선생님 정시에 다 떨어졌는데, 이제 재수밖에 없나요?
추가모집한다는데 대체 어떻게 원서를 써야 할까요?
추가모집이 대체 무엇인가요? 우리 애도 쓸 수 있나요?

수시모집과 정시모집에서 모두 불합격의 쓴맛을 본 수험생이 마지막으로 도전할 수 있는 기회가 있다. 바로 '추가모집'이다. 추가모집은 정시모집 합격자 발표와 등록이 모두 마무리된 후에 실시한다.

간혹 정시에서 모두 불합격하고, 재수에 대한 조언을 구하다가 추가모집의 기회를 잘 살려서 합격하기도 한다. 추가모집은 해마다 실시 대학이 달라지는데, 서울의 주요 대학에서 실시하기도 한다. 이런 기회를 잘 활용해 합격한다면 재수에 필요한 각종 시간 및 비용을 절약할 수 있어서 효과적이다. 수험생 대다수가 정시에 불합격하면 한동안 멘붕에 빠져 지낸다. 또한 학부모도 입시 결과에 크게 실망한 나머지 재수학원만 알아본다. 하지만 중하위권 수험생이라면 현재의 입시 체제에서 마지막 남은 찬스인 추가모집을 적극적으로 활용해야 한다.

추가모집은 전체 대학에서 모두 실시하는 것이 아니라 수시모집과 정시모집에서 선발하지 못한 정원을 다시 한 번 선발하는 것이다. 보통 서울의 주요 대학이 실시하는 경우는 없고, 주로 중하위권 대학이 실시한다. 대략 1만 명 내외에서 실시하며, 수도권 주요 대학은 간혹 실시한다.

추가모집도 대학에 따라 일반전형과 특별전형을 달리해 선발한다.

정시모집 이후에 실시하므로 추가모집은 원서 접수와 사정, 합격자 발표와 등록까지의 기간이 며칠 이내로 매우 짧다. 그리고 대학의 정시모집 미등록 충원 결과에 따라 실시 대학과 모집 인원이 다소 증가할 수 있다.

추가모집은 짧은 전형 기간 때문에 주로 수능 성적으로 선발하며, 대학에 따라 수능과 학생부 성적을 합산해 선발하는 경우도 있다. 일부 대학에서는 학생부만으로 선발하거나 학생부와 면접고사를 합산해 선발하기도 한다.

추가모집은 전체 학과에서 실시하는 것이 아니라 미달이 발생한 학과에서만 실시하는 만큼 선발 인원이 매우 적다. 그리고 지원 기회의 제한이 있는 수시모집이나 정시모집과 달리 추가모집은 지원 기회의 제한이 없다. 따라서 수도권 주요 대학의 경쟁률이 정시에 비해 비교적 높으며, 경쟁률이 높은 만큼 합격선도 상승할 수 있다는 점에 주의해야 한다. 하지만 지방 사립대는 정시 합격선과 큰 차이를 보이지 않는 만큼 중하위권 수험생이라면 적극적으로 도전할 필요가 있다.

이처럼 중하위권 수험생의 마지막 희망인 추가모집을 효과적으로 준비하려면 어떻게 해야 할까?

추가모집은 정시모집 합격자 발표 이후에 대학교육협의회에서 해당 학년도의 추가모집 주요 사항을 발표한다. 대교협의 추가모집 주요 사항에는 전형 유형별 모집 인원, 대학별 모집 인원, 대학별 전형 일정, 모집 단위별 모집 인원, 전형 요소 반영 비율 등의 정보가 담겨 있다. 대략적인 내용이 담겨 있으니 대학별 세부 사항은 대학교 입학처 등에서 모집요강을 구해서 준비해야 한다.

추가모집 합격을 위한 5가지

① 정시 합격자 발표 후 미리 준비하자

정시모집 합격자 발표 결과를 보고 추가 합격이 어려운 경우라면 추가모집을 미리 준비해야 한다. 특히 합격을 기대해서 1개 군 이상 안정적인 지원을 했음에도 경쟁률이나 지원 성향 탓에 불합격한 수험생이라면 마지막 찬스인 추가모집을 적극적으로 준비해야 한다.

② 배치표 및 대학별 입시 결과를 미리 찾아보고 준비하자

보통 주요 입시 기관의 온라인 배치표 서비스 및 모의 지원은 정시모집 원서 접수 마지막 날 모두 마감한다. 따라서 추가모집에 지원하려면 평소 배치표 및 대학별 입시 결과를 모두 수집해서 분석해야 한다.

특히 주로 추가모집을 실시하는 대학이 지방권에 많은 만큼 배치표는 '절대 기준'이 아니라 참고 자료로만 활용해야 한다. 오히려 대학이 발표한 입시 결과를 참고해 지원하는 것이 효과적이다.

③ 지원 대학과 학과를 결정하고, 대학별 모집요강을 참고하자

배치표와 입시 결과를 참고해 대략적인 대학별 지원 가능 수준을 파악하고, 대교협에서 발표하는 추가모집 주요 사항을 참고해 추가모집 실시 대학을 확인하자. 그리고 현재 자신의 성적으로 지원 가능한 대학과 학과를 찾아 구체적인 전형 방법을 확인하자. 수능과 학생부의 반영 비율, 수능 반영 영역, 영역별 반영 비율 등 세부 사항을 참고해야 한다.

④ 정시 미등록 인원까지 반영된 최종 모집 인원을 파악해 결정하자

추가모집은 정시모집 미등록 충원 결과를 반영해 최종 모집 인원을 공고한다. 대학교 입학처에서 최종 모집 인원을 공지하는 만큼 꼭 확인하고 학과를 선택해야 한다. 추가모집 선발 인원이 적은 편이므로 한두 명 차이로도 결과가 달라질 수 있다.

⑤ 원서 접수 경쟁률 추이를 보고, 접수를 하자

추가모집 전형 기간은 매우 짧다. 목표 대학과 학과를 모두 결정했다면 대학별 원서 접수 경쟁률 추이를 살펴보도록 하자. 원서 접수 마지막 날 이전에 전년도의 경쟁률을 넘어섰다면 최종 경쟁률은 매우 높을 가능성이 많다. 그리고 인터넷으로 원서 접수를 하면서부터는 마지막까지 눈치작전을 하는 경우가 많아 마감 당일 대학에서 발표하는 최종 예비 경쟁률 자료보다 최종 경쟁률이 높다는 점을 감안해서 지원하도록 하자.

추가모집 지원 시 주의 사항

추가모집에는 수시모집에 합격·등록 사실이 없거나 또는 추가모집 기간 전에 정시모집 등록을 포기한 경우에만 지원 가능하다. 다만, 산업대학교 및 전문대학 지원자는 정시모집 등록을 포기하지 않아도 추가모집에 지원할 수 있다. 수시모집이나 정시모집과 달리 추가모집에는 지원 횟수에 제한이 없다.